小足

眉

轩

香

影

柴 草 · 著

眉轩香影
【增订本】
陆 小 曼

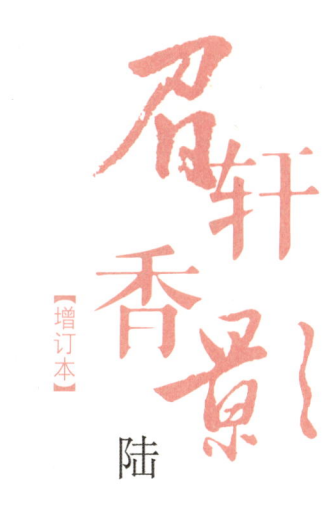

人民文学出版社

图书在版编目 (CIP) 数据

眉轩香影陆小曼 / 柴草著 .—2 版（增订本）.—北京：人民文学出版社，2017
 ISBN 978-7-02-012373-5

Ⅰ.①眉… Ⅱ.①柴… Ⅲ.①陆小曼（1903—1965）—传记 Ⅳ.① K825.6

中国版本图书馆 CIP 数据核字（2017）第 027864 号

责任编辑　王一珂
装帧设计　李思安
责任印制　王景林

出版发行　人民文学出版社
社　　址　北京市朝内大街 166 号
邮政编码　100705
网　　址　http://www.rw-cn.com

印　　刷　北京瑞禾彩色印刷有限公司
经　　销　全国新华书店等

字　　数　229 千字
开　　本　680 毫米 ×960 毫米　1/16
印　　张　22.25　插页 11
印　　数　1—5000
版　　次　2012 年 9 月北京第 1 版　2017 年 8 月北京第 2 版
印　　次　2017 年 8 月第 1 次印刷

书　　号　978-7-02-012373-5
定　　价　52.00 元

如有印装质量问题，请与本图书销售中心调换。电话：010-65233595

陆小曼

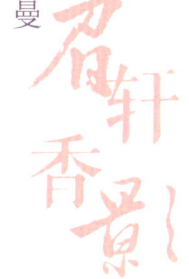

陆小曼

陆小曼在书房

陆小曼

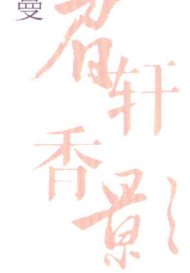

陆小曼在书房

陆小曼在溪边

陆 小 曼

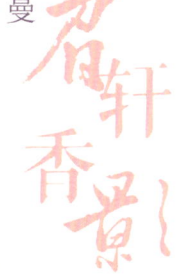

陆小曼在湖边

陆小曼在林间

陆小曼

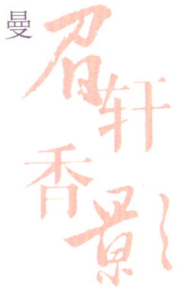

陆小曼在林间

徐志摩、陆小曼参加云裳公司开业典礼

陆小曼

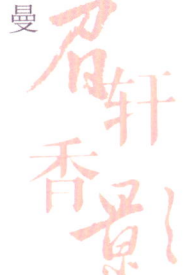

位于苏州东山华侨公墓的陆小曼墓

红军不怕远征难，万水千山只等闲。五岭逶迤腾细浪，乌蒙磅礴走泥丸。金沙水拍云崖暖，大渡桥横铁索寒。更喜岷山千里雪，三军过后尽开颜。

曼

陆小曼手书毛泽东诗作《七律·长征》

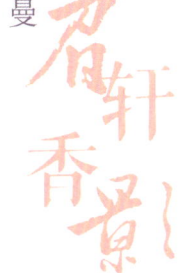

陆小曼 1958 年秋日画作

陆小曼 1961 年画作《黄山清凉台》

陆小曼

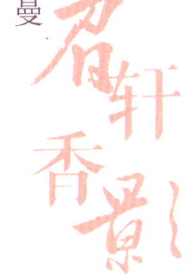

陆小曼送给宋云彬的扇面

陆小曼

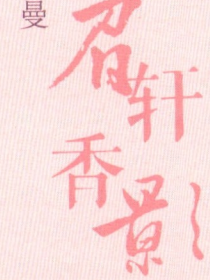

陆小曼

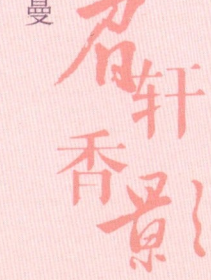

陆小曼山水长卷

目录

一 出生与世系 ······ 001

二 聪慧少女 ······ 008

三 与王赓结婚 ······ 013

四 结识志摩 ······ 021

五 与志摩相恋 ······ 036

六 陆小曼美不美 ······ 044

七 与志摩的短暂分离 ······ 054

八 挣扎与希望 ······ 073

九 「功德林」宴席 ······ 083

十 好事多磨 ······ 097

十一 与志摩喜结连理 ······ 106

十二 在硖石的甜蜜与苦涩 ······ 114

十三 迁居上海 ······ 131

十四 夫妻渐生分歧 ······ 145

十五 陆小曼的好戏及风波 ······ 159

十六 夫妇共结成果 ······ 183

十七 相随泰翁身旁 ······ 192

十八	南北分居	201
十九	诗人殒命	214
二十	怀念志摩	224
二十一	遗文编就答君心	243
二十二	难舍瑞午	261
二十三	领导关怀	277
二十四	潜心文学绘画	284
二十五	善待朋友	313
二十六	合葬遗愿成憾事	325
陆小曼佚文		335
陆小曼年表简编		341
后记		349

一 出生与世系

陆小曼（1903—1965），名眉，别名小眉、小龙，笔名冷香人、蛮姑。江苏常州人。

常州是历史文化名城，素有"三吴重镇"、"八邑名都"之美誉，出过两位皇帝、一千五百四十六名进士（其中状元九名）。常州历史上曾涌现过一批具有全国影响的政治家、思想家、文学家、艺术家、教育家、史学家，如清朝的黄仲则、盛宣怀，近现代的吕思勉、赵元任、刘海粟、华罗庚等，"常州三杰"瞿秋白、张太雷、恽代英更是全国闻名。

陆氏是世袭大族，源头可追溯到战国时齐宣王少子陆通。六世祖陆贾是汉高祖刘邦的开国功臣。十六世祖陆闳奉旨立谱，其时为东汉初年，所以陆氏宗谱是中国最早的宗谱之一。陆氏宗谱自东汉始修以来两千余年，连续不断，相当完备。在唐代，三十八世祖陆庶奉皇命把陆氏分为四十九支，每分支都有一个有特点的名号。陆小曼所在的"樟村陆氏"属于"侍郎支"。唐朝名相陆贽、宋朝诗人陆游、爱国名臣陆秀夫等，都属于"侍郎支"。五十八世孙陆德舆曾独修《樟村陆氏宗谱》。陆小曼的祖父陆荣昌也曾在光绪年间为修宗谱垫资。陆氏宗谱从战国陆通起，到现在已有八十余代。延绵不断，枝繁叶茂。

樟村现属常州郊区丁堰镇。1920年修陆氏宗谱时，樟村陆氏共分十大支派，陆小曼这支属世寅公派北园村分支。北园村原址紧临天宁寺，即现在的红梅公园内。2004年，陆氏族人重修《樟村陆氏宗谱》，陆小曼列世寅公派第八十世（上海分支）。

清咸丰、同治年间，陆小曼祖父陆荣昌（1840—1901）因避"长毛"（即太平天国）之乱迁居上海。陆荣昌（《樟村陆氏宗谱》中载："荣昌，行二，字致和，朝议大夫，钦加运同衔赏戴花翎，候选同知，国学生。配刘氏，子三：子芳、子梁、子福。"子福即小曼父亲。该宗谱系民国九年，1920年修成，本世纪初重新发现），字致和，是樟村陆氏北园村派第七十八世孙，享年六十一岁。荣昌公在世时建树颇多，他去世后，夫人刘氏及儿子对孙中山领导辛亥革命给予很多支持。为此，1916年民国大总统黎元洪为荣昌公亲笔题写匾额："饥溺为怀"，夫人刘氏也获"本固枝荣"

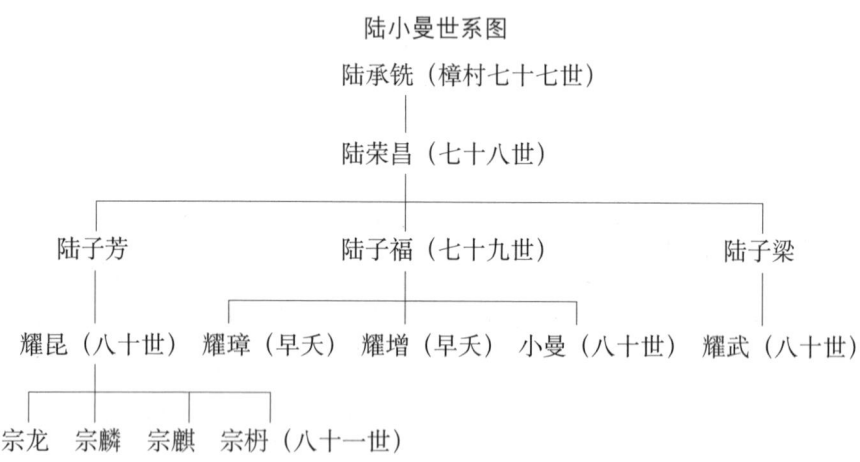

陆小曼父亲陆子福（1873—1930）（《樟村陆氏宗谱》中载：子福，行三，字厚生，官名定，又字静安，号建三。邑庠生，即补知县，度支部员外郎，资政院一等秘书，二等嘉禾章，财政部参事，赋税司会办。配徐氏，武进鉴渊公长女；继配吴氏，武进中丞第籽禾公长女），字厚生，因他少时聪慧，每考必中，长辈因此替他改名为陆定。陆定是晚清举人，日本早稻田大学毕业，是日本名相伊藤博文的得意弟子。高拜石先生在《小曼的三个男人》（引自《新编古春风楼琐记》第九集，作家出版社，2005年10月版）一文中对他的外形有个描述："此人（指陆定）面目白净，举止文雅，所学也颇有根底。与庄蕴宽、曹汝霖、费保廉等都有很深厚的交情……陆定生平嗜饮食，鱼翅可尽两盆，吃西餐非三四客不饱，中年后发福，矮胖体型，配着圆圆面孔。"在日本留学期间，他参加了孙中山先生的同盟会。在民国初年袁世凯任大总统时，曾下令逮捕了陆定和其他很多同盟会会员。不久，袁

世凯杀害了其中的十三名同盟会会员，陆定由于曹汝霖、张一麐等人的营救，免遭杀害而获释。自从这次风险后，陆定感到宦海无定，灰心仕进，转而从商，应聘为中、意两国合资所办的震华银行当总裁。北洋政府成立后，陆定经同乡翰林汪洵之推荐入度支部（后为财政部）供职，历任司长、参事、赋税司长等十余年，是国民党员，也是中华储蓄银行的主要创办人。据说我国银行界零存整取的储蓄，就是他第一个试办的。中华储蓄银行因北洋政府发行的"九六公债"发生停兑风潮而倒闭。（也有另外一种说法，认为是陆定的首任女婿王赓因在北洋政府中任职，而北洋政府财政拮据，因此王赓经常向岳父陆定的银行透支借贷，影响了中华储蓄银行的经营，陆定因此破产。）陆定晚年处境不佳，闷闷不乐。徐志摩和陆小曼定居上海后，他和夫人也随着女儿住在一起。那时，他虽然只有五十多岁，但看上去十分衰老。他患有糖尿病，于民国十九年（1930）因病逝世，终年五十七岁。

陆小曼母亲吴曼华，小名梅寿，是常州白马三司徒中丞第吴耔禾之长女，上祖吴光悦，做过清代江西巡抚。她是陆定的第二任妻子，生于光绪二年（1876年）丙子九月十四日，信佛教，多才多艺，于古文有较深功底。族弟漱六山房主人（即清末小说家张春帆，常州人）在《曼华女士小史》中说："（曼华）生而韶秀曼丽，且聪慧绝伦，妙解音律，笙笛皆其所长，兼工棋，诗词清丽可诵。"吴曼华二十岁时作诗一首，其中两句曰："云蒸江树白，霞涌海波红。"人称神似杜工部。在清末，陆定一度担任贝子贝勒学校的教师，这些王子王孙写的文章作业，陆定带回家中，由吴曼华帮助批改，可见她具有相当的文字基础。她更擅长一手工笔画，陆小曼嗜画，受其母亲影响至深。"小曼"两字也来源于母亲。据说她的身材瘦长，小曼的体态也主要得自母亲。吴曼华死于民国二十三年（1934）8月27日，享年五十八岁。

陆小曼于1903年11月7日（农历九月十九）出生于上海南市（今天上海黄浦区的南部自1861年以来被称为"南市"。1959年正式成立南市区；2000年，南市区划入黄浦区）孔家弄。据《樟村陆氏宗谱》上载："陆子福生有三女，长、次早卒，三小曼，生于光绪二十九年癸卯九月十九子时，待字。"（另说，陆定夫妇先后生育九个儿女，不幸都在幼年、青年死去，只有排行第五的女儿陆小曼幸存。）在这本宗谱上，陆小曼以女儿之身，名列其上，而且还详载生辰，这在宗谱上是很鲜见的，在陆家历史上也是绝无仅有的。笔者于2010年4月赴常州樟村陆氏宗祠,看到陆小曼的牌位赫然在列。陆家人对陆小曼非常重视,也都以这位才女为豪。小曼出生这天恰巧是传说中观音菩萨的生日,陆小曼又生得眉清目秀,肌肤白嫩,故家人戏称她为"小观音"。陆定夫妇对陆小曼十分宠爱,加上生长在官僚家庭,故而养成奢侈、任性、大度的性格脾气和生活习惯,这对陆小曼以后的生活有着很大的影响。

◇ 常州樟村陆氏宗祠

◇《晋陵樟村陆氏宗谱》载有陆小曼信息的内页

◇◇ 2004年重修的《晋陵樟村陆氏宗谱》

◇ 陆小曼之母吴曼华

二 聪慧少女

陆小曼幼时是在上海幼稚园度过的。六岁随母赴京依父度日，七岁起进北京女子师范大学附属小学读书，九岁到十四岁在北京女子中学读书。

陆小曼小时候，不光长得清秀可爱，而且聪慧过人。在陆小曼十岁时，袁世凯专政，借口国会中的国民党议员在几个月前与"二次革命"（孙中山等革命党人于1913年发动的讨伐袁世凯的一场战争，又称"讨袁之役"、"癸丑之役"。）有关，就下令解散国民党，派军警搜缴国民党议员四百三十八人的议员证书、证章。陆定就是其中的一个。当风声紧急时，陆小曼的父亲依旧都把党证等物带在身上。有一天，他照例带着证件去上班，陆小曼提醒说："爸爸，证章证件，带在身边恐怕会有危险，今天还是摘下藏在别的地方吧！"

幸亏女儿及时提醒，这天才出大门，陆定即被警方传去软禁。到了晚上，来了大批宪警包围寓所，搜索之余，又讯问小曼家中情形，以为在女孩子口中，容易得真相。不料陆小曼态度大方，相机应付，自始至终，不露破绽。警方见查不出什么证据，便把其父押了三五天后即予释放。

陆小曼十二岁的时候，还是很调皮，一天到晚和仆女们嬉戏，父母交代她做的功课，她一样也不做。有一次其父气极，便将小曼捆了几下，她也不哭。可是这一捆，却使她有了转变，从此循规蹈矩地读起书来，再不和家人胡闹了。

十五岁那年，陆小曼转入北京圣心学堂。圣心学堂是法国人办的，当时一般

人叫它"法国学堂"。学生都是居住在北京的外国青少年,附带招收少数中国学生。课程有英文、法文、钢琴、舞蹈、油画、礼仪等。因为收费高,是贵族化的学校,多半是北京军政界部长级一类的小姐才能进得去,如曹汝霖(曹汝霖当时任交通总长)的女儿当年也在圣心学堂读书。有文章中说陆小曼"她的成绩很好,考试总是名列前茅,因此在学校左近一带的居民,早已熟识这位陆小曼小姐了"(连理《交际皇后——陆小曼的豪华》,《新声》1946年创刊号,第十一页)。陆小曼在此开始接受中西方文化的教育,这种在当时来说较为先进的教育使她的思维方式既有中国的传统观念,又有西方的现代文明。同时,她生长在中国新文化运动思潮开创期,使她逐渐对中国封建社会女子的"三从四德"、"男尊女卑"等产生怀疑和抵抗。后来她又经常参加中国外交部举行的外交活动,使她更多地接受和理解西方的进步文化,并在行动上(特别是挣脱没有爱情的婚姻枷锁,为自由恋爱而作的努力)做出了勇敢的选择。

　　同年,陆定还专门为她请了一位英国女教师教她英文。陆小曼生性聪慧,又肯勤奋学习,十六七岁已通英、法两国文字,还能弹钢琴,擅长油画。有一次外国人到圣心学堂参观,看到一幅精致的油画,问是何人所绘?当校方告知是学生陆小曼时,外国人很欣赏,当即支付二百法郎,作为学校办学经费,将这张油画买去。由此,陆小曼引起校内和社会注目。

　　学生时代的陆小曼,不仅才能出众,她的美丽也含苞欲放,初露魅力。这年,有国务总理某嫁大女儿,傧相有四对,陆小曼是四个女傧相中年龄最小的一个,也排在最后。但数千双嘉宾的眼睛,却都注视在她身上。因为她的态度是妩媚大方,面貌是娇艳绝伦,装饰是富丽堂皇,竟把主角新娘也比下去了。她有上海少女的聪明活泼,又有北京少女的秀丽端庄。在学校里,大家都称她为"皇后"。据说她进出学校都是以马车代步,豪华之极。她到剧院或中央公园游园会时,外国和中国大学生往往前后数十人,或给她拎包,或为她持外衣;而她则高傲之极,对那些人不屑一顾。

　　当时北洋政府外交总长顾维钧要圣心学堂推荐一名精通英语和法语、年轻美貌的姑娘去外交部参加接待外国使节的工作,陆小曼成为当然之选。陆定夫妇认为这是锻炼女儿才华的好机会,便答应了。于是她经常被外交部邀请去接待外宾,参加外交部举办的舞会等,并在其中担任中外人员的口头翻译。

十八岁时，陆小曼开始名闻北京社交界。她能诗能画，能写一手蝇头小楷，能唱歌能演戏，而且热情、大方、彬彬有礼，更能引起好感的是她那明艳的笑容，轻盈的体态和柔和的声音。磊庵在《聪明自误的陆小曼》中说："北京的外交部常常举行交际舞会，小曼是跳舞能手，假定这天舞池中没有她的倩影，几乎阖座为之不快，中外男宾，固然为之倾倒，就是中外女宾，好像看了她也目眩神迷，欲与一言以为快。而她的举措得体，发言又温柔，仪态万方，无与伦比。"（原载台湾《联合报》1957年8月7、8、9日。转引自梁实秋《谈徐志摩》。见《难忘徐志摩》，韩石山编，昆仑出版社2001年5月版，第一百六十三页）

陆小曼在三年的外交翻译生涯中，屡屡显出她机警、爱国的一面。因为当时翻译不仅仅是把对方的话译出来就算了事，还须随机应变，来对付那些蔑视华人的外国人。她爱自己的祖国，听到看到外国人有蔑视华人的语言行为，她就以牙还牙，巧妙地对付。有一次，法国的霞飞将军在检阅我国仪仗队时，看到仪仗队的动作不够整齐，便奚落道："你们中国练兵方法大概与世界各国都不相同吧！"陆小曼当即回答："没什么不同，全因为你是当今世界上有名的英雄，大家见到你不由得激动，所以动作无法整齐。"

又有一次，在节日宴会上，有的外国人为了取乐，用点燃的纸烟头，接触中国儿童所持的气球，突然"乓"的一声爆破，原来高高兴兴玩着的孩子，吓得哭叫起来，而那些外国人却捧腹大笑。这些中国孩子都是所谓高级华人的子女，可是眼看外国人作弄自己的孩子，他们只是尴尬苦笑，谁也不敢提出抗议。陆小曼睹此非常气愤，即以其人之道还治其人之身，她也用同样的做法烧破外国儿童的气球，使洋人吃惊，也使那些高级华人目瞪口呆，而陆小曼自己则坦然自若。

顾维钧对陆小曼在三年兼职的外交活动中的表现颇感满意，他曾当着陆定的面对一个朋友说："陆建三的面孔，一点也不聪明，可是他女儿陆小曼小姐却那样漂亮、聪明。"

◇ 五岁时的陆小曼
◇◇ 十五岁时的陆小曼

◇ 双十左右的陆小曼

三 与王赓结婚

1922年，陆小曼十九岁了，身材也越显婀娜娉婷，出落得更加漂亮了。就在这一年，她离开学校，奉父母之命与王赓结婚。关于陆小曼与王赓结婚的准确日子，目前所见陆小曼的资料中未有涉及。陆小曼只在《关于王赓》一文中有"我十九岁时，在'父母之命'之下与他结了婚，但感情一直不好"之语。陆小曼十九岁，即1922年。在普林斯顿大学档案中的"王赓传略"中却有较详细的记载："1922年10月10日娶陆小曼，四年后离婚。"该日子是否确实，留待考证。另有一些资料说陆、王于民国九年（1920年）结婚，根据上述资料可以推断，这种说法不准确。

王赓（1895—1942），字受庆，亦作绥卿，江苏无锡人。作家王西神（1884—1942，原名蕴章，字莼农，鸳鸯蝴蝶派主要作家之一，《小说月刊》的首任主编）的侄子。刘心皇的《徐志摩与陆小曼》中说王赓家族"世代显贵，至王赓时，家道才中落。王赓少年有为，弃绝一切嗜好，立志苦读。"王赓于1895年5月15日生，年龄比陆小曼大八岁。1910年毕业于北京安廷（安定）中学，并于翌年考入清华大学的前身清华学校，当时的清华学校是留美学生的大本营。经过几个月的学习后，王赓于1911年赴美留学，入密西根大学，后改入哥伦比亚大学，再到美国普林斯顿大学。1915年获普林斯顿大学文学士学位。当年6月又转到西点军校攻军事，与美国名将艾森豪威尔是校友（有些文章说美国第三十四届总统艾森豪威尔是王赓的同学，其实不然。根据现有资料显示，艾森豪威尔于1911年夏天进入西点军校，而王赓则于1915年进入西点，所以只能算校友）。1918年6月在全班一百四十名同学中，以第十二名毕业，并获颁陆军少尉官衔。随后归国，供职于陆军部。1919年1月，巴黎凡尔赛会议在法国召开。我国派陆徵祥、顾维钧等为代表，郭泰祺等为专门委员，梁启超等为顾问，王赓和梁上栋为随行武官去参加该次会议。王赓回国后先在外交部翻译文件；1919年秋，王赓任航空局委员，1921年为陆军上校。

王赓从美国学成回国正是世界动荡之时，第一次世界大战刚刚结束，而国内也乱象丛生。各路军阀混战，以北洋系实力最强。梁启超曾形容当时的社会状况："神奸既伏，人欲横流，而进于演水帘洞，演恶虎村。"在这种背景下，拥有炫目学历光环且如此年轻就任上校的王赓也受到各种势力的青睐，遭到"哄抢"。而作为一个英俊有为的青年，他也是一些世家望族心目中理想的佳婿人选。

不久，王赓经陆小曼的寄父母唐在礼夫妇介绍，前来议婚。陆定夫妇之前曾经婉拒了不知多少人家，不肯将自己的掌上明珠轻易许人。这次看到王赓年少英俊，又有成就，且无锡和常州，原属一府，有乡谊，于是很快就答应了。从订婚到结婚，还不到一个月，人称"闪电结婚"。

当时对陆小曼的这桩婚事起主要作用的是陆小曼的母亲，磊庵在《聪明自误的陆小曼》一文中说：

……小曼之母，认王赓为东床坦腹，虽是王赓年龄长小曼八岁，她偏说这穷小子将来有办法，毫不迟疑便把小曼许配了他。（原载台湾《联合报》1957年8月7、8、9日。转引自梁实秋《谈徐志摩》。见《难忘徐志摩》，韩石山编，昆仑出版社2001年5月版，第一百六十三页）

当时陆家正处于鼎盛时期，陆小曼的父亲陆定还在财政部供职。王赓家境一般，又刚从国外回来，没有什么钱。陆家看中的是他年少得志，因此结婚的一切费用，全由陆家负担。据说为使小曼出嫁有面子，家庭的生活用具，都是到江西景德镇定制，并由小曼母亲新笔绘图。有文章说："她爸爸只这末一个千金，因此对婚礼的排场极尽铺张之能事，其礼服以大红软缎湘绣花朵，四周满缀珍贵的珠宝，闪烁耀眼。嫁箱数十只，装满巨价高贵的衣服首饰，每箱并以一百元一封的银洋铺

满箱底,其豪华富丽的情况,虽不能说绝后,也可称是空前的了。"(连理《交际皇后——陆小曼的豪华》,《新声》1946年创刊号,第十一页)。婚礼在"海军联欢社"举行,仪式之甚,轰动京师。光女傧相就有九位之多,除曹汝霖的女儿、章宗祥的女儿、叶恭绰的女儿、赵椿年的女儿外,还有英国小姐数位。这些小姐的衣服,也都由陆家定制。婚礼的当天,中外来宾数百人,热闹非凡。

在这桩婚事中,陆小曼就像大海中的一叶小舟,被风浪颠来颠去,完全是被动的。当蜜月的激动渐趋平静后,她渐渐发觉自己并不快乐,她觉得自己和王赓之间在性情和爱好方面有很大的异趣。她在1936年为良友图书公司出版的《爱眉小扎》(指1925年8月9日至9月17日徐志摩在北京和上海两地写的思念陆小曼及记录当时生活状态的日记。因陆小曼名眉,故徐志摩取名为《爱眉小扎》,是徐志摩和陆小曼爱情生活的真实记录)单行本作的序中说:

> 在我们(指她与徐志摩)初次见面的时候(说来也十年多了),我是早已奉了父母之命媒妁之言同别人结婚了,虽然当时也痴长了十几岁的年龄,可是性灵的迷糊竟和稚童一般。婚后一年多才稍懂人事,明白两性的结合不是可以随便听凭别人安排的,在性情与思想上不能相谋而勉强结合是人世间最痛苦的一件事。当时因为家庭间不能得着安慰,我就改变了常态,埋没了自己的意志,葬身在热闹生活中去忘记我内心的痛苦。又因为我娇慢的天性不允许我吐露真情,于是直着脖子在人面前唱戏似的唱着,绝对不肯让一个人知道我是一个失意者,是一个不快乐的人。

王赓在美国受了多年的教育,生活方式也有些美国化,加上他少年得志,全部精力都花在工作上,一个星期从星期一到星期六,是绝对的工作时间,不能用于玩耍。而且王赓是学军事的,行为比较刻板,性格上也是大大咧咧,对女人既没有很大的兴趣,也没有笼络的手段。他对妻子陆小曼是"爱护有余,温情不足"。而陆小曼喜欢玩儿,婚前就是北京交际界的"名姝",结婚后闷在家里,要是丈夫多些温存倒也罢了,偏偏丈夫一心扑在工作上,整天就为他的仕途着想。老婆娶进了,就像完事了,陆小曼觉得自己在家里像个摆设,似乎根本不在丈夫的眼里,要想出去玩玩也不自由,因此陆小曼对丈夫是"敬重有余,爱情不足"。据磊庵在

《聪明自误的陆小曼》中讲道：

> 可是这位新郎的学问虽然优长，而应付女性却是完全外行，他有这样漂亮太太，还是手不释卷，并不分些工夫去温存一下。他在北大执了教鞭，整日埋头苦干。（原载台湾《联合报》1957年8月7、8、9日。转引自梁实秋《谈徐志摩》。见《难忘徐志摩》，韩石山编，昆仑出版社2001年5月版，第一百六十三页）

结婚第三年，王赓被任命为哈尔滨警察局局长，只身前往上任。陆小曼与王赓两地分居，因此与丈夫在感情上更加淡漠了。但由于陆小曼从小受到严格的家教，尽管不满，彼此间倒还相安无事。

由于性情不投，结婚半年后，两人失和成为无可否认的事实。但陆小曼心高气傲，绝不肯让人知道她是一个失意者，是一个不快乐的人。在当时封建意识浓厚的社会背景下，也根本不容许她有更多的想法。于是她过着隐瞒性情、忍泪假笑的生活。就在这种心态下，徐志摩似天外来客，闯进了陆小曼的心扉。

◇ 陆小曼婚前照
◇◇ 王赓军装像

小史

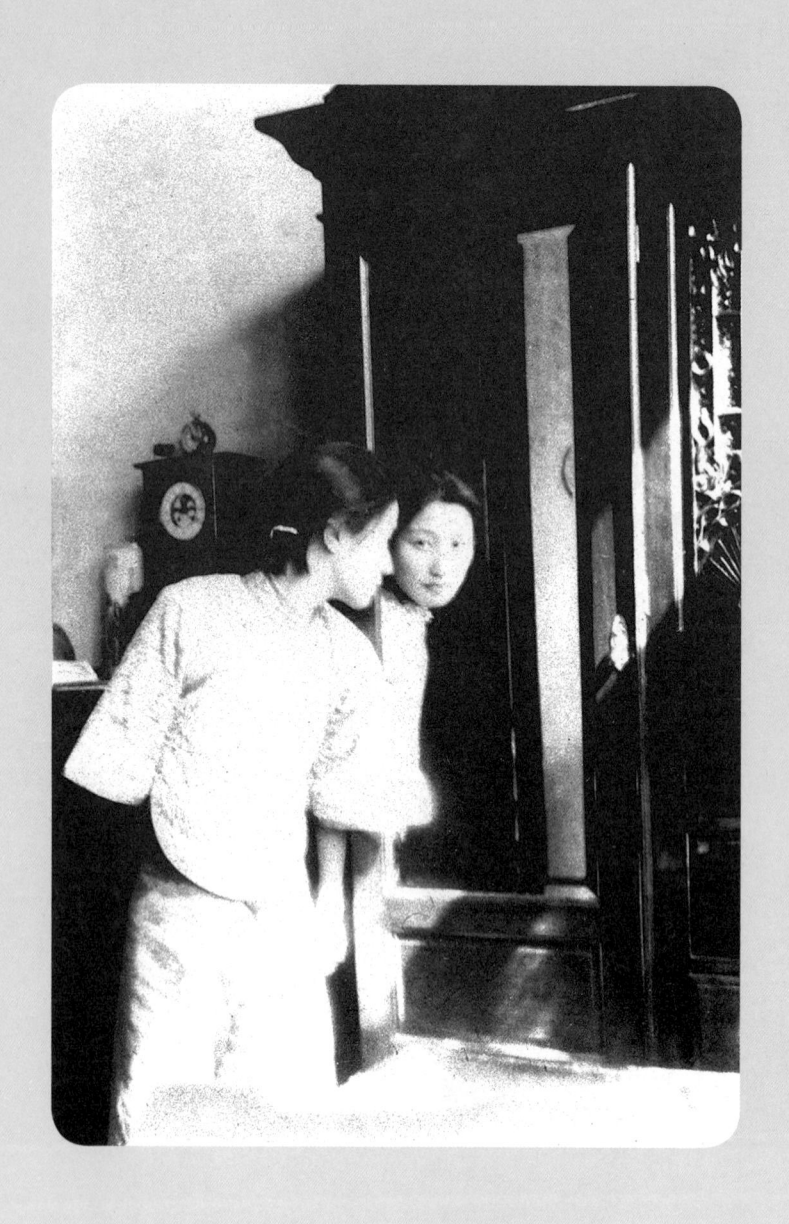

◇ 顾影自怜的陆小曼

◇ 王赓、陆小曼结婚照

濯足东来临万里
流东风吹我黑
船裘千峰江上
青如许随着行
人到岳州
　　昌照

受庆夫
芬政

◇ 钱昌照赠王赓、陆小曼夫妇的题诗

四
结识志摩

徐志摩（1897—1931），浙江海宁人，名章垿，初字槱森，后改字志摩。徐志摩于1897年1月15日（农历1896年12月）出生于浙江海宁硖石；1907年入硖石开智学堂；1911年起入杭州府中；1915年入北京大学预科；1915年12月，奉父母之命，与张幼仪结婚；1917年，在北京大学读书；1918年赴美国克拉克大学留学；1920年赴英，入伦敦大学政治经济学院；1921年入剑桥大学皇家学院；1922年3月，在柏林与张幼仪离婚；1922年10月回国；12月到北京，在松坡图书馆工作。之后历任北京大学、光华大学、大夏大学、南京中央大学等校教授，并参与主编《诗刊》、《新月》等文学刊物。徐志摩是我国著名诗人，也是"新月派"的代表人物。

徐志摩与张幼仪的婚事是张幼仪的四哥张嘉璈牵线的。1913年，徐志摩在杭州府中读书，时任浙江都督秘书的张嘉璈在视察该校时无意中发现一篇文章《论小说与社会之关系》，文章很有梁启超的风格，而且深具功力，书法也很漂亮。打听之下，原来是海宁硖石商会会长徐申如（1872—1944，谱名义忻，讳光溥，小字曾荫。曾任海宁商会会长近二十年）的儿子徐志摩的作品。当时，张嘉璈就上心了。回家禀报父母同意后就和徐志摩父亲联系。徐申如一听是张嘉璈的妹妹，马上就答应了。因为张嘉璈早年留学日本，当时在国内已有一定声望。徐申如是个商人，知道张家的社会地位和影响力对徐家和徐志摩的发展有好处，于是他在回信中很急迫地说：“我徐申如有幸与张嘉璈之妹为媳。"

那一年张幼仪才十三岁，是苏州第二女子师范学校的学生。在张幼仪的回忆中这样说：

> 我头一次听到我丈夫的名字，是在十三岁那年。爸爸妈妈在我放假从学校回家的时候，把我叫到客厅，交给我一个小银盒子。
> 我想知道：这是做什么用的？
> 他们说，看看他的相片。我打开盒子，瞧见一张年轻人的照片，他的头大大的，下巴尖尖的，还戴了副圆圆的金丝边眼镜。
> ……他叫徐志摩，是四哥帮我发掘他的。四哥在担任浙江都督秘书的时候，有一部分正式职务是视察当地学校。几个星期以前，他到杭州府中视察的时候，对其中一个学生的作文印象极为深刻……（《小脚与西服》，张邦梅著，谭家瑜译。台湾智库股份有限公司2003年4月第二版，第六十八页）

虽然，张幼仪对徐志摩的第一印象并不差，无论外表还是才华，但徐志摩却并不对等于她。他在第一次看到张幼仪的照片时，就撇着嘴说：“乡下土包子。"很显然，徐志摩并不满意父亲和张家订的这桩婚事，但看到父亲很欣喜，他还是顺从了传统。两年后，在1915年12月徐志摩奉父母之命与张幼仪结婚。

婚后，与陆小曼、王赓如出一辙，两人的兴趣爱好上的差异逐渐显现，这其实都是"父母之命、媒妁之言"惹的祸。张幼仪口述的《小脚与西服》里说："（徐志摩）除了履行最基本的婚姻义务之外，对我不理不睬。就连履行婚姻义务这种事，他也只是遵从父母抱孙子的愿望罢了。"的确，张幼仪是个贤惠、能干、管家的女人，但不适合徐志摩这样的浪漫诗人。徐志摩的堂侄徐炎撰文说："张幼仪从小性格刚强，严于管束，大时尤甚，富于手段；很有主见，也很有主张，且相当主动，既不会哭，也不会笑，是一个'三主'俱全的女强人。"（《走近志摩》。载《山西文学》2002年第十一期）连张家人也给张幼仪起了诨名叫"亲伯伯"，就是说她言谈举止都有男子气。（《小脚与西服》，张邦梅著，谭家瑜译。台湾智库文化有限公司2003年4月第二版，第三页）张幼仪自己也说："我不是个有魅力的女人，

不像别的女人那样。我做人严肃，因为我是苦过来的人。"（出处同上。第二百零八页）

　　1920年至1921年间，徐志摩在伦敦认识了林徽因（1904—1955），这才是他想象中的理想女人——美丽、纯洁、天真、活泼。林徽因和徐志摩也有天然的可资他们亲近的历史痕迹。林徽因出生在杭州，她的祖父林孝恂1898年至1899年曾在离杭州不远的且属杭州管辖的海宁（徐志摩的家乡）做过县官，她的母亲又是嘉兴人（海宁从隋朝开始属杭州管辖，一直到清末，延续一千三百多年。民国初期，海宁直属浙江省管辖。1935年以后，逐渐归嘉兴管辖），所以在地域上有他乡遇故人的情谊。而最让林徽因感受深刻的是从志摩身上感受到了非同常人的热情、坦诚和惊人的才华。他们两人在英国度过了一段快乐时光。徐志摩和林徽因的交往及感情升温也直接导致了他和张幼仪于1922年的离婚。在徐志摩决定和张幼仪离婚后，张幼仪非常悲伤，也很无助。她告诉二哥张君劢，徐志摩已经不跟她一块儿住了，而且要和她离婚。张君劢回信来的第一句话就是："张家失徐志摩之痛，如丧考妣。"张幼仪认为，二哥的这种态度显示了他对徐志摩极端的重视，把他看得跟父母一样重要。1926年，徐志摩和陆小曼结婚请梁启超担任证婚人，张幼仪的八弟张禹九作为张家唯一代表参加了这场婚礼。他认为徐志摩早就知道梁启超会在婚礼上批评他，但他仍旧愿意请梁的理由之一是给张家面子。张幼仪表示不同意这种看法。张禹九就认为，张幼仪对徐志摩不够尊重，要她试着更深入一层地去了解他。并且说，徐志摩以他的才华带给张家极大的光荣。即使在张邦梅写《小脚与西服》时，张禹九（即张邦梅的爷爷）对张邦梅仍多次叮嘱："对徐志摩仁慈一点。"可见张家人对徐志摩的重视和宠爱一直不改。

　　张幼仪与徐志摩离婚后，自强自立，单独抚养儿子徐积锴（1918—2007，字如孙，小名阿欢。徐志摩与张幼仪所生。早年毕业于上海交通大学，获学士学位；后留学美国，就读于哥伦比亚大学，获硕士学位；后一直定居在美国，2007年因病去世）。于1927年担任云裳公司总经理，并于当年出任上海妇女储蓄银行副行长。据陆小曼的学生张方晦回忆，徐志摩去世后，徐家彻底断了陆小曼的经济供给，张幼仪曾多次寄钱给陆小曼接济她的生活。1949年4月，张幼仪到香港定居。1953年与同住一楼、上下相邻的医师苏季子结婚。1974年苏医师去世后，幼仪迁往美国与徐积锴共同生活。张幼仪晚年，做了两件大事，都跟徐志摩有关：一是促成了台湾版《徐志摩全集》的出版,一是让侄孙女张邦梅根据自己的口述出版了英文版《小脚与西服》。不管徐志摩如何待她,她对志摩是在乎的,对他们的孩子是负责的。张幼仪在晚年口述《小脚与西服》时曾对侄孙女张邦梅说:

> 你总是问我,我爱不爱徐志摩。你晓得,我没办法回答这问题。我对这问题很迷惑,因为每个人总是告诉我,我为徐志摩做了这么多事,我一定是爱他的。可是,我没办法说什么叫爱,我这辈子没跟什么人说过"我爱你"。如果照顾徐志摩和他的家人叫做爱的话,那我大概爱他吧。在他一生当中遇到的几个女人里面,说不定我最爱他。

1988年1月,她以八十八岁高龄在美国纽约去世。在与徐志摩关系最深的三个女人(陆小曼六十二岁去世,林徽因活了五十一年)中,她是最长寿的。

徐志摩当时对林徽因的狂热追求是世人皆知的,但林徽因是否对徐志摩有对等的感情,林徽因本人及其后人都讳莫如深。徐、林的朋友及现今的研究人员也各有说法。留给我们的最直接的是徐志摩的狂热和林徽因的惶恐。当时林徽因的父亲林长民给徐志摩有一封信,信中说:

> 志摩足下:
>   长函敬悉,足下用情之烈,令人感悚,徽亦惶恐不知何以为答,并无丝毫嘲笑,想足下误解耳。星期日午饭,盼君来谈,并约博生夫妇。友谊长葆,此事幸亮察。敬颂文安。

但这封信是1920年12月1日写的,后来,徐志摩和林徽因又有半年多的交往,特别是1921年6月林长民赴欧洲各地游历,林徽因独自一人寂寞地待在伦敦,与徐志摩有频繁的书信往来和间或的接触。内中详情因有关资料的缺失和当事人的隐讳不得而知。当年10月,林氏父女离开伦敦回国,结束了徐、林的这段交往。而徐志摩处理好与张幼仪的离婚一事后,于1922年10月回国时,听到的却是林徽因已与梁启超的儿子梁思成订婚的消息。而这个时候,也是陆小曼与王赓结婚

之时。

　　这时,轮到徐志摩惶恐了。但他还是坚持不懈地追求林徽因。尽管林徽因的未婚夫是他老师的儿子,尽管梁思成是他的朋友,尽管林徽因已明确告诉他已无意于他。有一次,林徽因和梁思成在松坡图书馆小屋幽会,徐志摩却还不知趣地去做"第三者"。忠厚的梁思成不得不在门上贴上纸条:"Lovers want to be left alone(情人不愿受干扰)。"徐志摩看到后,无奈之下怏怏而去。

　　然而,徐志摩对林徽因的追求并未停止,只是稍有收敛。1924年4月,泰戈尔来华讲学,林徽因、徐志摩等陪同泰戈尔外出参观游历期间,徐志摩又对林徽因有较明显的爱意表达,但林徽因此时与梁思成正处于热恋之中,更不会对徐志摩有所回应。6月,林徽因就和梁思成、陈植赴美国留学,学美术和建筑。

　　即使林徽因随未婚夫去了美国,徐志摩依旧痴情不改。据说有一天,林徽因从美国来一电报,内容大致是:"我在国外一个人生活很苦闷,希望你能给我写写信,对我也是一种安慰、一种温暖。"徐志摩看到电报后,大喜过望。随即写了一封长信,情意绵绵。第二天徐志摩到电报局去发电,哪知收电报的人看到徐志摩的信后笑着说:"先生,我今天已经收到四份发给这位黛徽丝的电稿了,你是第五个了!"徐志摩很不高兴地说:"你不要胡说,这女士只有本人一个朋友。"这位收报员看徐志摩不信,随即拿出其他四人的电文给徐志摩看。徐志摩一看,天哪,都是留美的四个老同学。徐志摩非常生气,马上去问张歆海。张开始还以为徐志摩哪里听得消息,不肯承认。徐志摩见他不肯讲,就拿出林徽因写给他的电报给张歆海看,张一看,和他的那份一模一样。两人原以为林徽因是对自己情有独钟,谁知一人一份。他们俩随即到另外三人处,拿出电文一看,都是一个稿子。徐志摩经过此事,对林徽因也心灰意冷。

　　上述故事来自于我国著名篆刻家陈巨来《安持人物琐忆》。(陈巨来《陆小曼·徐志摩·翁瑞午》,载《万象》第一卷第五期,1999年7月出版)有些学者认为陈巨来的回忆并不靠谱,因为按照林徽因的性情和修养不太会做这样的游戏。但是,上述这件事情也并非空穴来风。在2005年发现的《小曼日记》稿本中就有来自陆小曼的相关记录:

　　　　那天同淑华谈天,我们说的是他(指张歆海),我因为气极了我就告诉了她打电报的事情,淑华答应我不讲给旁人听的,哪知道她同通伯说了。通伯不知同谁说了,他们就问歆海,他就气得要命,来找着我啦。我后来讲给他听,我说:"她那样拿你们玩儿你们还想瞒人么,这在你们脸上虽没有多大差,说说出来亦好让人知道她是怎样的人,到这时候还要这样的办么?"歆海说他倒不痴,他可怜你(指徐志摩)太痴,他接信的时候他早就知道别人亦有的。所以他在电报局里知道你亦打了他并不惊奇,是在他意料中的。他知道你一定以为是你一个人有的,所以他才告诉你,他是希望你不要再迷下去的。(《小曼日记》稿本,1925年3月20日,载《陆小曼文存》,柴草编,山西出版集团·三晋出版社2009年12月版,第二百零四页)

这个日记稿本是陆小曼生前没有发表过的,是很私密的东西,完全没有必要去造假。因此至少我们可以说,当时有那么一种说法。

徐志摩对林徽因确实是十二分的欢喜,把她当做"女神"来看待。但林徽因的数次拒绝让徐志摩灰心到了极点。

就是在这样一个时候,他遇到了同样忍泪度日的陆小曼。他们的相遇,使他们的忍泪和灰心渐渐化成了愉悦和希望,这段万众瞩目的惊天爱情就这样拉开了序幕。

至于他们俩初次的相识,并没有一个完全准确的日子。陆小曼在1940年写的《泰戈尔在我家》一文中说:"本来我同泰戈尔是很生疏的,他第一次来中国的时候,我还未曾遇见志摩。"1957年,陆小曼又在《泰戈尔在我家作客——兼忆志摩》一文中说:

后来老诗人走了不久,我同志摩认识了,可是因为环境的关系,使我们还不能继续交往,所以他又一次出国去。

两篇文章相差十几年,陆小曼的描述却并不矛盾。陆小曼说她和徐志摩的相识是在泰戈尔走了以后。但我们来看,其实陆小曼和徐志摩在泰戈尔(Rabindranath Tagore,1861—1941,印度著名诗人)来华期间就曾在同一场合活动。1924年的5月8日是泰戈尔的生日,北京学界要为他开祝寿会,其中最后

一个节目是用英语演出他的戏剧《齐德拉》。

当然，此时的主角不是陆小曼，而是《齐德拉》的演员徐志摩、林徽因、梁思成、张歆海等人。但我们的主角也在这里出现了，她在当时却只能充当一个配角。可尽管是配角，但由于她的光彩照人，同样引起了众人的关注。有一个名叫赵森的年轻人做了有心人，记录下了她的打扮和举止。

> 陆小曼在这场《齐德拉》的演出活动中的主要任务是在礼堂门口发售《齐德拉》的说明书，每册一元。陆小曼喜欢戏剧，喜欢凑热闹，为了大文豪泰戈尔的缘故，她也乐意充当这样一个角色。演出那天，在礼堂的外部，就数小曼一人最忙，进来一位递上一册说明书，同时收回一元大洋。看她手忙脚乱的情形，看她瘦弱的身躯，苗条的腰肢，眉目若画，梳着一丝不乱的时式头——彼时尚未剪发——斜插着一枝鲜红的花，美艳的体态，轻嫩的喉咙，满面春风地招待来宾，那一种风雅宜人的样子，真无怪乎被称为第一美人。(《徐志摩演戏的回忆》，转引自《难忘徐志摩》，韩石山编，昆仑出版社2001年5月版，第一百零八页)

从陆小曼的回忆和这一记录来看，陆小曼和徐志摩并没有直接的接触。我们也能相像，徐志摩是主要的接待方代表，又是主演，应该在后台忙着；而陆小曼相当于一个"志愿者"，活动地点是在戏院的外面。所以两人没有接触或"未曾遇见"是可信的。而且徐志摩当时情感上还完全倾注于林徽因，故未特别注意到林徽因以外的女人，即使是同样魅力四射的陆小曼。按常理说，陆小曼是徐志摩好友王赓的妻子，又是才貌俱佳的女子，徐志摩没有理由不晓得；陆小曼呢，应该也会知道大名鼎鼎的诗人徐志摩，但最多只能说此时他们或许彼此闻名，但并未正式认识和交往。

按照陆小曼在回忆中所说的"后来老诗人走了不久，我同志摩认识了"的话来推算的话，大概时间是在1924年的下半年，那年陆小曼二十一岁。

至于他们相识的场合，大致的说法是在舞会上。王映霞说：

> 1924年，陆小曼在交际场所，一个偶然的机会，遇见了徐志摩。他也是

跳舞能手,爵士音乐一响,他们就欣然起舞,跳个不停。他们熟练的步伐,优美的姿态,使舞池里的其他男士显得"六宫粉黛无颜色"。他们两个,一个是窈窕淑女,情意绵绵;一个是江南才子,风度翩翩;一个是朵含露玫瑰,一个是首抒情的新诗,干柴碰上烈火,怎样会不迸发出爱情的火花?(《陆小曼——浪漫孤寂人生》,载《上海滩》,1992年第五期)

还有另外一种说法,徐志摩是通过同乡蒋百里(1882—1938,名方震,号澹宁。军事理论家)认识陆小曼,继而认识王赓的。"陆小曼也是由于蒋百里的介绍而认识,志摩也因而认识了王赓将军。"(曹聚仁《听涛室人物谭》,上海人民出版社1998年10月版,第二百五十八页)

从此,徐志摩成了王家的常客。由于王赓专注于工作和前途,小曼想去玩儿时,他就说:"我没空,叫志摩陪你玩儿吧。"当徐志摩来邀请他们夫妇出去的时候,他就说:"我今天很忙,叫小曼去陪你玩儿吧。"王赓根本就不会想到这样处理会产生婚姻危机。就这样,徐志摩与陆小曼在王赓首肯的大好形势下一起玩耍。他们同游长城,逛天桥,到"来今雨轩"喝茶,去西山上看红叶,忙得不亦乐乎!小曼喜欢打牌,志摩就陪她打牌;小曼喜欢听戏,志摩就陪她听戏;小曼喜欢画画,志摩就给她介绍北京画画的名家。这样你陪我,我陪你,郎才女貌,心理断层,难免产生情感。

◇ 青年徐志摩

◇ 张幼仪

◇◇《小脚与西服》书影（台湾智库文化有限公司出版）

◇ 1916年，林徽因于北京

◇◇ 1917年，徐志摩与泰戈尔在船上合影

◇ 徐志摩、张幼仪与友人

◇ 1924年5月,林徽因(左一)与泰戈尔、徐志摩、恩厚之等在北京景山庄士敦家门前

◇ 徐志摩、陆小曼与友人合影。前排右一为小畑薰良、右三为凌叔华、右四为陆小曼、右五为上村清敏、右六为王世杰；后排右一为冯友兰、右四为杨振声、右五为陈西滢、右六为徐志摩、右八为陶孟和

◇ 20世纪20年代的的陆小曼

五
与志摩相恋

那么，陆小曼与徐志摩相恋又是在什么时候呢？

磊庵在《聪明自误的陆小曼》中提到这样一件轶事："（志摩）与小曼见过几面，老早就拜倒石榴裙下，某一次义务演剧，内有《春香闹学》一阕，志摩饰老学究，小曼饰丫环，曲终人散，彼此竟种下情苗。"（原载台湾《联合报》1957年8月7、8、9日。转引自梁实秋《谈徐志摩》。见《难忘徐志摩》，韩石山编，昆仑出版社2001年5月版，第一百六十三页）

陆小曼的堂侄女陆宗麟在给常州戴伯元的一封信中也提到："姑母第一次演戏是在北京，大约1924年与徐志摩合演《春香闹学》，徐（志摩）演老师，陆（小曼）演春香。那时还未与徐志摩结婚。"但她没谈到是否这一次演出让他们结下情种。但徐志摩的一段表述在一定程度上印证了徐志摩和陆小曼是在演戏时生出情窦是可信的——徐志摩这样描述当初他为陆小曼而受到心灵震动的事："今晚在真光我问你记否去年第一次在剧院觉得你鬓发擦着我的脸。"（我在海拉尔寄回一首诗来纪念那初度尖锐的观感，在我是不可忘的）(《爱眉小扎》1925年8月24日。引自《徐志摩全集》第五卷，徐志摩著，韩石山编，天津人民出版社2005年5月版，第三百二十一页）《春香闹学》出演于1924年年末至1925年年初，是新月社闹新年的一个节目。因此至少在此时，徐志摩和陆小曼已进入恋爱阶段。

"松树七号"（即松树胡同七号，是新月社俱乐部的驻地。当时徐志摩和陆小曼都是新月社的会员）成为他们频繁约会的地方——徐志摩在1931年7月8日于北平致陆小曼的信中说："你又何尝是没有表情的人？你不记得我们的'翡冷翠的一夜'在松树七号墙角里亲别的时候？"松树胡同七号是黄子美于1925年1月租下并成立新月社俱乐部的。当时徐志摩是自由身，但陆小曼是有夫之妇，出来也不方便，须得有些借口才行。新月社聚会成为他们约会最好的借口。

所有资料都指向了1924年的年末至1925年3月——他们的恋爱时期。因为3月10日徐志摩因为泰戈尔相邀及与陆交往所受社会压力去欧洲游历了。

徐志摩是个大诗人，在与陆小曼恋爱的过程中他留下了许多脍炙人口的爱情诗句。如《雪花的快乐》、《我有一个恋爱》、《一块晦色的路碑》、《翡冷翠的一夜》等等。这个时候，陆小曼几乎成了徐志摩的诗源。如1925年6月11日写的《翡冷翠的一夜》里集中体现了徐志摩与陆小曼热恋时的状态：

>　　你摸摸我的心，它这下跳得多快；
>　　再摸我的脸，烧得多焦，亏这夜黑
>　　看不见；爱，我气都喘不过来了，
>　　别亲我了；我受不住这烈火似的活……

徐志摩说："我的诗魂的资养全得靠你，你得抱着我的诗魂像母亲抱孩子似的，他冷了你得给他穿，他饿了你得喂他食——有你的爱他就不愁饿不怕冻，有你的爱他就有命！"（《爱眉小札》1925年8月22日。引自《徐志摩全集》第五卷，徐志摩著，韩石山编，天津人民出版社2005年5月版，第三百一十八页）

小曼爱好文艺，对志摩这样一位才情横溢的诗人自然十分敬仰，因此常向他请教一些文艺上的事。而志摩也被小曼的真诚、勇敢和美丽所吸引。逐渐的，两人意趣相投，共同语言渐多，谈话内容也丰富起来，渐渐产生情愫。王赓调任哈尔滨警察局局长后，志摩与小曼接触机会更多了，使他们感情越陷越深。陆小曼后来在回忆中提到当时的心情：

　　……这样的生活一直到无意中认识了志摩，叫他那双放射着神辉的眼睛照彻了我内心的肺腑,认明了我的隐痛,更用真挚的感情劝我不要再在骗人欺己中偷活,不要自己毁灭前程,他那种倾心相向的真情,才使我的生活转换了方向,而同时也就跌入了恋爱了。《爱眉小扎·序》。引自《徐志摩全集》第五卷,徐志摩著,韩石山编,天津人民出版社2005年5月版,第二百九十九页)

徐志摩的表弟蒋复璁(1898—1990),字美如,号慰堂。曾任台湾"中央图书馆"馆长,台湾故宫博物院院长)曾在文章中谈到徐志摩与陆小曼当时恋爱的情景:"因为陆小曼参加了新月社,自然和志摩很熟,当时志摩恋林(徽因)失败,正在此时,小曼予志摩照顾周至,饮食与衣物,日常送赠,我那时几乎每日到志摩处,颇觉这位王太太对志摩的照顾有逾友谊。"(《徐志摩先生轶事》。载台湾《传记文学》第四十五卷第六期)

陆小曼原来沉静的心中掀起了波澜,丈夫虽然也受过高等教育,但总体来说还是一个武夫,不懂女人心理,不会讨其所好,与自己的兴致也不吻合。亲切的志摩为她打开了一扇美丽的窗——一个能写浪漫爱情诗篇的诗人,一个风度翩翩的风流才子,更不容易的是他能读懂小曼内心痛苦而深沉的世界。小曼震惊了,她想:"这才是我心目中的理想伴侣。可是,我们相识在不该相识的时候。"她陷入无限的伤感。

郁达夫作为他们的好友,也是一位反封建礼常较为著名的文艺界人士。他在《怀四十岁的志摩》中说:"志摩和小曼的一段浓情,若在进步的社会里,有理解的社会里,这一种事情,岂不是千古的美谈?忠厚柔艳如小曼,热烈诚挚若志摩,遇合在一道,自然要发放火花,烧成一片了,那里还管得到纲常伦教?更那里还顾得到宗法家风?当这事情正在北京的交际社会里成话柄的时候,自己就佩服志摩的纯真和小曼的勇敢,到了无以复加。"郁达夫还把陆小曼比喻为"一位震动了上世纪二十年代中国文艺界的普罗米修斯",可以说极尽赞美和极力支持。

虽然有郁达夫、胡适、刘海粟等人对徐志摩和陆小曼的事持赞同的态度,但由于那时还是上世纪的二十年代,封建思想在一般人的脑子里还根深蒂固,妇女"三从四德"和"一婚定终身"的观念深入人心,更何况陆小曼与王赓不和大家也有所耳闻,因此当时的一些知名人士有很多想和她接近,陆小曼也喜欢赶场子,所

以也能经常凑在一块儿玩儿，现在居然给徐志摩一个人追走了，也惹得一些人心中产生不快，因此也有一些内心不平衡而论及对徐、陆两人的不满。刘海粟在文章中回忆说：

> 陆小曼离开王赓改嫁徐志摩后，当年在北京把她捧为天人，以一睹芳颜为快的名人雅士们，立即变成武士和猛士，对小曼大加挞伐。好像当年卓文君不嫁给别人而嫁给司马相如，这些"别人"们就大骂文君"私奔"和"淫奔"，诋毁她当垆卖酒等于卖笑和卖身。（天晓得，如果真有一个美艳的少女当垆向他卖笑，也许是不反对的）此时我想起数年前在北京看过一个话剧，里面一个勇敢的少女揭露她未婚夫的心中隐私说："为什么你们很愿意看别人未婚妻的大腿，而不肯让别人在舞蹈节目中看到自己未婚妻的大腿呢？"我顿时想起了小曼。可敬可爱的小曼，当年就是在那些自以为是反封建实际上封建得可以的文人雅士们的唾沫中遭际不幸的。（《我所认识的徐志摩和陆小曼》，载《人物》1989年第五期）

不难想象，陆小曼和徐志摩的交往在北京和上海的文化圈里，引起了很大风波，他们的romantic受到社会舆论的强力抨击。许多人都认为他们是破坏了传统礼教的罪恶行为，梁启超就是这类人的代表。他狠狠地批评了徐志摩，说一个人的幸福不应该建立在别人的痛苦之上。但说也奇怪，那些流言，在给他们压力的同时，相反也促进了他们感情的发展。

小曼

◇ 徐志摩

◇ 陆小曼签赠胡适的艺术照

◇◇ 陆小曼戏照

◇ 北方交际界名媛领袖陆小曼

◇ 1924年11月，徐志摩与胡适、蒋梦麟等人合影

六
陆小曼美不美

在这里先让我们来讨论一个话题,一个很多人关心的话题——那就是陆小曼到底有多美?为什么京城那么多的贵族子弟、知名人士会倾倒在她的石榴裙下?王赓风华正茂,对她是一见倾心;徐志摩见了她马上从林徽因处转了过来;张歆海猛追陆小曼未果,胡适看到她竟也有心猿意马的感觉,贺天健、刘海粟、陈巨来等艺术家也对陆小曼有相当的好感,而翁瑞午更是个痴情种子,一直照顾陆小曼达几十年之久——这些都证明了一点:陆小曼有非同寻常的魅力!胡适曾说她是"一道不可不看的风景",刘海粟说她是"一代才女,旷世美人"。那么陆小曼究竟美不美?有多美?

徐志摩无疑是最有发言权的。但徐志摩真正近距离描写陆小曼五官、长相的字句并没有。陆小曼在他眼里,是"接近完美的女性",只有诗才能表达对她的赞美:

　　她是睡着了——
　　星光下一朵斜倚的白莲;
　　她入梦境了——
　　香炉里袅起一缕碧螺烟。

　　她是眠熟了——

涧泉幽抑了喧响的琴弦；
　　她在梦乡了——
粉蝶儿，翠蝶儿，翻飞的欢恋。

　　停匀的呼吸：
清芬渗透了她周遭的清氛；
　　有福的清氛，
怀抱着，抚摩着，她纤纤的身形！
……

该诗写于1925年夏，题为《她是睡着了》，是以一个理想化的女人为对象而写的。诗中写"她"睡着了，不是用直接描写的方法，而是用一些意象的手法，调动了"白莲"、"一缕碧螺烟"、"琴弦"、"粉蝶儿"、"玫瑰"、"月季"等来烘托"她"的美。当时，陆小曼是徐志摩热恋中的唯一一个理想化的女人。我们不难猜测，或者至少可以说，诗中的"她"是以陆小曼为主的理想化女人。

再看看众人的评价。刘海粟是个艺术家，他的眼光非常高。有一次，胡适、张歆海、徐志摩拉他去陆小曼家，他对陆小曼的第一印象是十分美好的：

谁知站在我们面前的竟是一位美艳绝伦，光采照人的少女，原来她就是蜚声北京社交界的陆小曼。

刘海粟后来还总结对陆小曼的观感说："从各个角度来看，只觉得她的风度姿态，无一不合于美的尺度；如作写生画，全是可取的难得的材料；想来只有'衣薄临醒玉艳寒'七字，略可形容一二了。"

徐志摩和陆小曼的干女儿，也就是徐志摩好友何竞武的女儿何灵琰这样评价自己的干娘：

有人说陆小曼实在算不得美人，年轻时清清瘦瘦，中年牙齿掉了也不去镶，十分憔悴，但是在记忆中，干娘是我这半生见过的女人中最美的一个。

当然，她如果生在现在，绝对没有资格参加选美。人不够高，身裁（材）瘦弱，自然谈不上什么三围，得她却别有一种林下风致，淡雅灵秀，若以花草拟之，便是空谷幽兰，正是一位绝世诗人心目中的绝世佳人。她是一张瓜子脸，秀秀气气的五官中，以一双眼睛最美，并不大，但是笑起来弯弯的，是上海人所谓的"花描"，一口清脆的北平话略带一点南方话的温柔。她从不刻意修饰，更不搔首弄姿。平日家居衣饰固然淡雅，但是出门也是十分随便。她的头发没有用火剪烫得乱七八糟，只是短短的直直的，像女学生一样，随意梳在耳后。出门前，我最爱坐在房里看她梳妆，她很少用化妆品，但她皮肤莹白，只稍稍扑一点粉，便觉光艳照人。衣服总以素色居多，只一双平底便鞋，一件毛背心，这便是名著一时，多少人倾倒的陆小曼。她一举一动，一颦一笑，都别具风韵，说出话来又聪明又好听，到现在为止还没有再见到一个女人有干娘的风情才调。

在何灵琰的眼里，陆小曼吃饭时把一只脚踏在椅子上也是美的：

干娘有胃气痛的毛病，所以养成一只脚踏在椅子上，抱膝吃饭的习惯。这当然不是一种好习惯，也显得没有礼貌，但是干娘娇怯怯的好像西子捧心，别有一种风韵。

这两段描述来自何灵琰写的《我的义父母——徐志摩和陆小曼》一文，于1987年4月发表于美国《中报》。据何灵琰回忆，当时她是去纽约五十三街的那家图书馆翻中文书时偶尔看到有一本已故诗人徐志摩的遗作《爱眉小扎》，因此就倚在书架旁看了起来，谁知看到了《志摩日记》中有描写她的一段文字，因此勾起了她遥远的思绪，专门写了文章回忆义父母徐志摩和陆小曼以及小时候的那段令人难忘的往事。

应该说何灵琰对干娘陆小曼的美貌和风韵是推崇备至的。从她说的"到现在为止还没有再见到一个女人有干娘的风情才调"这句话，就可以想见陆小曼的美在她心中的地位。

和陆小曼一起生活多年的吴锦（陆小曼的表妹，即小曼母亲吴曼华兄长吴安

甫女儿）说："小曼虽非倾国貌，可是她有一股与生俱来的魅力，很多人见到她就被她吸引。"（引自贾馨园《陆小曼琐闻》，原载台湾《大雅》1999年创刊号）

　　1927年的一天，胡适请徐志摩和陆小曼去他家做客，还请了徐志摩的前妻张幼仪。张幼仪回忆说："吃晚饭的时候，我看到陆小曼的确长得很美，她有一头柔柔的秀发，一对大大的媚眼。饭局里，她亲昵地喊徐志摩'摩'和'摩摩'，他也亲昵地叫她'眉'和'曼'。"（《小脚与西服》，张邦梅著，谭家瑜译。台湾智库文化有限公司2003年4月第二版，第二百零九页）

　　时人也将陆小曼和唐瑛（上海的名门闺秀。当年有"南唐北陆"之说，即指南方的上海有唐瑛，北方的北京有陆小曼，皆在两地以美艳及社交出名。）作比较。如《上海画报》1927年7月15日上分别有两人的介绍：北方交际界名媛领袖陆小曼女士，为徐志摩君夫人，芳姿秀美，执都门交际界名媛牛耳，擅长中西文学，兼善京剧昆曲，清歌一曲，令人神往；南方交际界名媛领袖唐瑛女士，美丽活泼，驰誉沪上久矣。音乐舞蹈以及新旧戏剧，无所不能，亦无所不精也。又有文章说，有一天，徐志摩和朋友徐新六在上海一品香看见了唐腴庐（唐瑛的哥哥），徐新六即曾艳羡地告诉徐志摩说：他的妹妹是"上海社会之花"。然而这对徐志摩而言，他是无须艳羡的，因为眼前的陆小曼是体态小巧玲珑，眉如翠羽，肤如白雪，又是朱唇皓齿，明眸善睐，她在神韵与含蓄上，有股让人倾心的美。

　　1930年，王映霞和郁达夫寓居在上海赫德路嘉禾里前弄，和陆小曼家很近。那年的一个晚上，他们夫妇俩去拜访陆小曼，这是她们俩第一次见面。王映霞看到的是这样一个陆小曼：她梳着前刘海，这在当年是一种流行的时髦发型，穿着一袭银色的丝绸旗袍。

　　陆小曼自己说："我不喜欢花花绿绿的衣服，那太俗气了。我喜欢穿淡色的服装。有一次我穿蓝布旗袍，得到志摩的称赞，他说朴素的美有胜于香艳美。"

　　在回家的途中，郁达夫问王映霞对小曼印象如何，王映霞说："她确实是一代佳人，我对她的印象，可以用'娇小玲珑'四个字概括。"

　　女作家谢冰莹曾形容陆小曼："眉清目秀，薄薄的嘴唇，整齐洁白的牙齿，那一对会说话的眼睛特别美，说得过火一点，有摄人心魄的魅力。"

　　我们再来看看中晚年的陆小曼。女作家赵清阁曾于1945年11月访问陆小曼，赵清阁回忆说："她毫未修饰，这说明了她的心境，但她依然是美丽的，宛如一朵幽兰,幽静而超然地藏匿在深谷中。"陆小曼的堂侄女陆宗麟有一段回忆也可供参考:"1947年6月,我在南京结婚,她以主婚人的身份去南京主持我的婚礼,那时她已是四十五岁(四十四周岁)的中年人了,但她的风韵仪态,还是引起了很多宾客的注意,这些人并不知道她就是上世纪二三十年代在京沪有名的陆小曼。"(陆宗麟《忆姑母陆小曼》。载《上海文史资料》第五十八辑)

女作家苏雪林回忆道:"我和陆小曼也曾见过一面,那是民国三十八年间赤焰烧近武汉,我避地上海,女作家赵清阁介绍我和小曼相见。小曼常年卧病,延见我们也是在病榻上。我记得她的脸色,白中泛青,头发也是蓬乱的,一口牙齿,脱落精光,也不另镶一副,牙龈也是黑黑的,可见毒瘾很深。不过病容虽这样憔悴,旧时风韵,依稀尚在,款待我们,也是温和有礼。"由于徐志摩的死对陆小曼打击太大,故此在十余年后陆小曼还是心灰意冷,但是她风韵犹存,依旧是一个美人坯子。1954年,傅抱石和赵清阁等人去看望陆小曼,从陆小曼家里出来后,他对赵清阁他们说:"陆小曼真是名不虚传,堪称东方才女;虽已年过半百,风采依旧。"1956年才和陆小曼相识的女画家玄采薇也一再称赞陆小曼:"确实好看,漂亮!"

录了这么多对陆小曼美貌的评价,都是正面的;自然也有反面的,虽然很少。翁瑞午的长女翁香光和陆小曼感情很好,但她回忆说:"我看陆小曼并不漂亮,只不过用上海话讲起来就是很嗲,一个女人嗲功嗲起来真是没话讲。"若以今天的审美来看,讲身高、讲三围的话,陆小曼真的称不上美人。不光何灵琰说她"清清瘦瘦",当时在《上海画报》当记者的周瘦鹃也在《曼华小志》中说:"久不见小曼女士矣,容姿似少清癯。盖以体弱,常食二竖所侵也。女士不善饭,独尝米面,和以菌油,食之甘。"(载1927年10月30日《上海画报》第二百八十八期)从一些历史照片和一些回忆中的描述,我们大致可以揣测,陆小曼身高大约在一米六左右。所以我们这里说的美,主要是指脸部五官、身材的匀称及她整个的神韵上。

以上几个评价有男性,有女性;有丈夫,也有朋友;有长辈,也有晚辈。尤其是女性,按理说对同性忌妒的比较多,特别是像张幼仪这种看不惯陆小曼的女性,能说出对同性赞赏的话是不容易的。可惜的是,我们没有找到任何林徽因评价陆小曼的语句,由此也可看出林徽因的谨慎和细心。

从新面世的一些照片中,我们约略能看到陆小曼突出的美丽和风韵。从这些

照片来看，陆小曼的五官长得十分的秀气、媚人，尤其是那双眼睛，正如徐志摩所说：

　　一双眼也在说话
　　睛光里漾起
　　心泉的秘密

陆小曼确实是十分美貌，风情万种。如果要把她和林徽因作比较的话，两人是各有千秋，各有亮色。在徐志摩眼里，林徽因是一首高雅圣洁的诗，而陆小曼则是一朵妩媚鲜妍的花。

◇ 执笔沉思的陆小曼

◇ 陆小曼湖边留影

◇ 陆小曼近影

◇ 陆小曼肖像摆件

◇◇ 南方交际界名媛领袖唐瑛

七
与志摩的短暂分离

讨论完陆小曼美不美这个话题，我们言归正传。1925年2月，徐志摩收到泰戈尔的助手恩厚之发来的信，说泰戈尔近来身体欠佳，在病中牵挂着徐志摩。恩厚之希望徐志摩能到意大利去，和病中的泰戈尔相会。

徐志摩接信后，非常激动。他没有忘记去年泰戈尔访华期间，他给泰戈尔当翻译，是他最快乐的时光。后来在临别之际，两人相约翌年春暖花开时同游欧洲。但是，现在的这种情况，叫他如何决断。他和陆小曼正处于热恋之中，要他此时离开陆小曼，比死还难受。

志摩拿不定主意，他去找陆小曼商量。陆小曼一听，也觉得为难。要说让他走，两人心里都难受；要说不让他走，两人在一起也痛苦。考虑再三，陆小曼对他说："志摩，我虽然非常希望你在我的身边，你不在的话我说不定会疯的。但是，你还是走吧！我不应该妨碍你的前途，你这次出去游历，和大诗人泰戈尔会面，肯定会对你的视野和才艺有极大的促进，再说，现在的环境，你也知道。我们也可以试试，我们彼此分开，是不是还想对方，或者把对方忘了。"

陆小曼的话给了徐志摩很大的鼓励。他想也好，看看时间和空间对我们的爱能造成什么影响。但是，他怕陆小曼在家里太苦了，心里话没处说，他就对陆小曼说："有一件事不知你能否做到，如能倒是件有益而且有趣的事，我想要你写信给我，不是平常的写法，我要你当做日记来写，不仅记你的起居等等，并且记你

的思想情感——能寄给我当然更好，就是不寄也好，留着等我回来时一总看，先生再批分数，你如其能做到这点意思，那我就高兴而且放心了。"（1925年3月4日给陆小曼的信）

3月9日，徐志摩出国，陆小曼随众人去车站送他，陆小曼难以抑制内心的苦，但在众人面前又必须露出笑脸来，她在日记（这里所说日记指的是《小曼日记》出版本，即陆小曼根据出版的需要调整、删去部分内容而成的，时间跨度从1925年3月11日至7月11日，一共十九则。2005年，虞坤林先生发现了陆小曼的日记稿本，这个日记稿本在陆小曼生前未曾发表过。日记时间从1925年3月11日至1926年3月7日，共有五十八篇。稿本共两册，用的是当时通用的练习本，尺寸略有差异。第一册时间为1925年3月11日至7月11日，海青兰封面；第二册时间为1926年的2月6日至3月7日，白色封面。所有文字均用毛笔书写。第二册首页上有陈从周先生的"从周审定"方形朱印）中写道：

昨天（稿本上是"前天"，此处采纳稿本记载，故上文将徐志摩出国日定为3月9日）摩出国，我本不想去车站送他，可是又不能不去，在人群中又不能流露出一分难受的样子，还只是笑嘻嘻的谈话，恍惚满不在意似的。在许多人目光下，又不能容我们单独的讲几句话，这时候我又感觉到假的可恶，为什么要顾虑到这许多，为什么不能要说什么就说什么呢？我几次想离开众人，过去说几句真话，可是说也惭愧，平时的决心和勇气，不知都往哪里跑了，只会泪汪汪的看着他，连话都说不出口来。

陆小曼的这种悲伤之情，其实知心朋友如梦绿（即孙孟禄，江苏吴江人，后与张慰慈结婚）、叔华（即凌叔华，后与陈西滢结婚）等是了解的。就连丈夫王赓也看在眼里。在回去的路上，王赓生硬地对坐在马车里的小曼说："你的眼睛为什么这么红？哭什么？"

陆小曼明知自己感情出轨并不光彩，但她更讨厌丈夫用这种口气问她。她只有一言不发，只把头靠在车窗口，借以掩饰自己心里的不安。

徐志摩走后,陆小曼便开始了相思之苦。她觉得时间仿佛停止了,四面都露出一种冷清的静,一切都无声无息了。她坐到桌前,看着徐志摩给她的信、东西,拿在手里直发怔,也不敢去看,也不想开口,老是呆坐着不知道自己该做些什么。她心里只是默想着:志摩现在应该在哪里了?应该到哈尔滨了吧?应该到西伯利亚了吧?不知道他冷不冷,会不会照顾自己……如在3月18日的日记中小曼写道:

> 咳,他在车上不知冷不冷,真不巧这几天格外的寒,仿佛冬天,边界那方一定更凉,我想起他的洋服膀子又短,大衣亦短,脚膀上一定要受凉的,走的时间没有见他戴手套,不知买没有,他俄语不通一定吃苦不少,我愈想愈不放心,真奇怪我从没这样想人家过,真可笑,我不想啦。(《小曼日记》稿本。见《陆小曼文存》,柴草编,山西出版集团·三晋出版社2009年12月版,第二百零二页)

可以看出,小曼对志摩的关心之情溢满纸间。因为这是私密的日记,所以小曼对志摩的思念之情表露无遗。而在志摩一方,虽也情意满满,但表达却含蓄得多,因为寄到陆家要经过陆母、王赓等的监察,万一被他们看到,小曼那里就很尴尬。徐志摩当时在西伯利亚创作一首诗,正是这种含蓄情感的表露:

> 我捡起一枝肥圆的芦梗,
> 在这秋月下的芦田,
> 我试一试芦笛的新声,
> 在月下的秋雪庵前。
> ……
> 这时候芦雪在明月下翻舞,
> 我暗地思量人生的奥秘,
> 我正想谱一折人生的新歌,
> 啊,那芦笛(碎了)再不成音调。

徐捡一枝芦梗,想试它的新声;芦笛碎了,再不成音调。正是徐志摩思念"囚

禁"在北京家里的陆小曼的一种哀怨之声，也是他对与陆未来的消极之声。

苦恼的是还有很多的应酬，一会儿寄娘来叫去玩儿了，一会儿叫打牌了，一会儿新月社叫她去陪外国友人吃饭了，一会儿一些朋友来聊天了……陆小曼是一概地没有心思回应。更痛苦的是丈夫在身边，连个写信的机会也很少。在这段时间里，小曼对自己和志摩的感情患得患失：我对他是一往情深，但他对我是否有对等的感情？为什么他的信那么少呢？他热烈追求林徽因未果，却成就了他做一个诗人；如果我和他恋爱下去，会不会影响他成为一个伟大的诗人？他会尊重我吗？我最怕人不敬重我，那是最使我伤心的。淑华说，凡为夫妻的没有一个有真情的，如果真如此，我和志摩真的要成为夫妇吗？如果我和受庆离婚，娘会怎样呢？会不会反对至死呢……她母亲吴曼华看到她这种情形，既怜惜又无奈，为了打击她，就冷言冷语地对她："你有多大的心事终日唉声叹气的？"

徐志摩临走时，要陆小曼给他写信，当做日记来写。徐志摩走后，陆小曼真的开始了日记的写作，原因除了徐志摩鼓励她写之外，她还道出写日记的初衷：

> 我现在起始写一本日记，实在不能说是甚么日记，叫《一个可怜女子的冤诉》吧，我一身心里的忧闷，全放在腹内容他自烂，现在我不拟，为甚么不泄漏在纸上，亦无人看见倒可以稍微让心怀里松一松。（《小曼日记》稿本。见《陆小曼文存》，柴草编，山西出版集团·三晋出版社2009年12月版，第一百九十四页）

陆小曼日记的内容大致可分五个方面：一、跟志摩说话，表达她强烈的思念之情；二、怨恨丈夫的情绪，如实地写在日记里；三、诉说自己的处境和困惑，向他诉苦；埋怨父母不能了解她，在日记中时时露出不满之意；四、记录当时一些朋友的言行及对她的态度；五、记录自己的一些行为。

我们以前一直认为，《小曼日记》（出版本）是全本或基本未删节，因为陆小曼是勇敢和率直的，她对徐志摩的爱也很真诚和长远，她可以做到把她和志摩浓浓的爱全部地展现出来。但让我们大跌眼镜的是2005年发现的《小曼日记》(稿本)

无论从时间的跨度还是内容的包含量来说，都远远超过了出版本。里面还涉及一些人事和她对志摩更浓烈的爱的文字。从省略和修改的这些内容看，陆小曼有她的顾虑和小心，也有对他人的爱护之情。学者陈学勇对陆小曼日记的两种版本作了比较，认为"（出版本）改动如此之大，实在罕见得很"，同时也认为"墨迹本（即稿本）出版无疑是陆小曼研究中一个重要成果"。（《陆小曼何故如此——校读她的两种版本日记》，《新文学史料》2015年第一期）可以说，稿本更真实地记述了她的闺房之苦、思念之情以及她当时的一种生活状态。

比如说涉及张歆海的，在出版本里几乎全部删去。张歆海（1898—1972），字叔明，浙江海盐人，1916年考入北京清华学堂，两年后以优异成绩毕业，并赴美留学，入哈佛大学，1921年任华盛顿会议中国代表团随员，1922年获英国文学博士学位，回国后，任北京大学英文系主任，1923年任清华大学西洋文学教授，1925年任北京政府关税特别会议顾问。张歆海后来担任葡萄牙、波兰等公使，在中国外交上做出了较大的贡献。1972年应周恩来总理邀请回国，刚到广州就生病，于当年12月在沪去世。

张歆海与徐志摩同属嘉兴府，早先就是很好的朋友。1924年泰戈尔来华时，张歆海和林徽因出演《齐德拉》的男女主角王子阿俊那和齐德拉，徐志摩演爱神。7月，徐志摩又和张歆海一起到庐山翻译泰戈尔在华的讲演稿。1925年徐志摩陆小曼热恋期间，张歆海在北京清华大学当教师，经常去陆家走动。1927年，徐志摩和陆小曼婚后定居上海后，他也到了上海，任上海光华大学副校长兼文学院院长。

有很多资料和文章中都说，张歆海是徐志摩前妻张幼仪的哥哥，其实不然。张歆海是浙江海盐人（在浙江海盐，也有一位叫张幼仪的，男性，海盐武原人。曾创办海盐宁绍轮船公司、昌明电灯公司、天成丝厂、振华石油公司等。见《海盐县志》，海盐县志编纂委员会编，浙江人民出版社1992年3月版，第九百三十九页），而张幼仪是江苏宝山人（宝山历史上属江苏省，抗日战争期间划归上海。抗战胜利后，重新归属江苏省。1958年，宝山又划归上海市管辖）；张幼仪共有八兄弟、四姐妹，在家中属"嘉字辈"，幼仪族名叫"嘉玢"。兄长中知名的，有二兄张嘉森（君劢）（法学家，《中华民国宪法》的主要起草者，曾任中国民主社会党主席）、四兄张嘉璈（公权）（金融家，曾任中国银行总经理）、八弟张嘉铸(禹九)(曾参与创办新月书店，也是张家唯一参加徐志摩和陆小曼婚礼的人。

《小脚与西服》作者张邦梅的爷爷），他们都是徐志摩的朋友，而张歆海虽也是徐志摩好友，但他的名字中并没有"嘉"字；在张幼仪、徐志摩等时代人的文章中，从未说过张歆海是张幼仪的哥哥，明显是后人附加演绎上去的。

张歆海对陆小曼有好感，而且在徐志摩欧游期间对陆小曼穷追不舍，这让陆小曼很苦恼。在《小曼日记》稿本中屡次出现类似的文字，如1925年5月24日的日记中说：

歆海来吃饭，他来的时间正是家中无一人，我真怕！他老问我志摩怎样？到后来我只得告诉他我爱他，我说："歆海我很感激你对我的情，可是我只能爱你像一个哥哥似的。"他很不高兴，他要看你的信，我就给他看了几张名片同一封不关事的信。

在6月3日的日记稿本中，陆小曼又写道：

歆海那孩子在清华简直住不惯了，没有到礼拜四又跑了出来今晨再回去，来回的跑亦不怕烦，我真怕他——他那样的爱我！怎办呢？只是哭——哭得我亦怪伤心的！他说他亦不知为何，他从来没有爱过别人这样的……你又没有信来，还不回来，快来吧！吾爱，不然我不知怎样才好！

那时，陆小曼整个爱都在志摩那里，张歆海对她的一片痴情让她既为难又无力回应。后来，陆小曼把上海的陈皓明介绍给张歆海，没有成功。由于陆小曼的刻意疏远，让张歆海无可奈何。他也逐渐体会到陆小曼对徐志摩的深情，就慢慢退出了这场单相思的恋情。后来，他娶了韩湘眉为妻，1941年夫妻双双赴美定居。

徐志摩走后，本来就身体虚弱的陆小曼更兼相思之苦，从4月份开始，便发了病。在4月的一天，她又与母亲起了争执，原因是那天吴曼华收到了徐志摩从海外寄来的一封信。徐志摩的用意无非是想做做小曼娘的思想工作，以取得她对他和陆小曼之事的支持。谁知吴曼华看了之后十分生气，马上就把陆小曼叫出来，把信往她面前一扔，说："你拿去看看。"

陆小曼拿信一看，才知是徐志摩寄来的。抽出信纸一看：满纸是徐志摩真情的流露，信中他婉转地劝小曼的母亲同意他和小曼的交往，并希望她能创造条件帮助他们。陆小曼看着看着，眼泪忍不住就流了下来。想到徐志摩一片苦心，可母亲却没有一丝同意的迹象，她真是伤心欲绝了。

4月中旬，陆小曼心脏不好住院治疗。当时王赓在南京任督办浙江军务善后事宜公署高级参谋，王赓因公务缠身，就给胡适和张歆海来了一封信，要他们俩多关心些小曼：

正要写回信给歆海，恰好适之的信亦到，谢谢你们两位种种地方招呼小曼，使我放心得多。这几个月来小曼得着像你们两位的朋友，受益进步不在少处，又岂但病中招呼而已。她有她的天才，好好培养，可以有所造就的。将来她病体复元以后，还得希望你们引导她到 Sweetness and light（意为甜蜜和光明）的路上来呢。

陆家有电报来叫我回京，苦的是我是军人，不能随便行动，说走就走。好的是一二日内，就有机会来到，可以假公济私，人亦可以来京，钱亦可以多少带点。请你两位告诉小曼，好好安心调养，我也是个心急人，她自己叫过我毛脚鸡，慢不了的。我没有到之前，你们两位更得招呼她点，见面再谢吧。

由此信可知，王赓还是非常关心小曼并对她抱有希望的，但是他托付非人，张歆海此时正在盲目追求陆小曼，自然愿意"照顾"她；胡适也是徐志摩的好朋友，而且他在情感上更向着徐志摩和陆小曼的恋情。因此两人后来反而帮了倒忙，害得王赓失妻又失友。

陆小曼出院不久，王赓就从南京回来了，并且带来一个坏消息，说可能要去上海就职（任五省联军总司令孙传芳的参谋长），并想把家属带去。陆小曼心里一紧，她心里一百个不愿意。她写了几次信，想叫在外的徐志摩回来，可总是没有勇气去寄。王赓这次在家里住了好几天，害得陆小曼连写日记的空隙都没有了。

陆小曼决定到西山大觉寺去清净几天。在去西山的路上，陆小曼闹了个笑话，把五月里满山遍野的杏花错认成了覆雪。她整日生活在城市中，生活在舞会、宴会中，生活在朋友的交际中，近来尤其是生活在欲爱不能、终日扮假的岁月里，

难得出来见到山中如此奇景，心里大感轻松，大发感慨。回来后她在日记中写道：

> 我们在树荫里慢慢的往上走，鼻子里微风吹来阵阵的花香，别有一种说不出的甜味。摩，我再也想不到人间还有这样的地方，恐怕神仙住的地方也不过如此了。我那时乐得连路都不会走了，左一转右一转，四围不见别的，只是花。回头看见跟在后面的人，慢慢在那儿往上走，好像都在梦里似的，我自己也觉得自己不是一个人了。这样的所在简直不配我们这样的浊物来，你看那一片雪白的花，白得一尘不染，那有半点人间的污气？我一口气跑上了山顶，站上一块最高的石峰，定一定神往下一看，呀，摩！你知道我看见了什么？咳，只恨我这支笔没有力量来描写那时我眼底所见的奇景！真美！从上往下斜着下去只看见一片白，对面山坡上照过来的斜阳，更使它无限的鲜丽。那时我恨不得将我的全身滚下去，到花间去打一个滚，可是又恐怕我压坏了粉嫩的花瓣儿。在山脚下又看见一片碧绿的草，几间茅屋，三两声狗吠声，一个田家的景象，满都现在我的眼前，荡漾着无限的温柔。这一忽儿我忘了自己，丢掉了一切的烦恼，喘着一口大气，拼命的想将那鲜甜味儿吸进我的身体，洗去我五脏内的浊气，重新变一个人，我愿意丢弃一切，永远躲在这个地方，不要再去尘世间见人。真的，摩，那时候我连你也忘了。

陆小曼在西山大觉寺休养了近两个星期。在大自然的熏陶下，陆小曼又生出了希望。她想等志摩回来后，就跟他一起到山里去隐居，过着世外桃源的生活。

陆小曼想过世外桃源式的生活，可现实是残酷的。陆小曼一回到家，就又过上了受气的日子。王赓去上海做事看来已经敲定，家中尤其是陆小曼的母亲对她还是管得很紧。陆小曼乘隙探了探一些亲友的口气，他们大半还是同情她的，要她做事情不要拖泥带水，要做就做，前后一顾胆子就小了。话是这样说，但陆小曼还是下不了决心向王赓正式摊牌，在当时来说这究竟是一件有伤风化的事，是一件让父母亲都抬不起头来的事。

就这样艰难地熬到了5月的下旬。有一天，因为是否南下的事，陆小曼和王赓起了冲突。

那天，王赓在早上刮胡子的时候，漫不经心地对陆小曼说："上海的差使已经定下来了,明天我就走。等那边安排停当,你就随着娘一起来。"

陆小曼还似睡非睡,听到他用这样随便的口气对她讲这样重要的事情,而且没有一点儿商量的余地,她心里涌起一团火。

"我不想去。"小曼含糊地说。

"你在说梦话吧!不去是不行的。"王赓回过头来。

"我就是不去!"陆小曼也加重了语气。

"什么原因?"王赓到床前来问陆小曼。

"我不想去!"

"不想去,那怎么行,我去上海工作,你待在北京像什么?"

"我就想待在北京。"

"那你说,到底是什么原因?是舍不得北京,还是舍不得什么人?"王赓讥讽道。

陆小曼听了此话,触到了痛处,她想到了志摩,她的眼眶里不自觉地又涌出了眼泪。她冲着丈夫说:"你这是什么意思啊?你说。"

王赓也针锋相对地说:"我的大小姐,你别以为你是在那儿演戏,你早就唱黄了腔,念错了词,还以为自己演得不错,等喝彩呢!——这几句话,我本来是不想说的,你逼我说出来了。"

"你是在侮辱我!"陆小曼从床上坐了起来,面向王赓瞪大了眼睛,脸上满是怒容。

"你好好想想,这段时间是你在侮辱我,还是我在侮辱你,你说!"王赓抑制已久的怒气终于迸发出来。

"你,你……"陆小曼一时无言以对。

王赓拿起了衣服穿上身,又对陆小曼说:"你是个聪明人,该想想清楚了,你、我、他,心照不宣是顾全面子的最好办法。我到上海去,你也得去!"说完,王赓走了。

陆小曼看到丈夫摔门而出,禁不住把头埋到被子里哭了起来。她想,自己的命怎么就这么苦?自己不能选择生活地点和生活方式,活着还有什么意思,她又想起了亲切的志摩,要是他在旁边就好了。她在心里不停地呼喊:"志摩,你快回来呀!"

自从与王赓吵架后,陆小曼心里一直不痛快。5月21日,在一个酒店里,她又被人家含沙射影地说了几句。这下可坏了,本来就心情不好,在外面又被别人说三道四,她又不能辩白,当即晕了过去,还是一帮朋友把她抬回了家。陆小曼

醒来后，只觉得心跳得厉害，好像这颗心要从胸膛中跳出来了。凌晨三点多钟，外国医生克利先生赶到，先给陆小曼打了两针，吃了几粒药，才稍稍稳定一点儿。可此时陆小曼的情绪还没有完全稳定下来，越想越气，过了一会儿心跳又加速了。这时，胡适走到她的跟前在她耳边轻轻地说："要不要志摩回来？"原来胡适看到陆小曼这种模样，知道主要还是思念志摩所致，怕小曼支持不住，就如此问她。

陆小曼听得此话，知道这次的病十分凶险了，急忙问胡适："是不是我要死了？"

胡适马上缓和着，笑眯眯地说："不是，病是不要紧，我怕你想他，所以问你一声。"

此时的陆小曼心里十二分愿意徐志摩马上飞到她的身边，但她又不敢直接讲出来，只好含着热泪对胡适轻轻地摇了摇头。

克利医生看陆小曼心跳过速，便在天亮的时候把她送进了北京协和医院。打血管针，照X光，用了很多种办法才把陆小曼的心跳加速给止住。至此心跳过速已经持续一天一夜了，陆小曼感觉浑身乏力，连手都抬不起来。

虽然陆小曼没有要胡适给徐志摩打电报，但胡适担心陆小曼的病进一步恶化，便瞒着陆小曼给徐志摩发了电报。徐志摩急得要命，马上就回了电报来了。陆小曼此时方知徐志摩已知晓她的病情。当时陆小曼怕徐志摩不顾一切地赶回来，连忙跟胡适讲，要他再拍一封电报去，就说自己的病情已见好转，要徐安心，不要急着回来。胡适看到他们俩相互体贴，很是感动，就照办了。

第二天，克利医生在旁边和陆小曼讲了许多安慰的话，他说如果你再不安心、胡思乱想的话，再接连的跳一天一夜就要没命了。天下的事全凭人力去争取的，你若先失了性命，你就自己先失败。这一番言论才真正让陆小曼定下心来，她想着，要是死了还怎么去和徐志摩相会呢？

徐志摩收到胡适的第二封电报后，稍稍心安。他因在德国的小儿子彼得（即徐志摩与张幼仪之次子德生，英文名Peter。1922年2月24日在德国出生，1925年3月19日夭折。徐志摩此次赴欧，因泰戈尔生病提前回了印度，所以没有遇到。正好幼子新丧，便在柏林陪伴前妻张幼仪，还畅游了欧洲诸名胜并给一些名人上坟）刚死，又还想拜会一些名人，一下回不了国，但他又是非常地想念陆小曼，所以他动了脑筋，想叫小曼随胡适到欧洲来。他在5月27日的信中说："我上封信要你跟W来欧，你仔细想过没有？这是你一生的一个大关键。"在后一封信中，他又催促陆小曼快作决定,他说:"你决定的日子就是我们理想成功的日子。"

志摩理解小曼此时的心情,但他由于在欧还有一些事要处理,所以一时不能回来。于是他问胡适是否能带小曼出去,到欧洲与他相会。胡适向小曼转达了志摩的意思,小曼心里也是很想去,她还从来没有出过国呢。但是,事实是不可能的。不说家人对他严加看管,就是她虚弱的身体也不允许她出国。面对徐志摩的急急相催,陆小曼于5月19日给徐志摩去了一封信,向他说明了自己的身体情况和糟糕透了的心情,以及家里对她的严密管制。这是自徐志摩走后,她写的第三封信。前两封分别是4月19日,5月5日。随后她又写了第四封信,发信时间是5月25日,是用英文写的。徐志摩连续收到陆小曼的两封信后,才知道陆小曼的真实生活。他写道:"真苦了你,我的乖!真苦了你。"

陆小曼后来在6月12日的日记里写道:"我又何尝不望能出洋呢?只是环境如是,我又好比那笼中的鸟有翼难飞。所以到如今我是愈发的不去提他了。被你这样一提起,倒叫我心神难定,我怎能同适之二人孤独去欧呢!"(《陆小曼文存》,柴草编,山西出版集团·三晋出版社2009年12月版,第二百三十一页)后来,陆小曼虽然有机会,但一直未能出国,恐怕和她的身体、她的懒散以及与志摩婚后拮据的经济都有关系。

在陆小曼病情严重的一段时间里,作为她的丈夫王赓,虽然内心非常痛苦,但还是尽了责的。他一直在家里待着,心里着急,却不知道怎样去安慰他的妻子。但他觉得在边上,心里会觉得踏实些。他当然知道是怎么一回事,可他也只能得过且过了。看到妻子病成这样,他只能暂时收回成命,让小曼在北京住上几天,先把病养好。但他想,病好了,还是要叫她去的,否则真要惹出事来。他是爱小曼的,可性情不同,他简直不知道怎么去爱才能收回妻子的心,王赓也陷入了极端的苦闷之中。不久,王赓应孙传芳之请正式出任参谋长。他只能暂时离开北京,赶赴上海。

6月20日,陆小曼出院了。但她的身体还很虚弱,便在家里静养。她每天要丫头给她去买《晨报》,因为在《晨报》的副刊上也许会有志摩从国外寄回来的文章。果然,到6月中下旬,她看到了几篇志摩的文章,如《开篇》、《自愿的充军》、《离京》、《旅伴》等,看到志摩的文章,小曼就觉得心里宽慰了许多,好像他就在身边一样。

6月28日，病中的陆小曼偷空看了一本外国小说《The Painted Veil》，书中的女主角为了爱，在千辛万苦中奋斗，才达到了目的；可是欢聚了没有多少日子男的就死了，留下她孤单单跟着老父苦度残年。陆小曼看了此书，觉得书中的故事太残忍了，她不由得哭了。那时她根本想不到她和徐志摩以后的经历会和这本书中的情节如此相像，这也许是一种惊人巧合吧。

就在那一天，陆小曼在外面吃饭时，听到一个刚从法国回来的人无意中说（也许是有意说给陆小曼听的）徐志摩在巴黎成天跳舞，并跟一个法国胖女人生活在了一起。这句话在陆小曼心中掀起了极大的波澜。在座的好多人都知道陆小曼和徐志摩的关系亲密，在听这话时都对着她笑，搞得陆小曼非常难堪。陆小曼装着无所谓的样子，可她的心里真不是滋味。她虽然相信志摩对她的心是真诚的，但人家也是刚从法国回来呀，总不会凭空造谣吧？陆小曼霎时又觉得掉进了深渊："我还希望什么？我还等什么？我还有什么出头的日子？你看你写的哪一封信，不是满含至诚的爱？哪一封不是千斛的相思？哪一字，哪一语不感动得我热泪直流，百般的愧恨？现在我才明白一切都是幻影，一切都是假的，唉，我不要说了，我不忍说了，我心已碎，万事完了，完了，一切完了。"（《陆小曼文存》，柴草编，山西出版集团·三晋出版社2009年12月版，第一百八十八页）

陆小曼气愤不过，当即给徐志摩发了一封信，指责他的令人难以接受的行为。徐志摩接到信后，大吃一惊，他不明白为什么有人会造谣中伤他，他根本没有跟任何法国女人同住，也不可能去和别的女人交往，他的心里只有一个人——那就是他的小龙——陆小曼，占据了他整个的心灵。

到了7月中旬，事情就真的起了变化。那一天，陆小曼接到王赓从上海寄来的信，要娘带着她马上去上海。陆小曼跟父母说不想去，因为她当时已给徐志摩发了电报，要他回来，因此她想能拖就拖，敷衍了事，等徐志摩回来再想办法。谁知在她娘的鼓动下，她家的亲戚都站在了她娘的一边，轮着个的来劝她……最后她父亲说话了，陆定一向对女儿的事管得比较松，他觉得女儿大了，就应该让她自己去选择。但是这一次他也担心了，他对着女儿说："小曼，以前我从来不逼你去做什么，但这一次你要听你娘的话。"他歇了一会儿，又说："这样吧，这次你得去，要是王赓再有对你不好的事，再无理取闹，自有我们出面和他讲，决不食言。到时候你可以有自由选择的权利。"

陆小曼看到自己一向敬重的父亲也这样讲了，霎时觉得没有一丝希望了。突然之间，她心跳加快，又晕了过去，屋子里的人一下都吓得不敢讲话了。

第二天陆小曼感觉稍好一些，就想再去跟父母说，她是坚决不去的。她想，要是他们真的逼她去的话，她就准备去死。谁知听她一讲，她娘就说："好啊，要死一家人一块儿死。"这下陆小曼没有心理准备，不知怎么说才好。她只得转身就往外走。家人一看陆小曼往外走，以为她真的要去寻死，就连忙拉住她，口气也放缓了，说："要是你离了婚，要我们的脸往哪儿搁啊。"尤其是陆小曼的母亲吴曼华，流着眼泪苦苦哀求，要她看在爹妈的分上，就听他们的话吧，直说得太阳落了山，手帕都湿了好几条。陆小曼最怕他们来这一手，看到父母亲的眼泪，她霎时也心软了。她想着："父母亲到底是生我养我的，又是上了年纪，我不顺他们的意，万一他们有个三长两短的，可怎么好呢？还是牺牲了自己吧。我和志摩反正还年轻，只要我们始终相爱，不怕将来没有机会。谁让自己的命这么苦呢？"她在7月17日的日记里向徐志摩表达了她的无奈和痛苦：

摩，我的爱！到今天我还说什么？我现在反觉得是天害了我，为什么天公造出了你又造出了我？为什么又使我们认识而不能使我们结合？为什么你平白的来踏进我的生命圈里？为什么你提醒了我？为什么你教会了我爱！爱，这个字本来是我不认识的，我是模糊的，我也不知道爱也不知道苦，现在爱也明白了，苦也尝够了；再回到模糊的路上去倒是不可能了，你叫我怎么办？……

你快不要伤心，我走了，暂时与你告别，只要有缘，也许将来会有重见天日的一天，只是现在我是无力问闻。我只能忍痛的走——走到天涯地角去了。不过——你不要难受，只要记住，走的不是我，我还是日夜的在你心边呢！我只是一个人，一颗热腾腾的心还留在此地等——等着你回来将它带去啊！

小曼在极度痛苦的关头，给徐志摩发出了一份电报："希望两星期中飞到，你我作一个最后的永诀。"

◇ 徐志摩

◇ 陆小曼在丛间

◇ 面露忧郁的陆小曼

◇ 灯下执笔的陆小曼

◇ 张歆海

◇◇ 陆小曼旗装照

我悔不该让他爱我的，可是我而没有法子。这两天只是哭，哭得我心里真难受的。他亦不说甚麼，成天对我哭，高兴得很的，他亦不说我怎辦，他知道我爱你，管有谁坐旁边，他说我怎辦，他知道我爱你，现在他开口了，昨天他同说："he desires your love"，我正坐着什么不声响的，他说："kiss her"，"well…"手did kiss，他看了报慢慢地说："志摩还没有走，他还在上海"，"Oh; I don't know what to do, to live your boy"，to chirk again. Oh; I don't tell him to go"; he said it way bitterly; admitted, it is the love to you"; "I always fell that he is more well."

◇ 陆小曼日记手迹

八
挣扎与希望

　　徐志摩此前就知道在他欧游期间小曼身体不好,非常心痛。现在又获小曼加急电报,得知小曼即将南下并且对两人未来充满悲观,心里十分着急。他已顾不上调整自己因失去幼子彼得造成的心灵创伤,也顾不上再陪张幼仪,顾不上再访幽探古了。1925年7月下旬,徐志摩回到北京。

　　陆小曼虽然还没去上海,但是,徐志摩回来后一直不能单独和陆小曼见面,只是在朋友的聚会上碰到过两次,两人只能用眼睛来说话。一对恋人无奈之极。

　　陆小曼惶惑了,她不能与志摩单独交流,她的苦便无处可诉。她还未跟王赓离婚,她是大家闺秀,她不敢跟徐志摩过分接近,因此当时陆小曼所受的压力可想而知。有一次在舞会上,陆小曼只能和别人跳舞,就是不能理志摩,因为有那么多眼睛看着他们。徐志摩如坐针毡,实在忍不住了,就不顾别人的目光,上前去邀请陆小曼跳舞。陆小曼趁机勇敢地接受了他的邀请,徐志摩十分激动。徐志摩在过后写给陆小曼的日记中回忆说:"今晚与你跳的那一个舞,在我最enjoy不过了,我觉得从没有经验过那样浓艳的趣味——你要知道你偶尔唤我时我的心身就化了。"

　　陆小曼在这次聚会上,趁别人不注意的时候,偷偷地把她写的日记交给了徐志摩。读完日记,徐志摩禁不住感动万分,他在小曼日记的最后一页写道:"我看着这日记,眼里湿润了好几回,真是无价的,爱,你把你的心这样不含糊的吐露,我实在是万分的感动。"

8月的一天,陆小曼和徐志摩终于有了一次相见的机会。这次机会是林徽因的父亲林长民给他们创造的。林长民在英国时就跟徐志摩成了忘年交,但他看到女儿与志摩有可能陷入爱情,就非常警觉,也表示反对,因为当时徐志摩还是在婚男人。林长民带女儿回到国内后,与梁启超的儿子梁思成订了婚约。这样就可以断了徐志摩的追求之心。但如此一来,林长民也觉得对不起徐志摩。这次他看徐、陆两人如此痛苦,就想帮他们一把。他分别约他们俩出来,和他们共游了瀛台宫湖。游完湖后,陆小曼闻说林长民书法了得,便要林长民写一幅字送给她。林长民回到家后,即手写一书,并在书后跋云:"适与小曼志摩同游瀛台宫湖归窝,小曼索书,即以旧纸书赠之。"虽然有第三者在场,但总让他们有了相对安静的接触机会。两人之间彼此相思、相互渴望的心暂时得以缓解。

不久,在胡适的安排下,两人有了一次真正的"亲密接触"——他们一起去了北海游玩,而这一次接触让他们发现:幸福不是不可能的。

陆小曼想起别人说徐志摩和一个法国胖女人的事,虽然徐志摩在信中已有过表白,但还得当面问问他,于是问道:"你真的和一个外国胖女人住在一起吗?"徐志摩回答:"亏你相信这种鬼话。我,徐志摩,在巴黎和一个胖女人同居!我不怪造谣的人,我要怪你。别人不了解我,你还不了解我吗?"

"那他们说得这样活灵活现,又是刚从法国回来,不由得我不信。"陆小曼继续说。

徐志摩叹道:"小龙,你想想,我去欧洲总共四个多月时间,就写给你几十封信,每一封信都是按照西方人的习惯用蓝信纸,表示情爱。在欧洲,我总是心不在焉,胃口也一直不好。张幼仪曾开玩笑地对我说:'你到欧洲来只带来一双腿,嘴和心都留在北京了!'"

一会儿,陆小曼就轻轻地跟徐志摩说他离去后家里的种种情况。当徐志摩听到陆小曼敢于和自己的母亲、丈夫争吵时,禁不住对她夸奖道:"真是痛快,我的小龙真是站起来了,敢于和母亲、丈夫去争理了,也就是说,敢于和封建礼教去抗争了,真是勇敢的小龙啊!"

陆小曼娇气地说:"你还夸呢,人家差一点上吊呢!"

"不会的!不会的!"徐志摩说,"我知道,我没回来,你是不会选择寻死的,我们还有未来呢!"

陆小曼的脸红了，她当初真是这么想："万一我死了，我怎么能见得着我的志摩呢！"她对徐志摩点了点头。

徐志摩转而对陆小曼说："我们别谈死啊死的了，我们现在不需要死，我们需要爱！对了，说到爱，想到我们的媒人了。告诉你一个好消息，胡适看了你写的日记，直夸你说：'小曼的文笔已有了散文大家徐志摩的神韵了！'"

陆小曼责怪地说："你怎么把我的日记给他看呢？我是给你一个人看的，万一传出去，我可要羞死了。"

"适之是我们的红娘，不要把他当成外人，我们的事要成功，还得靠他呢！"

陆小曼想到当前的处境，禁不住长叹一声。

徐志摩看到陆小曼对未来充满忧虑，就急得为她鼓劲儿，向她表白："老师梁任公以前批评我的时候，我曾对他说：'我将于茫茫人海中访我唯一灵魂之伴侣；得之，我幸，不得，我命。'小曼，今天我得到了，我只要你，有你我就忘却一切，我什么也不想，什么也不要了，因为我什么都有了。"

有了志摩这一句话，陆小曼也什么都有了。这一次的聚会，他们都觉得"今天早上的时刻，过得甜极了"（《爱眉小扎》1925年8月9日。引自《徐志摩全集》第五卷，徐志摩著，韩石山编，天津人民出版社2005年5月版，第三百零二页）。陆小曼是喜上眉梢，病也好了一大半。只是他们的相会是偷偷摸摸的，陆家发现他们的异动后，对陆小曼的管制越来越严。

在外面，要躲外面的风言风语；在家里，陆小曼和徐志摩的交往则遭到了其母亲的强烈反对。徐志摩每次到王宅去，为了要见小曼一面，总要打点些钱给门公；他送给小曼的一些法国香水，中途被那些受老夫人控制的丫环所藏；小曼写给志摩的情书，也被丫环没收。陆小曼也没办法，常常是在半夜里写好英文信，偷空时自己去投递。因此，徐志摩对小曼的娘十分不满，而他又恨小曼太听她娘的话，在痛苦中他作下一诗：

我来扬子江边买一把莲蓬，
手剥一层层的莲衣，
看江鸥在眼前飞，忍含着一眼悲泪——
我想着你，我想着你，啊小龙！

我尝一尝莲瓢，回味曾经的温存——
那阶前不卷的重帘，
掩护着销魂的欢恋，
我又听着你的盟言：
"永远是你的，我的身体，我的灵魂。"

我尝一尝莲心，我的心比莲心苦，
我长夜里怔忡，
挣不开的噩梦，
谁知我的苦痛？
你害了我，爱，这是叫我如何过？

陆小曼也同样精疲力竭。有一次，徐志摩偷偷地问陆小曼："我如果死了你怎样？"

陆小曼说："你死了，我也死！"

徐志摩说："是真的吗？"

陆小曼回答说："或许我还不能死，因为我还有娘，但我会把自己关起来，不跟男子们来往。"

他们就是在这样折磨自己。同时他们也利用一切机会约会，这样的约会虽然隐蔽，但其味犹醇。他们去逛厂甸，爬香山，在痛苦中寻求快乐，在快乐中蕴藏着更深的痛苦。

徐志摩一直没有放弃对前途的渴求。面对种种困难，他常常鼓励陆小曼和自己一起战胜，要陆小曼和他坚决去爱，去抗争。他在《爱眉小扎》里说：

眉……你一生最重要的交关已经到门了，你再不可含糊，你再不可因循。你成人的机会到了，真的到了。他（指王赓）已经把你看作泼水难收，当着生客们的面尽量的羞辱你；你再没有志气，也不该犹豫了……

徐志摩还在《起造一座墙》一诗里,起了誓言:

> 我要你的爱有纯钢似的强,
> 在这流动的生里起造一座墙;
> 任凭秋风吹尽满园的黄叶,
> 任凭白蚁蛀烂千年的画壁;
> 就使有一天霹雳震翻了宇宙,——
> 也震不翻你我"爱墙"内的自由!

期望爱人修起一道钢铁般的爱墙,不受到外界的干扰,从而实现爱情的坚贞、自由。通过诗来表达,可以说是想前人之所未想,写前人之所未写。

不仅在言词上给两人鼓劲,徐志摩也拿出了实际行动。8月下旬,他首先尝试自己去拜访陆小曼的娘。可谁知吴曼华看到他怒不可遏,指着徐志摩的眼镜大骂,要他不要再来妨碍别人家庭的生活,让徐志摩十分难堪。但,他不死心。他和陆小曼商量,想请胡适帮忙。这一年的8月24日,胡适向陆母开了口。胡适是中国有名望的学者,和陆家关系不错,吴曼华对他还是比较客气。对他说:"我何尝不知道他们两人相爱,但王赓也是爱她的。虽然他脾气暴躁了些,但总的来说对小曼还是好的。更何况这种有伤风化的事真的做了,要我们两个做老的面子搁哪儿放?"胡适无功而返。

徐志摩又找到了刘海粟。

那天徐志摩到刘海粟家,心神不定,欲言还休。就在他犹豫不决的时候,刘海粟问他:"你有什么心事?"

徐志摩还没有向这位好友公开过他和陆小曼之间的恋情,现在要好友出面,只好原原本本地给刘海粟讲了大致的情况。最后他说:"我和她认识才两年,现在已经不能自拔了。"

刘海粟深感此事的棘手,那是中国上世纪的二十年代啊,而且三角中人,都是风云人物,该如何处理?

徐志摩看他犹豫,就说:"海粟,这样下去,小曼是要愁坏的,她太苦了,身体也会垮的。"

这句话打动了刘海粟，他也是在家里不服封建婚姻而逃出来的，深知其中的痛苦。再说刘海粟一向视反封建为己任，在我国画坛素以"叛逆"著称，年方廿九，血气方刚，而且，陆小曼也算是他的学生。他看到他们两人都十分痛苦，便答应做做工作。

于是刘海粟找到陆小曼母亲，希望得到她的支持。他说："老伯母休怪我轻狂雌黄，我学的虽是艺术，但我也很讲实际。目前这样，把小曼活活逼到上海，又能解决什么问题？她和王先生就能白首偕老吗？小曼心里也是苦，整日里跟你们二老闹的话，你们也得不到安宁啊！"

陆母叹息道："我们何尝不知道，可是因为我们夫妇都喜欢王赓，才把亲事定下来的，我们对志摩印象也不坏，只是人言可畏啊！"刘海粟讲了许多因婚姻不自愿而酿出的悲剧，但是吴曼华始终下不了决心，她说：

"老实说，王赓对我们二老还算孝顺，对小曼也还算厚道，怎么开得了口要他和女儿离婚？"

刘海粟就对陆母说："如果晓之以理，让王赓自己有离婚的念头，这样便不难为二老了，你看怎样？"

陆母说："恐怕没那么容易吧？王赓是军人出身，脾气暴躁些，万一他不答应，翻了脸，可叫小曼如何生活？"

"这个不消你多虑，我会想一个办法，会照顾到大家的面子，你只管心里有数就是了。"刘海粟看看陆母心神不定，就要陆母听他安排。

因为王赓在上海，又屡次催促陆小曼前往，故刘海粟建议，在陆小曼母女去上海后，他再去上海，寻机找王赓商谈。

看看和小曼的事一时不会有什么结果，9月4日，徐志摩到了上海，去看望在上海张园居住的父母亲。第二天，陆小曼的信就到了。徐志摩看到陆小曼那"肥肥的字迹"，心里乐开了花。他父亲躺在床上笑着对他说："谁来看你信，这样鬼鬼祟祟的干吗？"（此时徐父尚不知道儿子和陆小曼在恋爱，还以为他会和凌叔华交往）徐志摩一边看信，一边忍不住笑，一会儿又皱皱眉头，想必陆小曼处有不如意的地方。

而此时的陆小曼，确是在痛苦中生活。徐志摩暂时去了上海，由于受到母亲

的控制，不许她和徐志摩通信，所以徐志摩没有办法给她写信。她觉得失去了什么，她的娘又老是在边上盯着她，劝她，也骂她。

不久，王赓再次催陆小曼和其母亲到上海去。据说这次催促跟一件事情有关——事情源于徐志摩的粗心。且看蒋复璁在《徐志摩先生轶事》中所记的一段文字：

> 我这年回家，在上海见到王受庆，此时他由百里叔介绍给孙传芳，正往来沪杭，向国外购买军火。我责以既常年独居南方，留太太小曼在北方，实非办法。于是同游南京路先施公司，他购礼物，为一瓷制孩童托我带交太太，并与小曼通信，商定接往上海。志摩自印度回国，就住在新新饭店，接到两信，一为凌叔华，一为陆小曼。晨间申如叔往看志摩，王受庆亦同时往候。志摩深知其父喜欢凌叔华，希望志摩与叔华联姻，故见申如七叔到来，即说：叔华有信。在枕边将信交与父阅，王受庆跟着同看。志摩看受庆脸色大变，于是在枕边一看，叔华的信仍在，他给父亲看的是小曼的信。他知闯了祸了，因为小曼写得情意绵绵，无怪受庆脸色变了，赶快起来，将叔华的来信送及父亲，将小曼的信取回了，王受庆信已看完，出门走了。数日后，小曼到了上海，住在百里先叔家，夫妇见面，王受庆将其妻与志摩通信事，面予责询，双方各不相让，大吵一场，卒致离婚。我劝王受庆接太太，用意在调虎离山，庶几志摩与王太太减少往还，结果变成离婚，实在出人意料。（引自《难忘徐志摩》，韩石山编，昆仑出版社2001年5月版，第十五页）

这段记录非常有意思，非常具有戏剧性。当然，他们的离婚没有那样简单。只是王赓受此事刺激，马上要小曼去上海和他住在一起，免得夜长梦多。而陆小曼却不知就里，只是想到徐志摩也在上海，更兼听志摩说拟请刘海粟去劝说王赓，陆小曼就带着一点儿希望出发了。

陆小曼母女俩刚一下车，就看到徐志摩早已在车站上接他们了。吴曼华又气又急，带着陆小曼就走，并不准陆小曼再见徐志摩。在老娘的监控下，陆小曼没能和徐志摩讲上话，只好偷偷地背着母亲，远远地向徐志摩画了一个"蜘蛛网"形状的东西，徐志摩一时不能领会，此次短暂的车站会见反增添了他的烦恼。

◇ 在光华大学任教时的徐志摩

◇◇ 中年王赓

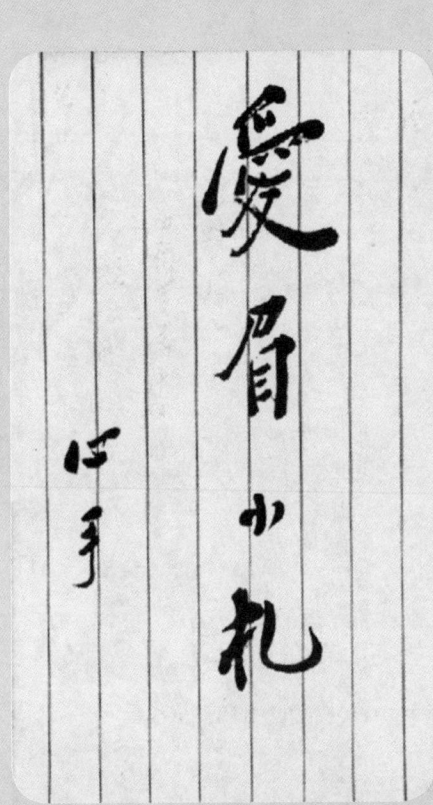

◇ 徐志摩《爱眉小札》手迹

◇◇ 徐志摩《客中》手迹

小曼

◇ 徐志摩与陆小曼花园留影

九
"功德林"宴席

不久,刘海粟按照徐志摩的要求,专程到上海,在上海有名的素菜馆"功德林"宴客。"功德林"宴的具体时间未见记载,据史料推测,应该在1925年的9月10日左右。刘海粟请的客人中除徐志摩、王赓、陆小曼母女外,还有张歆海、唐瑛、唐瑛的哥哥唐腴庐和杨铨(杏佛)、李祖德等人。上海"功德林"是著名的素菜馆,顾名思义,原是佛教界结缘之处。后来店主并不局限在素食,并且有意在环境布置上力求雅致,经营不同于那些酒肉充盈、喧闹不已的饭店。因此,当时的知识界,尤其是文化界人士,都喜欢到这里来饮宴,一来清净和安静,二来菜肴可口。刘海粟选择"功德林"也有着另一层意思,是希望这一次特别的宴会能够成就一番功德,让有情人终成眷属。

王赓一到,看到桌面上的这些人,就隐约地感觉到今天的这场宴会有名堂,但他表面上显得很平和,知道该来的总是要来。他彬彬有礼地与大家打招呼,也没忘了跟徐志摩握手,倒是志摩总是有些心虚的样子,不敢正面接触王赓的眼光。徐志摩虽是这次宴会的最初策划者,但他在今天的场合上是不能太露脸的。他只是作为一般客人端正地坐在席上,等着刘海粟来唱主角。

陆小曼知道今天宴会的用意,但美慧聪明的她非常沉得住气,显得落落大方。她不刻意地去看志摩,她不能让志摩太得意忘形;她对王赓虽然一直缺乏绵绵的情意,但在这种场合,她绝对不会让自己的丈夫有难堪的感觉。她只是优雅而略带腼腆地和大家打招呼，坐下后就跟母亲讲些悄悄话，仪态万方。

一会儿上菜了，刘海粟只是招呼大家吃，倒是张歆海忍不住了，冲着刘海粟就问："海粟，你这个'艺术叛徒'到底请我们来干吗？你那葫芦里卖的是什么药啊？"

刘海粟正愁不知怎样开口，正好张歆海的一句话引出了话题。他端起酒杯，说："今天我做东，把大家请来，是纪念我的一件私事。当年我拒绝封建包办婚姻，从家里逃了出来，后来终于得到了幸福婚姻。来，先请大家干了这一杯。"

大家举杯共饮。陆老夫人紧张了，偷偷地看了女婿王赓一眼，却见王赓不露声色。刘海粟继续说："大家都干了这杯酒，表示大家对我的举动很支持。大家知道，我们正处于一个社会变革的时期，新旧思想、观念正处于转换阶段，封建余孽正在逐渐地被驱除。但是，"刘海粟加重语气说："封建思想在某些人的脑子里还存在，还冲不出来。我们都是年轻人，谁不追求幸福？谁不渴望幸福？我们谁愿意被封建观念束住手脚呢？"

他继续说："所以我的婚姻观是，夫妻双方应该建立在平等、感情融洽、相互理解的基础上。妻子绝不是丈夫的点缀品，妻子应该是丈夫的知音。'三从四德'的时代已经过去了！"刘海粟越说越来劲，他又举起了杯子："来，我们愿天下夫妻都拥有幸福、美满的婚姻！干杯！"

大家为刘海粟充满激情的讲话所感染，纷纷站起来干杯。王赓迟疑了一下，似乎在思索着什么。看到大家都起来了，他才站起来，和大家一一干杯后，他给自己倒了一杯，对刘海粟说："海粟，你讲的话很有道理，我很受启发。来，我来敬你一杯。"

和刘海粟干杯后，王赓又给自己倒了一杯。这次他举杯向众人祝愿，说："愿我们都为自己创造幸福，并且为别人幸福干杯。"饮干之后，他不失风度地说："我今天还有些事情，要先走一步了，请各位海涵。"他转而对小曼说："小曼，你陪大家坐坐，待会儿随老太太一起回去吧！"

王赓推托有事而走，说明了他承受不了宴会的压力，心情也非常不好。徐志摩很开心，也感激刘海粟为他所做的一切；陆小曼表面上一脸的沉静，但内心也很复杂，她当然希望能和志摩结合，但刚才看到丈夫一瞬间尴尬的表情，她又有些慌乱；陆小曼母亲吴曼华的心里却总觉得有些内疚，觉得今天的事情对不起王赓。

1925年9月12日，徐志摩在给胡适的信中谈到了当时宴会上几个主要人物的表情，很有趣：

> 前晚我写了封快信，昨天经过的事实根本取消了那信里的梦想，所以幸亏不曾发。事情越来越像 Farce，F 百二十分的愿意做"开眼"；M 百二十分的顾忌；我的百二十分什么也就不用提了。惨极亦趣极，见面再详谈吧。

这封信中的 Farce，是闹剧的意思；F 指王赓，M 指陆小曼，"惨极亦趣极"是指宴会上各人的表现和心态很有意思，而结果则很难预料。

"功德林"宴会后，志摩、小曼都在焦急地等消息。特别是小曼，每次见到丈夫，都不敢看他。可奇怪的是，王赓也不跟她多讲话，至于宴会上的话题，在他们夫妻间也没有再展开讨论过。陆小曼看丈夫毫无动静，又有些讨厌起他来了，她又感到似乎是太乐观了，决计没有这么省力的事。

过了两天，徐志摩和陆小曼想偷偷相约到西湖去。徐志摩对此充满了希冀，他说："西湖上见得着我的眉吗？"他和他的父母亲先期到达杭州，他父母去赏西湖美景，他在客栈里等陆小曼。在客栈里，苦等无着的他做了一首诗（后取名《客中》），借以想念情人陆小曼：

> 今晚天上有半轮的下弦月；
> 我想携着她的手，
> 往明月多处走，
> 一样是清光，我想，圆满或残缺。
>
> 庭前有一树开剩的玉兰花；
> 她有的是爱花癖，
> 我忍看她的怜惜——
> 一样是芬芳，她说，满花与残花。
> ……

徐志摩在客栈左等右等，就是等不到陆小曼来。徐志摩心冷了，他并不是怀疑陆小曼对他的感情，只是对这种社会环境绝望了，对当时的封建礼教感到了深深的无奈和强烈的不满。他说："眉，真的到几时才能清账，我不是急，你要我耐我不是不能耐，但怕的是华年不驻，热情难再，到那天彼此都离朽木不远的时候再交抱，岂不是'何苦'？"（《爱眉小扎》1925年9月16日，引自《徐志摩全集》第五卷，徐志摩著，韩石山编，天津人民出版社2005年5月版，第三百三十二页）

陆小曼此时真也是说不出的苦。她怎么会想到要做一个符合自己意愿的人会有这么难，怎么会有那么多的束缚，那么多的规矩。对丈夫她只有敬畏而没有爱情；对老娘，她是又怨恨又无奈。偷偷地和志摩约好了，本来想找个借口，和志摩好好地在西湖边玩几天，却又叫娘给看破了，叫丈夫管住了。让志摩在西湖边上孤独地等，她想想就心疼，但她毫无办法，她是一个弱女子，她没有更好的手段，她只有在家里遥望西南，整日里闷闷不乐，以泪洗面。

徐志摩灰心了，陆小曼也无奈。由于小曼家庭的严格控制，两人继续不通音信，阴影笼罩在他们两人的头上。徐志摩在杭州还给胡适写了一信，想请胡适帮忙，信的最后说："眉影踪全无，料来还在上海，我离南前大致见不着了。适之你替我想想！我二十日到京。"

据陆小曼表妹吴锦回忆，回京后不久，徐志摩还专门跑了一趟常州，求助吴曼华哥哥吴安甫的帮助。这也是小曼出的主意，因为小曼深知舅舅吴安甫是常州开明绅士，他和母亲的姐妹之情一向很融洽，吴安甫又一向疼爱外甥女小曼，会应允帮忙的。那时吴安甫、杨振华夫妇住在常州西城脚下，吴锦回忆道：

约1925年冬，我十岁左右，独住一间房。我的哥哥聋哑人吴一鸣、弟弟吴筠睡另一间房。冬夜，我们已睡下，突然有人敲门。我生怕父母起身受凉，特披了衣服去开门。开门一看，是一位青年，黑色西装，戴着礼帽，一手拎着皮箱，另一手拎着东西。他自我介绍说："我是陆小曼托我来寻舅舅吴安甫的，是否是这家？"我忙说："是的，是的！"便又大声喊道："爹爹，北京有客人来啦！"这时爹爹和娘已起来迎客，在客厅落座。我赶忙进了自己的房间，又睡了。迷迷糊糊的听见谈到表姐陆小曼，还有我的姑父，姑母……。慢慢

的我就睡着了,后来娘又推醒我起来,要我睡到了她房间的大床上去。这时娘又拿了两条新被子铺在我的床上。说"让客人再睡一会儿。"我便问娘:"这青年是谁啊?"娘答道:"他就是大诗人徐志摩!"娘又说:"哎,你的表姐不喜欢王赓,喜欢他,俩人都弄的死去活来的!"又说:"跟你说,你还不懂,快去睡吧!"这是我第一次看见徐志摩,知道他是位诗人。等我醒来时,只见爹娘已起来,在送志摩。我娘还说:"天宁寺菩萨是很灵验的,你去求求吧,心诚则灵。"听志摩说:"我早就计划要去的,既然来到常州,东南第一禅林,我是一定要去拜访的!"他又说:"再会,再会,拜托舅舅,舅姆帮忙了"听见我爹爹回答说:"一定会的,一定的,外甥女的事,我一定帮忙!(引自庄麓《徐志摩与常州》,载《海宁史志》2015年第二期)

后来吴安甫是否通过兄妹之情进行劝说,我们不得而知。

就在徐志摩回北京不久,陆小曼和王赓又发生了一次大的争执。有一天,唐瑛请他们夫妇吃饭。王赓有事,吩咐小曼不要单独随他们外出跳舞。小曼听了这话,就有点儿情绪了。当同伴们约她外出跳舞时,她没有马上答应。有人开玩笑说:"我们总以为受庆怕小曼,谁知小曼这样怕他,不敢单独跟我们走。"边说边拉她往外走。刚要上车的时候,正巧王赓回到家门口,看到小曼不听他的话,气得面孔绯红,大声责骂她:"你是不是人,说定了的话不算数。"周围宾客看到这个局面,纷纷溜走。她就被王赓接入家中去了。

争吵过后,王赓夫妇又过了极其沉闷的两个月。这两个月王赓看上去很忙,心情也很烦躁不安。有一次他无缘无故就对小曼发起火来。小曼觉得十分委屈。

就在陆小曼感到绝望的时候,有一个晚上,王赓终于打破了闷葫芦。他把正要睡觉的妻子叫住了,对她说:"小曼,我想了很久很久,既然你跟我一起生活感到没有乐趣,既然我不能给你你所希冀的那种生活,那么,我们只有分开。宴会后的这两个月里,我一直在考虑,我感觉到我还是爱你的,同时我也在给你一个时间考虑,你觉得你和志摩是否真的相配?"隔了一会儿,他看陆小曼闭口不言,就说:"看来,你意已定,那么,我也不再阻拦。"

小曼想张口,可不知从何说起,这突如其来的决定让她一点儿准备都没有,她心里乱成了一团。

王赓看了看小曼:"其实我很自私,说封建思想也可以,我一直以为,你既然成了我的妻子,就应该听我的。但这两个月里,我想通了,既然你的心已不属于我了,我强留着你又有什么意思呢?"

小曼哭了,她霎时想到了丈夫种种的好处,虽然他以往有时对她态度不好,但心底里还是爱她的。

王赓最后说:"你别哭,我是爱你的,但是我平时对你不够关心,这也是我的性格所决定的。你和志摩都是艺术型的人物,一定能意气相投,我祝福你和志摩以后能得到幸福。"末了,他又补充说:"手续我会在几天后办好的。"

陆小曼唯有哭,不知道是由于悲伤,还是由于突如其来的幸福。

但是幸福来了没有几天,陆小曼又陷入了重重的矛盾之中。事情是这样的:就在王赓答应和她离婚不久,突然发现自己有了王赓的骨肉。这一发现使她痛苦万分:如果生下来,那她将很难和王赓离婚,也就无法和徐志摩结合,一年多的努力也将付之东流;如果打掉,又觉得对不起小孩儿,对不起王赓。当时她母亲坚决要她把孩子生下来,但陆小曼心想,生下来就意味着离不了婚。好不容易王赓答应了,虽然还没在纸上签字,但事情已经有了希望,这是她和志摩盼望已久的。考虑再三,为了爱情和自由,陆小曼选择了流产。而且当时她决定既不告诉徐志摩,也不让王赓知道,苦果只由自己一个人品尝。她偷偷地带了个贴身丫头去找了个德国医生做了手术,对外则谎称身体不好去休养一段时间。没料到手术非常失败,从此身体一蹶不振,不仅不能生育,而且一过夫妻生活就会昏厥。陆小曼其实很希望有孩子,这在她的日记中可以找到她的心声:

原来没有你是什样的难受——昨天看戏见着朱三,胖得了不得,想必她心里很快乐了,已有两个小孩。摩,到底还是有孩子的好。冷清时解解闷,比甚么都好,我真后悔……(见1926年2月8日《小曼日记》稿本。《陆小曼文存》,柴草编,山西出版集团·三晋出版社2009年12月版,第二百四十三页)

婚后徐志摩想生个孩子，陆小曼尽管心里痛苦万分，但她无法诉说，只是回答："你不是有了阿欢了吗？"（陆小曼腹中曾有小孩一事，首次出现该说法是在郭明珍的《才女·美女·病女》一文中。2001年笔者分别拜访了与陆小曼关系密切的两个亲属——陆小曼的表妹吴锦和陆小曼的堂侄孙邱权，他们对此事作了证实。）

也正是因为陆小曼一直不能生育，所以她后来特别喜欢认干女儿。在和徐志摩定居上海以后，她在戏剧演唱场合认了一对会唱京戏的姐妹——袁汉云和袁美云，据说她们长得很像陆小曼，所以陆小曼对她们格外怜爱。她们在杭州的西湖博览会上，曾经演出过《贩马记》、《宝蟾送酒》等；上世纪三十年代初，妹妹袁美云进入电影圈，先后成为天一影片公司和艺华影业公司的演员，拍了不少电影。之后陆小曼又认了一个艺名叫"小兰芬"的，小兰芬原在北京唱京剧，1927年底到上海，成为上海的坤伶。陆小曼在报上看到小兰芬的名字，一打听，原来就是在北京时居住在附近的筱兰芬，当时陆小曼就很爱她的聪明，也怜其贫困，所以常在经济上帮助她。陆小曼看到她在上海发展，就和徐志摩经常去捧场并认她为干女儿。1928年3月18日《金刚钻》（上海小报。同时代的小报还有《福尔摩斯》、《晶报》、《罗宾汉》等）登载署名"普贤"的文章《陆小曼捧小兰芬》，说："盖即偕其夫婿新诗人徐志摩也，及时而至，戏毕而去。风雨霏间。小曼多病，然念旧情殷，良不愿为病魔所闲，致失其爱聆之兰芬。"小兰芬也感陆小曼的知遇之恩，在唱戏上倍加努力，演出了一些叫好的剧目，如《四郎探母》、《御碑亭》等。陆小曼还不过瘾，当徐志摩好友何竞武的女儿何灵琰到她家来小住几天时，她看着喜欢，就又认了一个。也只有这个干女儿不唱戏，后来到了美国。

陆小曼的父亲知道王赓答应离婚的消息后，怕妻子不答应，就瞒着妻子，打电报给上海当律师的亲戚李祖虞，委托他在上海与王赓办理离婚手续。

由于王赓当时官司缠身（当时代表北洋军阀来到上海购买军火，对方是个白俄，王赓将购买军火的款项交给这个白俄以后，白俄携款逃跑失踪。所以北洋政府来上海查办此事，将王赓关押起来），故在时日上又拖了两个月。在1925年底，李祖虞正式找王赓谈判，王赓在狱中签了离婚协议，这对于王赓来说是一个双重打击。陆小曼与王赓的婚姻维持了三年多，离婚时陆小曼年仅二十二岁。

王赓在与陆小曼的婚姻中是个失意人。他爱小曼，但不得不给小曼以自由。

在徐志摩失事后，王赓去看望陆小曼，看到她房里阴暗，精神萎靡，他的心里很痛，他想起了当初给徐志摩撂下的话："我们都是知识分子，我纵和小曼离了婚，内心并没有什么成见，可是你此后对她务必始终如一；如果你三心二意，给我知道，我定会以激烈手段相对的。"如今，志摩和他们已阴阳相隔，而小曼又是那样的颓废。王赓不禁感叹世事的无常。他又想起，离婚后有人问他：为何能这么洒脱地把陆小曼让了出去而似乎毫无牵挂？他无奈地笑答："爱情是人类最崇高的感情活动，真正的爱情应以利他为目的，只讲无私奉献，不求索取。既爱其人，便应以对方的幸福为幸福。我是爱陆小曼的，既然她认为和我离开后能觅得更充分的幸福，那么，我又何乐而不为？又何必为此耿耿于心呢？"（引自陈宛茵《与陆小曼分手后的王赓》，载《世纪》2003年第六期）话说得轻巧，似乎做到了徐志摩诗中所说"挥一挥衣袖，不带走一片云彩"的境界，但他知道自己的心里充满了酸楚。看着床上昏睡的小曼，他也发觉，他依然爱着这个当初毅然离他而去的美丽女子。

　　但陆小曼对王赓始终没有感情，对他的关心也毫无回应，尽管陆母对王赓的印象依然很好。王赓后来仕途不顺，病体缠身（心脏、肾脏病），感情上又依赖陆小曼，因此多年都未涉及感情事。别人给他介绍对象，他总是黯然背诵"曾经沧海难为水，除却巫山不是云"的古诗表示拒绝。到1937年，经人介绍，才和一位小他三十余岁的广东陈姓女子结了婚，育有一子一女，儿子叫王兴安，一直居住在大陆，由他的弟弟王序抚养；女儿叫王盛宏，台湾大学护理系毕业，后赴美国发展。（王赓有两个子女的说法引自周芳世《忠厚英迈的王赓将军》，载台湾《艺文志》第八期，1966年5月出版。苏晓康所著《中国式的"玉碎"——普林斯顿大学档案中的王赓》中说他随陈淑平去普林斯顿大学查到的档案中也说王赓有个女儿："王赓（莎士比亚，SHAKE），中国陆军中将，1942年4月死于埃及开罗。女儿盛宏。住台湾台北市新生南路一段九十七巷二十八号。"）但王赓和第二任妻子似乎感情平淡，没有多少共同语言。也许在王赓心里，陆小曼才是她的永远。

　　王赓在与陆小曼离异后的工作情况大致如下：在孙传芳手下指挥火炮旅，直至孙战败；北伐开始后，担任第四集团军前敌总指挥部炮兵指挥官兼铁甲车队司令官，在平汉线指挥作战；1931年应宋子文之邀任税警总团指挥官；1932年被诬向日本人献地图而交南京军事法庭审判，关押一年多才获释；出狱后因身心俱疲而去德国游学和看病；1935年回国后在铁道部任职；1937年应国民政府军工署署

长俞大维之邀重任军职，任兵工署兵工研究委员、国民党兵工署驻昆明办事处处长等职。

　　1942年4月，第二次世界大战爆发期间，中国国民政府派遣一个军事代表团到美国访问，由熊式辉担任团长，王赓等为团员在途中，王赓突然肾病发作，就医于埃及开罗盟军医院，一病不起，于当月（一般的说法是王赓死于1942年的4月，但台湾台通社负责人张桂越于2006年赴开罗凭吊王赓时，却在墓碑上看到："王赓，一九四二年七月三日……"该文题为《灵魂的孤寂》，载2006年7月《印刻文学生活志》第二卷第十一期）客死在尼罗河畔，享年四十七岁。后王赓葬在当地的"二次世界大战外籍兵团公墓"，墓碑上写有"鞠躬尽瘁"四个中文大字，下写"ken wang……"等字样。

　　王赓的母校普林斯顿大学对他的评价很高，在他的传略结尾有这么一段："王（赓）的一生是诚实、正直和爱国的。他给西点带来荣誉。一九一五年的同窗就知道这是确实的，而且关于他还应有更多的话可以说。他确实是一九一五级可以引为骄傲的一员。"虽然，王赓一生在感情上和事业上都不太顺利，但有他母校对他的高度评价，他在天堂也该有所安慰了。

　　陆小曼在养身体的同时，获悉王赓已经在离婚协议书上签了字，欣喜异常，同时她也为王赓当时吃官司感到难受。但她已管不了那么多了，她自由了。陆小曼等身子稍事恢复后，就急着上北京去找徐志摩。因为有一段时间不通音信了，她一时不知道志摩在哪里。多方打听才知道徐已在《晨报》供职，陆小曼打电话到报社找到了徐志摩，告诉他自己恢复了自由。徐志摩欣喜若狂，高兴得跳了起来。至此，陆小曼和徐志摩两颗心历经苦难，终于走到了一起。

小叉

◇ 徐志摩与刘海粟

◇ 陆小曼（左）与女友合影

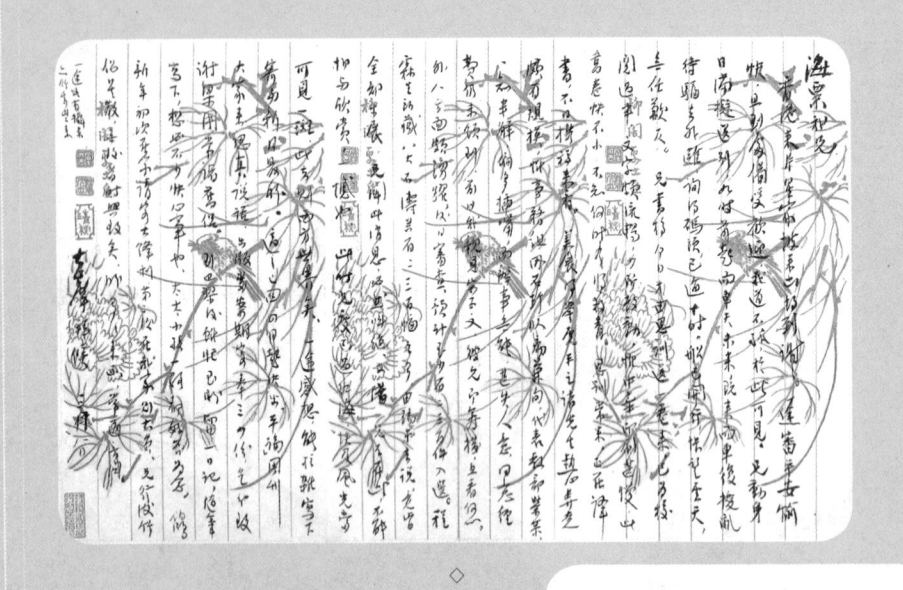

◇ 徐志摩致刘海粟书信手迹

◇◇ 王赓赠小曼"苦尽甘来方知味"手迹

◇ 袁汉云、袁美云两姐妹戏装照

◇ 坐落在埃及的王赓墓

十 好事多磨

虽然陆小曼和王赓离婚了,但她和徐志摩的婚事还是好事多磨,她的再婚遭受两方面的强大压力。

一是自己母亲的反对。陆母一直不同意女儿和徐志摩来往,与王赓签离婚协议也是陆小曼的父亲背着她办的。事后,吴曼华十分生气,认为王赓此时被捕狱中,逼他签字是乘人之危,是不道德的。老夫妻因此也大吵了一场,经亲友劝解后才平息。徐志摩在陆小曼和王赓离婚后,经常去陆家走动,可陆母还是有意排挤,而徐志摩对陆母始终十分恭敬。由于陆小曼有病,陆母也不能坚决不准徐志摩来探望自己的女儿,很明显,女儿的病情好坏和徐志摩的来访有很大的关系;也可以说,女儿是心病,而徐志摩是唯一的良方。吴曼华终究是疼女儿的,她也心软了。当徐志摩委托胡适向她提出与其女结婚的要求时,她向胡适提出两个要求:

一、要请梁启超证婚,因为梁启超在全国负有名望,又是徐志摩的老师;

二、要求在北京北海公园图书馆的礼堂里举行婚礼。

这两件事在当时要办成都有相当的难度,但胡适最终都办妥了。陆小曼的母亲也逐渐地接受了徐志摩。

二是徐志摩父亲的反对。针对徐申如,徐志摩和陆小曼也是采用依靠胡适的办法。正好胡适当时要到南方去治病,志摩就央求他去劝说自己的父亲。最好能让父亲上北京来一趟。因为婚姻大事,男方的家长出面,才会显得体面些。

胡适走后，徐志摩和陆小曼不放心，又给他去了一封长信。信的第一段是小曼写了功课上的事；第二段问候了胡适的病情；第三段才说到正事。说两人现在已在蜜缸里浸着，所有可能的隔阂麻烦都没了，剩下的只是甜。连小曼的爹娘也十分地了解和体谅。现在唯一的问题是赶快要一个名义上的成立，也就是正式结婚。志摩说一定要他父亲来一次，能不能来，就看胡适做工作了；第四段说："我爸妈待我太好了，我有大事不能不使他们满意，因此我要爸（妈能同来当然更好）来，亲自来看看眉，我想他一定会喜欢她的。"

在这封信的空白处，小曼还添了几句话："先生，他这封信写了三天——你问他怎么写的？""摩好福气，妈爱他极了。"最后说："先生！并非我老脸皮求人，求你在他爹娘面前讲情，因为我爱摩，亦须爱他父母，同时我亦希望他二老亦爱我。我受人的冷眼亦不少了，我冤的地方亦只你知道。"

徐志摩的父亲徐申如是浙江省海宁县硖石镇的一个富绅，他认为儿子离婚已是大逆不道，再娶一个有夫之妇更是有辱门风。再则他不喜欢陆小曼，认为这样的女子肯定品行轻薄，不会给徐志摩带来安定的生活。从后来的情况看，胡适的这一次说服工作成效并不明显。徐申如还是不愿意去北京见未来的儿媳，谈他们的婚事。

徐志摩过后不久，只得于1926年2月亲自南下，去跟父亲商量自己的第二次婚姻大事。从2月21日徐志摩发给陆小曼的信中我们可以看到，徐申如初步答应徐、陆的婚事，把家产作了初分，老辈自己留开一份，幼仪和欢儿立开一份，徐、陆得一份，同时徐氏老夫妇将张幼仪认作干女儿。但最终确认要等张幼仪回国后再说。

徐申如是要征得张幼仪的同意，徐申如非常在乎这个媳妇。有人说，张幼仪和徐志摩早已在1922年在德国时就离婚了，怎么徐申如还要这个"已休"的媳妇同意呢？原来，徐申如一直认为，儿子和张幼仪在德国的离婚没有征得双方父母的同意，是不作数的，他是不承认的。他一定要亲自听到张幼仪的意见才行。于是，儿子要再婚，首先得听听张幼仪的意见。她要真同意与儿子离婚了，那么，就算过了"儿媳"这一关。

1926年初，张幼仪取道西伯利亚回国。由于战争的关系，张幼仪到了当年夏天才到上海。到的第二天，张就到张园徐家拜望原来的公公徐申如。她看到徐志

摩坐在一个沙发上，对着她微微点头。张幼仪还注意到，徐志摩的手上戴着一个十分显眼的翡翠戒指。向徐申如行礼后，张幼仪被示意落座。

徐申如随即和缓地问她："幼仪，你和志摩离婚是真的吗？"

张幼仪是个明白人，早已从她哥哥张嘉铸处知道了志摩的恋爱进程。她也不愿意拖志摩的后腿，看看志摩，他在旁边焦急地望着她，等她的表态。

张幼仪说："是真的。"

徐申如显然有些失望，他继续问："那你反对他和陆小曼结婚吗？"

张幼仪迟疑了一会儿，她在思考，徐志摩和陆小曼是否真的合适？转而一想，唉，只要他们觉得合适，关我什么事啊！就说："我不反对。"

徐申如对这个"媳妇"第一次感到失望，他不觉轻轻叹了口气。

这时，徐志摩高兴得像个孩子一样，他站起来向着他的前妻说："谢谢你。"说完他跑到窗口，伸出手臂，好像要拥抱整个世界似的。没想到，他手上的戒指一下从开着的窗口飞了出去。志摩的表情霎时变得惊恐万丈，因为那是陆小曼送给他的。徐志摩马上下楼去找了，张幼仪从窗口看下去，只见志摩找来找去，就是找不到戒指。张幼仪觉得在这个时候把戒指给丢了，似乎预示着志摩和小曼之间将来会发生些什么。（《小脚与西服》，张邦梅著，谭家瑜译。台湾智库文化有限公司2003年4月第二版，第一百九十页）

过了第一关，徐申如还是不肯痛快地答应。7月，徐志摩在硖石的西山上和父亲作了恳切的交谈，并不顺利。后来，经胡适、刘海粟等人出面周旋，徐申如最后勉强答应，但他也有三个条件：

一、结婚费用自理，家庭概不负担；

二、婚礼必须由胡适作介绍人，梁启超证婚，否则不予承认；

三、结婚后必须南归，安分守己过日子。

这三条徐志摩都予以答应。

1926年的春节和元宵，因为徐志摩还在南方，陆小曼只好与徐志摩分处两地，孤独地在北京度过。这时，陆小曼对徐志摩的思念和爱可以说达到一个极致。我们从当时未公开出版的《小曼日记》中可以看到，这情太浓太深。

小曼

摩，你在害死我。在你离去前，我想十五天容易度过。但是现在我知道，没有你过一天也不可能。你俘虏了我，宠幸着我。有四天没有接到你的信，究竟是咋回事？我是坐立不安，不吃、不玩，去戏院和电影院都没用。（《小曼日记》稿本，1926年2月23日。见《陆小曼文存》，柴草编，山西出版集团·三晋出版社2009年12月版，第二百五十七页）

接下来的3月4日，小曼又写道：

摩，我冷。我嘴是那么干燥。我要一些湿润。我要偎依在你胸怀里同时热吻。啊！摩，我是那样渴望，渴望着你。是的，我必须等到星期一。我已经忍受不了啦。你的信和照片都放在我枕头下面。一有机会我就吻它们许多回。昨夜我把你的照片紧抱在胸前睡着，我吻着连我也不知道多少次……昨夜，我用各式甜美的名字呼唤你，回忆过去经历的幸福时光，直到我梦想成真……

如此真情而艳丽的文字，体现了陆小曼对徐志摩炽热的爱。正因为文字私密而让人一看就耳热心跳，所以当初出版《小曼日记》时，陆小曼没有把这部分的日记拿出来，在我们现在看来，也是在情理之中的。

那时，徐志摩对陆小曼如此炽热的情感也作出了双倍的回应。他在1926年的2月，共有十三封信给小曼，而且大多是情意绵绵。其中17日、18日、19日、20日、21日连续五天发出信件五封，23日、24日、25日、26日、27日又是连续五天共六封信件给小曼，其中26日一天两封。足见他们的亲热程度和对成婚的迫切心理。

1926年3月中下旬，徐志摩回到北京，与陆小曼双双重游北海。大半年前，徐志摩刚从国外回来时，曾经来过北海，但那时两人还是偷偷的，现在则不用躲谁了，心里也充满了甜蜜。徐志摩描写道：

水映船舷蓝色，影深于实。然一少妇绯色衣映影反较浅。竞船逐迹一粤妹，黑衣笠帽，鬈鬘过频，齿白，笑可掬也。

曼大嚼，又健步，可志也。

前遘"丽者"又相撞，急绕五龙亭去瞻仰，失望无可比况。殆者近视先生！

眉到家，弄小狗，吃杨梅，连声斥走。今忆起去夏日夜游北海时情景盖稍迁矣！（《日记残页》。引自《徐志摩未刊日记》，徐志摩著，虞坤林编，北京图书馆出版社2003年1月版，第二百四十六页）

文中说与小曼去游北海，第一次去追逐一个"粤妹"，追上一看，那女孩穿黑色衣服，戴一顶笠帽，美丽的鬓发盖住了脸颊，牙齿很白，笑容可掬；第二次又看到一个"丽者"，急急绕过五龙亭去"瞻仰"，却非常失望。徐志摩感叹："我真是一个近视先生。"他和陆小曼嬉笑不已。文中又说，小曼能吃能跑，真是可嘉！又说，与去年夏天游北海时，心情又不一样了。

陆小曼自从与王赓离婚后，就一直住在北京自己的娘家。这时的心情，与一年前是截然不同了。一年前是苦闷、心伤、思恋，而现在大局已定，又能与心爱的志摩聚在一起，自然心里充满了阳光。

2014年，杭州西泠十周年庆典秋拍上出现了从未出现过的徐志摩《结婚日记》（该日记起拍价一百二十万，最后以二百四十一万五千成交，高于起拍价一倍以上），日记从1926年3月至9月，但只有短短的九条，3月、4月有七条，9月有两条。从日记上看，前七条正好记录了徐志摩回京后与陆小曼甜密交往、相约共同奋起的片断。如"三月底，明天起与曼认真工作，已约法多章，当努力共守。生活太逸豫了，浑身筋骨都有散放的可怕，快趁春光奋发吧！""四月一日，十时起。十一时与眉去公园生桃花树下看鸳鸯戏水，看风吹花落。"日记中徐志摩还流露出想同陆小曼出国的设想和幸福的感受："我们非得离北京！天保佑我们，能在一年内到英国去。到康桥去，到巴黎去，到翡冷翠去。霍霍，还要什么？但幸福淹定了我了，谁不愿意？"

除了日记之外，同时出现的还有徐志摩和陆小曼的结婚请柬，上写"我们定于十月三日下午三时在北海公园董事会结婚，敬请光临观礼，徐志摩陆小曼谨订"。

俗语说得好，"好事多磨"，到这年的7月底，陆小曼终于等到了徐志摩的消息，虽也不是太完美，未来公公还提出了"三大条件"，但终于可以与志摩共赴向往已久的婚礼殿堂了。

◇ 徐志摩之父徐申如

◇◇ 徐志摩与友人合影赠胡适

◇ 笑若桃花的陆小曼

◇ 陆小曼与徐志摩的背影

◇ 陆小曼日记手迹

◇◇ 徐志摩《结婚日记》手迹

十一
与志摩喜结连理

1926年的8月14日,即农历七月初七,传说是牛郎织女相会的日子,陆小曼和徐志摩在北海公园举行订婚仪式,时年徐志摩三十岁,陆小曼二十三岁。他们宴请的请柬很别致,请柬的左侧是一幅竹子图,画中写"野竹青霄";右边是这样写的:

> 夏历七月七日即星期六正午十二点钟洁樽候
> 叙　志摩、小曼拜订
> 座设北海董事会

关于他们订婚的场面,梁实秋曾有一段记录:

> 是年夏,我在北平家里,接到他的一张请笺,这张请笺,不是普通宴会的性质,署名是志摩小曼,小曼是谁?夏历七月七日,那不是"牛郎会织女"的日子么?打听之后,才知道这是徐志摩和陆小曼订婚日的宴客……北海有两个好去处,一个是濠濮间,曲折自然,有雅淡之趣,只是游人多了就没意思;另一个是北海董事会,方塘里一泓清水,有亭榭,有厅堂,因对外不开放,幽静宜人。那一天可并不静,衣香钗影,士女如云。好像有百八十人的

样子。在我这一群中,我也许是最年纪小的一个(不,有一个比我小两岁的,那便是叶公超,当时大家都喊他为小叶)。在这一集会中,我见到许多人,如杨金甫、丁西林、叶公超、任叔永、陈衡哲、陈西滢、唐有壬、邓以蛰等等,我恭陪末座,却喝了不少酒。听人窃窃私议,有人说志摩小曼真是才子佳人,天作之合;也有人在讥讽,说小曼是有夫之妇,不该撇了她的丈夫王赓(受庆)再试与有妇之夫的徐志摩结合。我的看法很简单,结婚离婚都仅是当事男女双方之事,与第三者何干?而一般人最喜欢谈论者莫过于别人的婚姻离合。志摩和小曼的结合,自是他一生中一件大事,其中的曲折、隐情,我根本不大清楚。外面的传说,花样就多了。有些话是无中生有,有些话是事出有因,而经过播讲者加盐加醋的走了原样。现在大家一提起徐志摩,好像立刻就联想到陆小曼……(《谈徐志摩》。转引自《难忘徐志摩》,韩石山编,昆仑出版社2001年5月版,第一百六十一页)

10月3日(农历八月廿七),孔诞日,两人在北海公园举行婚礼。结婚介绍人是胡适,证婚人是梁启超,因为婚礼自筹经费,所以仪式草草,仅备茶点而已。

徐志摩的父母没有来出席他们的结婚仪式。徐志摩的父亲来电说:"余因尔母病不能来,幼仪事大旨已定,你婚事如何办理,尔自主之,要款可汇。"徐申如不想来参加,就编了个并不充分的理由(但好歹是个理由)拒绝,道理上说不过去,就说"要款可汇"。可此时陆小曼并不稀罕这点儿饭钱,她要的就是未来的公公能到场。可以说,这是徐志摩父亲迫于多方压力,同意儿子与陆小曼结婚。但不参加婚礼,无疑是他内心不接受陆小曼的一个表示。来宾共有二百多人。胡适因为去了国外而没有参加。赵元任和陈寅恪专程从清华大学赶来。金岳霖作为伴婚人参加。

证婚人梁启超对徐志摩和陆小曼的婚姻是极不满意的,一是因为王赓也是梁启超的门生;二是因为徐志摩与张幼仪离婚时,他就不同意,曾经写了长信规劝弟子。哪料到,徐志摩不仅没有接受老师的批评,眼下又要跟一个离婚的女人结婚,而这个离婚的女人还是王赓曾经的妻子,更何况梁启超对陆小曼印象不佳。碍于胡适和徐志摩的面子,他给徐、陆证婚,但是在婚礼上,陆小曼和徐志摩听到了历史上"绝无仅有"的一段证婚词:

  徐志摩！陆小曼！你们的生命，从前很经过些波澜，当中你们自己感受不少的痛苦！社会上对于你们还惹下不少的误解。这些痛苦和误解，当然有多半是别人给你们的；也许有小半由你们自招的吧？……

  你们基于爱情，结为伴侣，这是再好不过的了。爱情神圣，我很承认；但是须知天下神圣之事，不止一端，爱情以外，还多着哩……

  到这里，梁启超还是客气的，接下来，梁启超就训导起徐志摩来了："徐志摩，你是一个有相当天才的人，父兄师友，对于你有无穷的期许，我要问你，两性情爱以外，还有你应该做的事情没有，从前因为你生命不得安定，父兄师友们对于你，虽一面很忧虑，却一面常常推情原谅，苦心调护，我要问你，你现在，算得安定没有，我们从今日起，都要张开眼睛，看你重新把坚强意志树立起，堂堂的做个人哩！你知道吗？"此话一完，他话锋一转，对着陆小曼严厉地说："陆小曼，你既已和志摩做伴侣，如何的积极的鼓舞他，做他应做的事业，我们对于你，有重大的期待和责备，你知道吗？以后可不能再分他的心，阻碍他的工作。你是有一种极大的责任，至少对于我证婚人梁启超有一种责任。"（《胡适来往书信选》。《中华书局》1979 年 5 月版）

  陆小曼听着这样的证婚词，委屈得泪水盈盈。

  梁启超的这段证婚词明着是对徐志摩，但他更看不惯的其实是陆小曼。在他第二天给儿子梁思成和媳妇林徽因的信中更可以看出来：

  徐志摩这个人其实聪明，我爱他，不过这次看着他陷于灭顶，还想救他出来，我也有一番苦心，老朋友们对于他这番举动无不深恶痛绝，我想他若从此见摈于社会，固然自作自受，无可怨恨，但觉得这个人太可惜了，或者竟弄到自杀。我又看着他找得这样一个人做伴侣，怕他将来痛苦更无限，所以对于那个人当头一棍，盼望他能有觉悟（但恐很难），免得将来把志摩弄死，但恐不过是我极痴的婆心便了。

  信中所谓的"那个人"，当然是指他看不惯的陆小曼。不过，陆小曼和徐志摩

后来的种种矛盾，有些确实是给梁老夫子说着了，他们俩结婚后，起初度过了一段幸福时光，但总体来说是痛苦的。如胡适在《追悼志摩》中说："志摩最近几年的生活，他承认失败，他有一首《生活》的诗，诗的情调，暗惨得可怕。"杨振声在《与志摩最后的一别》中说："他所处的环境，任何人要抱怨了。"等等。但将婚后的不如意完全推在陆小曼身上的话，就有点儿像梁老夫子的封建意识了。刘海粟讲得略为客观些："陆小曼效文君而下嫁相如，但是家庭的压力更加上志摩事业上的不如意，内忧外患，使他们婚后的生活并不甜蜜。志摩是我的挚友，在文学上、人品上我是极推崇他的，但是他性格上的懦弱，还有一点儿中国封建社会中形成的读书人的软弱和天真，使他未能使小曼和自己冲破封建卫道士的精神桎梏。"（《我所认识的徐志摩和陆小曼》，原载《人物》1989年第五期）

梁启超的这段"证婚词"虽然有名，也在一定程度上显示了梁启超对徐志摩这个学生的关心和爱护。但很明显，梁启超是带有私心的，对徐、陆也不公平。梁启超在婚礼上大骂新人，至少对这对新人来说是不吉利的。赵清阁就在文章中对此表示了强烈的不满：

> 为了争取有力的支持，他们请了维新派名流梁启超老夫子出面作他们的证婚人，原想借助这块盾牌抗衡一下封建势力，不期梁启超夫子也只是一个以封建反封建的权威人物；他假惺惺同情徐志摩陆小曼的结缡，而在大喜之日却当众批评了他们的反封建行径，使得两位新人一时啼笑皆非！只好委屈地承受了批评。（《陆小曼幽怨难泯》。载《新文学史料》1999年第二期）

当时一些知名媒体都对徐、陆结婚的事作了跟踪报道。如天津《北洋画报》第二十九期上头版照片就是陆小曼的侧面照，上写"徐志摩先生之新夫人、交际大家陆小曼女士"；第三十七期上又是头版大照，上写"徐志摩之新夫人陆小曼女士又一小影，新诗人及其新妇在南方蜜月旅行中"；第六十五期上有陆小曼七岁时的小像，还配文说："今闻陆、徐又有离异之说，未知确否耳。"除了图文报道外，媒体人对他们的结合进行调侃，语句中也并不看好他们的婚姻。如《北洋画报》第三十三期上（1926年10月30日出版）就登载了一篇署名"王郎自京师寄"的文章，题目为《新诗人之得意缘》，篇幅不长，摘录如下：

小曼

读妙观之"出王入徐"一篇,又令人想起徐之出张入陆。真所谓"又是一番新气象,依然两件旧东西也"。而"只见新人笑"之徐陆,与"不闻旧人哭"之王张,此时更何以为情。盖陆之见摈于王,与张之被绝于徐,形景颇有相似。今徐陆已相率联姻,王张尚徘徊歧路。回首从前,不禁感慨系之……今徽归梁氏子矣,徐已可望而不可即。一对璧人,方徜徉于敦伦,留学界罔不知。而凌叔华之嫁闲话大家陈通伯,徐又居失意者之一。乃不得不退而求其次,徐陆之姻缘由是成。东西虽两般都旧,人儿却都是簇簇新也。

文中明显对徐、陆婚姻不赞成,不看好。作者认为徐、陆两人为了自己的幸福抛弃了原来的配偶,为张幼仪和王赓抱屈;又说徐志摩是因为得不到林徽因和凌叔华,才退而追求陆小曼的,不见得是真爱。

当然,名人结婚,社会上的八卦说法很多,一些"粉丝"一时失去他们的大众情人,也会因失落而肆意攻击。就好像刘海粟所说:"陆小曼离开王赓改嫁徐志摩后,当年在北京把她捧为天人,以一睹芳颜为快的名人雅士们,立即变成武士和猛士,对小曼大张挞伐。"上面所摘录的文章也许就是这样的典范吧。

1926年10月15日(农历九月初九),新婚后的陆小曼依公公之命随徐志摩坐火车离开北京南下。徐志摩虽然刚辞掉《晨报》副刊主编的职务,暂时处于失业状态,但他心情十分舒畅:"身边从此有了一个人——究竟是一件大事情,一个大分别;向车外望望,一群带笑容往上仰的可爱的朋友们的脸盘,回身看看,挨着你坐着的是你这一辈子的成绩,归宿。这该你得意,也该你出眼泪,——前途是自由吧?为什么不?"

陆小曼紧紧地依偎在徐志摩的身上,看着窗外的秀美景色,她的心中充满了甜情蜜意,她觉得自己的一生有了依靠,她在《爱眉小扎·序》中写道:

以后日子中我们的快乐就别提了,我们从此走入了天国,踏进了乐园……同回到家乡,度了几个月神仙般的生活。

夏曆二月七日即星期六正午十二鐘潔樽候

敘

座設北海董事會

志摩 小曼 拜訂

我們定於十月三日下午三時在北海公園董事會結婚敬請

光臨觀禮

徐志摩 陸小曼 謹訂

◇ 徐志摩、陆小曼订婚请柬

◇◇ 徐志摩、陆小曼结婚请柬

小曼

◇ 徐志摩、陆小曼结婚照

◇◇《北洋画报》所刊陆小曼侧面照

◇ 梁启超题赠徐志摩长卷（局部）

◇◇ 闻一多题赠徐志摩、陆小曼新婚夫妇的诗作

十二
在硖石的甜蜜与苦涩

　　1926年10月，陆小曼随徐志摩南来，先是到了上海，寓上海新新旅馆。那是一种小旅馆，在汉口路美仁里，共有二十多个房间，房内也陈列洋式家具，装有电灯，每天房价在一元二角以下。由于那里是老上海"长三堂子"（长三堂子，又叫长三妓院或长三书寓，档次比书寓即近代上海最高档次的妓院略低。妓女称先生，因出外陪客、留宿标价均为三元而得名。长三堂子初在上海县城小东门一带，咸丰三年后移至福州路、汉口路周围）云集的地方，与徐志摩夫妇新婚的生活不相适应，故不数日徐志摩偕爱侣到大西路吴德生家小住。

　　农历九月十九，陆小曼在上海过了她的二十三岁生日，应该说这也是她一生中最幸福、最快乐的一个生日。有心爱的丈夫在身边陪伴，有美好的明天在向她召唤，还有什么不满足的呢？可惜的是在生日的前一个晚上，陆小曼出去时坐在车中被别人撞了，受了惊吓，徐志摩在《眉轩琐语》中记录了生日的情况：

　　　　今天是观音的生日，也是我眉儿的生日，回头家里几个人小叙，吃斋吃面。眉因昨夜车险吃唬，今朝还有些怔怔的，现在正睡着，歇忽儿就好了。昨天菱清说的话要是对，那眉儿且有得小不舒泰哪。（引自《徐志摩全集》第五卷，徐志摩著，韩石山编，天津人民出版社2005年5月版，第三百四十五页）

这样一个本应充满喜悦的生日，被一次车祸把气氛破坏了，是不是也预示着陆小曼将来命运的多舛呢？

前文已述，当时徐家在上海另有家产，如张园、范园等，那么为什么不让他们夫妇进徐家的园子呢？这恐怕是徐申如不喜欢陆小曼的又一个表示吧。

那么为什么他们不直接到硖石，而在上海待一个多月？原因是徐志摩的父亲徐申如给他们新婚造的房子还未最后完工。在徐志摩给前妻张幼仪的信中说："我们在上海一无事情，现在好了，房子总算完了工，定十月十二（农历）回家，从此我想隐居起来，硖石至少有蟹和红叶，足以助诗兴，更不慕人间矣！"

11月中旬，徐志摩与陆小曼的新房竣工了。陆小曼依公公的要求随徐志摩到他的家乡海宁硖石居住。这是陆小曼第一次到海宁，根据史料，后来她又四赴海宁，死后她也提出要葬到海宁硖石去，这既说明了她对徐志摩的爱之深，也可看到她与海宁硖石的缘分。

刚下火车，陆小曼就看到了硖石的东、西两山。徐志摩看到爱妻凝视着东山西山，就饶有兴致地跟她讲起了两座山的传说，他说，硖石古称峡山。有一年，秦始皇南下在船上听到硖石"水市出天子"的童谣，待他目睹了硖石的风采后，为其巅峰的"王者之气"所妒，于是他命十万囚徒拦腰斩断硖石，毁其"王者之气"，从此东、西两山对峙而立。

讲完东山、西山的传说，徐志摩说："我们边走边讲吧！"徐志摩牵着小曼的小手，一边走在回家的路上，一边又开始给小曼讲起了硖石丰厚的文物古迹：西山前有东晋的惠力寺、唐代的经幢、元代的紫薇桥；东山上有始建于东晋的智标塔、有唐代的崇福寺；硖石还有名闻海内外的"硖石灯彩"，在宋代就已被列为贡品……徐志摩还兴味盎然地说："眉，我是作诗的，我给你背一首唐代著名诗人白居易在我们西山上留下的诗好吗？"

看着丈夫兴奋的表情，陆小曼也被感染了，她说："快念，我想听啊。"

徐志摩摇头晃脑地念了起来：

> 菱歌清唱棹舟回，树里南湖似鉴开。
> 平障烟浮低落日，出溪路细长新苔。
> 居民地僻常无事，太守官闲好独来。

小曼

犹忆长安论诗句，至今惆怅独书台。

陆小曼听完徐志摩的吟咏，说："白居易是在怀旧吧。"

徐志摩深感小曼对古体诗有着敏锐的理解力，他非常欣慰地答道："是的，相传在唐长庆二年，白居易到杭州做刺史，次年他就来硖石寻访他的恩师——我们海宁狮岭人，唐代诗人顾况，心生怀念，就作下这首《登西山望硖石湖》。"

徐志摩对于家乡，似乎有说不完的话，陆小曼也听得津津有味。在情绪上已经完全融入了这个江南古镇，对这个地方顿时充满了喜爱。

从火车站到徐家的路并不远，走路大概只需二十来分钟。说着说着就快到了。在到家之前，徐志摩为陆小曼打了"预防针"，说：父母对我们的婚事一向持反对的态度，在气氛上可能会有些折扣。陆小曼很能理解丈夫的心理，说："我知道，你放心吧。我知道怎么处理，不会给你丢脸的。"

一会儿，他们到了硖石干河街，看到了徐志摩父亲为他们新婚造的房子。徐志摩一看旁边爱妻，陆小曼很是沉着，徐志摩不禁感叹："我的曼真是每临大事有静气啊！"

家人早已在那里张望了，看见他们来了，急急地往里跑，向老爷、夫人禀报去了。

徐家的老家人家麟看到他们来了，连忙上前来，说："少爷少奶奶好，路上辛苦了。火车什么时候到的？怎么不让我们去接啊？"

徐志摩的老家人家麟在徐志摩小的时候就照顾着徐家，徐志摩和他有着深厚的感情。后来创作的小说《家德》里的原型就是这位老家人家麟。

陆小曼微笑地看着老家人，徐志摩连忙说："接什么，自己走来，又自由又快活。"

徐志摩把老家人介绍给妻子，陆小曼忙对家麟说："老人家好，志摩常对我念叨您呢！"

徐志摩不等老家人接口，就兴致盎然地说："对啊，家麟种的花可好呢，有月季、山茶、玫瑰，有红梅与腊梅，有美人蕉，有桃、李，有兰花，有蟹爪菊，有可以染指甲的凤仙，有比鸡冠大好几倍的鸡冠花……"徐志摩一口气讲了这么多，陆小曼都听不过来了。

老家人家麟在旁边听了连说："少爷夸奖了，不敢当，不敢当。"

此时，徐申如早已得报，已经正襟危坐在楼下客厅中间的红木太师椅上了。

徐志摩的母亲钱慕英（1875—1931，浙江慈溪人。钱氏是徐申如的第二任妻子）在旁就座。他们没有去北京参加儿子的婚礼，他们想看看儿子自己选择的女人到底是一个怎样的女人。

徐志摩见到双亲，快活地叫道："爸、妈。"说完把小曼拉上前对着父母说："爸、妈，这是小曼。"

徐申如似乎不经意地对陆小曼瞟了一眼，心想：看模样，倒是还好，怪不得儿子这样醉心于她！听得儿子的介绍，他嘴巴里"哼"了一声。

陆小曼见到当中坐着的两位，知道是公公和公婆了。不等志摩关照，就趋向前，盈盈下拜，口中说："媳妇在这里给公公、公婆请安了。"

钱氏笑着对小曼说："快起来，新式社会了，不要行这种礼，志摩，快让小曼坐。"

简短的见面仪式很快结束了。应该说，陆小曼给公公、公婆留下了一个较好的印象。至少比他们原先的估计好多了。她穿着朴素，淡施蛾眉，清新自然；她从容大方，温文尔雅，端庄得体。徐申如注意到，自己的这个儿媳妇处处透着大家闺秀的气质，而且时时流露出一种成熟和坦荡。但……不管如何，她已经是结过婚的女人了，唉，儿子和她是否能幸福只能看天意了。

陆小曼和徐志摩所住的房子是一座中西合璧式的二层楼建筑，是徐申如专门为他们的新婚而建，它的位置在硖石镇干河街三十二号。（这座房子也就是现在的徐志摩旧居，又称"新宅"。房屋坐北朝南，西为牛河弄。徐志摩与陆小曼在此短暂居住后便因战乱而赴上海，后来他们未回去住过。新中国成立后，"新宅"被人民银行用作金库和营业厅。改革开放后，海宁市政府将"新宅"的房产发还给在美国居住的徐志摩的儿子——徐积锴，徐积锴又将"新宅"赠予市政府。1998年12月，海宁市政府将徐志摩旧居列为市级重点文物保护单位，并决定修复并开放。1999年银行迁出，复原整幢主楼建筑。历时四个多月，花费一百五十万元。1999年9月，徐志摩故居正式对外开放。故居一楼为图片陈列，主要介绍徐志摩的一生及主要成就；二楼为复原陈列。相对于"新宅"而言，徐志摩的出生地被称为"老宅"，它位于硖石镇西河街十七号。"老宅"前临当年商业区，后靠蜿蜒的沙泗浜，有石埠可泊船。"老宅"共四进，一进是墙门间，停放轿舆；进墙门右侧的厢房是读书楼，藏书颇多，也是家塾所在，徐志摩在这里接受了启蒙教育；二进是正厅，厅前有一个较大的石板前天井；三进为徐志摩大伯徐蓉初一家住所；四进临近沙泗浜。1897年1月15日晨，徐志摩诞生于此宅第四进北厢楼。诗人在这里度过他的童年、少年。据说，这里也是徐志摩于1915年与张幼仪结婚的地方。徐志摩在这座老宅里生活了整整十四年。此后的几年里，徐志摩在杭州学习间隙也经常回到"老宅"，直到1918年赴美留学。所以徐志摩在此老宅断断续续生活了二十二年之久，也就是说占了他生命中的三分之二时间。2002年底，徐志摩"老宅"被拆。）此屋落成于1926年8月，11月装修完工。1926年7月17日徐志摩致陆小曼信中，对此屋作了简单的介绍：

> 新屋更须日许方可落成，已决定置冷热水管，楼上下房共二十余间，有浴室二，我等已派定东屋，背连浴室，甚符理想……门前五开间，一律作为草地，杂种花木，方可象样。……楼后有屋顶露台，远瞰东西两山，颇亦不恶。不料辗转结果，我父乃为我眉营此香巢，无此固无以寓此娇燕……

据徐志摩的表妹蒋谷雨（1999年在陈从周家里采访，蒋时年八十九岁）介绍，房间的安排是这样的：主楼底层正厅是中式布置的客厅，名"安雅堂"；东侧房间称"地房"，徐志摩母亲在夏天住在楼上怕热，就搬到此间凉爽些；西侧房间是楼梯间和餐厅；主楼二层中间是休息室，推板前放了一张很大的红木"坑榻"；西侧房间是徐志摩母亲的卧房，全部是雕花精致的红木家具，是张幼仪的嫁妆；张幼仪此时作为徐申如的继女，居住在西间前厢，室内陈设也是普通的中式家具；东侧房间就是小曼与志摩的新房了，完全是西式的布置，中间放了一张铜床，薄绸轻帐，大红流苏，中间结了红色的香囊，家具则完全粉红色。新房东墙有窗，有壁炉，又悬挂有梁启超的手书，房前与前厢房相通。前厢房即徐志摩和陆小曼的书房，因陆小曼名"眉"，故取名"眉轩"，里面摆放着红皮木架的沙发、藤椅和小曼的梳妆台；新房后与浴室之间尚有一小间，是小曼从北京带来的丫头的居所。整个楼内仅志摩的新房透射着富有诗意的浪漫气息。正因为徐、陆书房名为"眉轩"，所以徐志摩当时写的日记便称为《眉轩琐语》。

刚回到徐志摩的家乡，他们夫妻俩的生活又是怎么样的呢？在徐志摩给张慰

慈的信中，我们可以看到一些：

> 上海一住就住了一月有余，直到前一星期，咱们俩才正式回家，热闹得很哪。小曼简直是重做新娘，比在北京做的花样多得多，单说磕头就不下百外，新房里那闹更不用提。乡下人看新娘子那还了得，呆呆的几十双眼，十个八个钟头都会看过去，看得小曼那窘相，你们见了一定好笑死。闹是闹，闹过了可是静，真静，这两天屋子里连掉一个针的声音都听出来了。我父在上海，家里就只妈，每天九点前后起身，整天就管吃，晚上八点就往床上钻，曼直嚷冷，做老爷的有什么法子，除了乖乖的偎着她，直偎到她身上一团火，老爷身上倒结了冰，你说这还是乐呀是苦？咱们的屋倒还过得去，现在就等炉子生上了火就完全了。（《胡适遗稿及秘藏书信》，《黄山书店》1994年12月版）

不久，徐志摩收到了林徽因从法国宾夕法尼亚州寄来的航空信，信的大致意思是因在国外未能参加徐志摩与陆小曼的婚礼，寄上一份迟到的祝福，她在信中说："祝你和小曼恩恩爱爱白首偕老。"然后她又感谢徐志摩为她的父亲去世写了这么感怀的一篇悼念文章（指徐志摩写的《伤双栝老人》一文）；随后她又代梁思成为他父亲在徐、陆婚礼上的坦率的言词表示歉意；最后，她还说已托了一位朋友带了一只手提包回来，送给小曼。

收到这样一封信，徐志摩心中自然地起了相思。林徽因总是想得很周到，很仔细。她知道这封信肯定是徐志摩和陆小曼两个人看的，所以她不能对徐志摩过分热情，当然也不能过分冷淡；对久已闻名的陆小曼——现在是她好友的妻子自然更是小心，她给小曼买了一只手提包，便是她谨慎的、善意的表示。

徐志摩看着这熟悉的、清秀的字体，怔怔的，连妻子来了也不知道。陆小曼看到他手里拿了一封信，就问："是谁来的信，这样出神？"

徐志摩如梦初醒的样子："噢，是徽因的，你来看看。"

陆小曼一听是林徽因的，马上就说："是她的，怪不得……那我可不能看啊。"

"嗨，你别来取笑我，这是写给我们俩的。"徐志摩说。

"那好吧！既然是写给我们俩的，我就看了噢。"她对着丈夫，微笑着说。

"看吧，以后我们俩就是一体了，还有什么信不能看的，快看吧。"

其实陆小曼真想看看，她在婚前曾经随徐志摩去过林徽因家，对丈夫曾经追求过的女人，陆小曼非常感兴趣。

陆小曼细细地看着林徽因的信，品味着其中说不清的味道。她边看边对志摩说："她的字好清秀啊，可见是字如其人啊！"

"是的，她和你同样是出类拔萃的女孩，只是我喜欢的是……你。"

"你别骗人了，还不是她拒绝了你，你才来找我的啊。"

徐志摩急了，连忙说："那绝对不是，你是我生命中心灵之唯一之伴侣，是我的灵魂所在；至于徽因，她只是我精神上寄咏的一首隽永的小诗。"

陆小曼又笑了，她知道丈夫是爱她的。她说："志摩，我们彼此相爱，这是天地共知的，但你无须讳言以前的一段恋情。这不是罪过，是人之常情，至少我能理解，徽因今后是我们共同的朋友，你说好吗？"

虽然，徐申如对陆小曼的第一印象还不错，但这并不能从根本上消除他对陆小曼早已形成的一种偏见。一过生活，他又对这个媳妇产生了不满。说她一副大城市小姐的做派，什么都要高档的，墨要用北京的，手帕要用国外的，更气人的是一点儿事情也不会做。一天，徐申如叫儿子来，提出想把家里的事分一下，要陆小曼管一下钱庄的事。

徐申如在海宁和上海有不小的产业，也是个经商的好手。《民国日报》曾称他："曾因兴办实业，蜚声浙江。"他1915年与人合建硖石电灯公司，1917年又创办电话公司，1924年任双山丝厂的董事长。他还有祖上传下来的徐裕丰酱园，有自己的钱庄——裕通钱庄，在上海也有好几家店铺。他把儿子看得很重，曾想让他学经济，可以继承家族产业。但徐志摩却华丽转身，转而从事文学事业。本来娶进首任儿媳张幼仪，正是徐申如理想中的，依然可以代替儿子管理家业，他相信张在这方面不会让他失望，想不到的是两个人离了婚。现在儿子和小曼木已成舟，只能寄希望于他们。而且当时徐申如已届五十四岁，也想慢慢地脱手享福。当然他此举也是为了试探志摩小曼对此的态度。

徐志摩的回答在他意料之中："爸爸，那可不行，小曼是最怕数字的，要她管钱，肯定不行。"

但儿子的回答依然让徐申如生气："那怎么行，我们是一个商人家庭，管钱庄

是最基本的事了，你学了文学，我已经伤透了脑筋，她再不管家事，你说这个家以后怎么办？"

"爸爸，说这还为时过早吧！"徐志摩答道。

徐申如说："你看她这个样子，每天要睡到中午才起床。我不要她打扫卫生，也不要她烧菜烧饭，但分给你的那份家产总要依赖于她来管理啊，你看她这个样子怎么行？"徐申如口气加重了。

徐志摩解释说："小曼她身体不好，也难怪她。"

"你总是护着她，到时候你有苦头吃了。我们两个老人是无所谓，看不惯，我们可以走，我们可以上幼仪那儿去。"徐申如又想到了他称心的第一个媳妇——现在已是他的义女了。

不久，徐申如终于做出了令陆小曼难以接受的举动。因为看不惯陆小曼的做派，他先期到了上海，不几天就要妻子到上海与他会合，然后启程赴北京去找张幼仪了。在那种情况下，依着徐申如的性格，可以说这是必然的结果，这也是陆小曼与徐志摩婚后在徐家受到的第一个打击。从此以后，陆小曼在徐家所受的打击可以说是连绵不绝的。

张幼仪很奇怪两位老人会来北京，就问他们缘由，老太太就非常生气地说：

"陆小曼刚来时，她就要坐红轿子，这种轿子需要六个轿夫，而不是两个人抬的那种普通轿子。按我们乡间的规矩，不管有钱没钱，这种轿子只有头婚的女人才能坐。"

"还有啊，"老太太继续说，"吃晚饭的时候，她才吃半碗饭，就可怜兮兮地说：'志摩，帮我把这碗饭吃完吧。'那饭还是凉的，志摩吃了说不定会生病呢！"

"你听听陆小曼下面说什么？"徐申如也说话了，"吃完饭，我们正准备上楼休息的时候，陆小曼转过身子又可怜兮兮地说：'志摩，抱我上楼。'"

"你有没有听过这样的事情，"老太太对着张幼仪说，"这是个成年女子啊，她竟然要我儿子抱她上楼，她的脚连缠都没有缠过啊！"

"所以我们就到北方来找你啦，你是我们的干女儿嘛。"老太太最后说。

张幼仪犯难了，但她不得不接受他们。

公公、公婆的离开，对陆小曼无疑是个沉重打击，不久，她得了肺病。徐志

小曼

摩在11月初给刘海粟的信中说:"曼日来不爽健,早晚常病,以此生愁。天时又寒,令人不欢。足下所谓'热度'固矣,可以救寒,未能阻病奈何!"

一段时间后,陆小曼的身体才逐渐恢复。她也慢慢从那段不愉快的情绪中解脱出来。没有了"双老"的严格监督,陆小曼在生活上感觉反倒轻松,她不用再受这样那样的拘束。她和徐志摩在硖石的这座别具一格的住宅中,自己种花,携手登临后楼露台,眺东西两山;在浪漫的"眉轩"里,依偎着读书、吟诗、作画;间或一起携手爬智标塔、登紫薇亭,过着一种"草香人远,一流清涧"的超然生活。在硖石的生活确实是陆小曼一生中最快乐的日子。

可惜,好景不长,1926年5月,北伐战争开始。1926年10月16日,浙江省长夏超宣告独立。1927年2月,北伐军东路军发起江浙战争。3月19日占领杭州,沿沪杭线北上追击孙传芳的军队。

随着战事的逼近,徐志摩和陆小曼不得不中断了这一段新婚燕尔如世外桃源的生活。这甜蜜而幸福的生活仅仅维持了一个多月时间,陆小曼在《徐志摩诗选·序》中写道:

> 在新婚的半年中我是住在他的家乡,这时候可以算得是达到我们的理想生活……就是这样一天天的飞过去,不到三个月就出了变化,他的家庭中,产生了意想不到的纠纷,同时江浙又起战争,不到俩(两)个月我们就只好离开家乡逃到举目无亲的上海来。(该文是笔者在编《陆小曼诗文》时,在陆小曼的堂侄孙邱权家中所存的陆小曼手稿中发现。题目为笔者所加。这里陆小曼说"在新婚的半年中我是住在他的家乡"恐不确,根据现有史料推算,大概只有一个多月时间)

1926年12月,陆小曼和徐志摩被迫移居上海。虽说是被迫,但像徐志摩陆小曼这样的才子名媛本不该住在闭塞的县城里,海宁只不过、也只能是他们的短暂憩息之地。北京、上海才是他们的归宿和所在。他们的一些朋友也很关心他们的未来。胡适当时在欧洲游历,他致函泰戈尔的助手恩厚之说:"他们两口子(指徐志摩夫妇)在那小地方住得太久,就会受害不浅了。他们多方面的才华会浪费消逝于无形了。"他要求恩厚之"能找出办法把志摩夫妇送到英国或欧洲其他地方,

让他们有两三年时间读点儿书,那就好极了"。由于徐志摩和泰戈尔之间深厚的友情,恩厚之答应了,在他们婚后就给徐志摩寄来一笔钱,是想叫他们不要贪恋乡间的生活。因为乡间虽然舒适,但容易磨灭人奋斗的意志。他劝他们夫妇婚后不久能够赴欧发展,这笔钱就作为他们途中的费用。但婚后陆小曼一直身体不好,不宜远行,故此没有出国。这是小曼又一次出国的机会,也因身体等原因放弃了。

陆小曼此前还有一次机会出国。据陆小曼的表舅周叔廉说:就在前一年,陆小曼与王赓离婚不久,陆小曼曾有过一次去美国的机会。但当时观念不同,对当时的她来说出国是一次是否爱国的考验。当时美国好莱坞电影公司风闻名满京城的陆小曼大名,向她汇了一笔巨款,大约是五千美元左右,邀请她去美国拍电影。这时很多亲朋好友劝她去美国。但是她认为一个中国女子去当外国的电影明星,不是光彩的事。这种观点在今天看来似乎有些迂腐,但在中国的上世纪二十年代,陆小曼的这种观点却表达了她的爱国。同时,她父母只她一个亲人,她和徐志摩当时正处于柳暗花明之时,因此她更不愿意去美国了,将那笔巨款随即寄了回去。

◇ 徐志摩、陆小曼蜜月照

◇ 渴望幸福的陆小曼

小традиционно

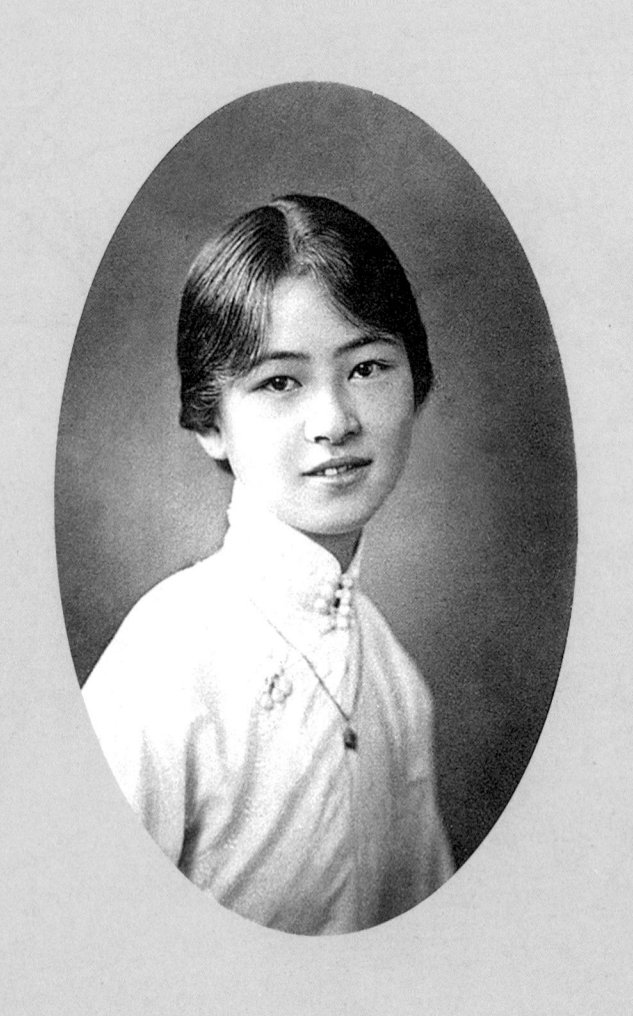

◇ 1920年，林徽因于伦敦

◇ 徐志摩与陆小曼

小史

◇ 徐志摩青少年时期居住的老宅

◇ 位于海宁硖石的徐陆新居

◇◇ 眉轩中的"风景"（复原陈列）

◇ 硖石电灯公司外景

十三
迁居上海

　　陆小曼此后一直住在上海,直到过世。上海是陆小曼生活时间最长的城市,她在上海的生活可以分为三个阶段,但每一个阶段陆小曼的心情都是不同的:从出生到七岁赴京前是她于上海的最初生涯,那时的她童稚未脱,可爱天真,是父母的掌上明珠;1926年与徐志摩婚后去海宁硖石之前在上海小住,是她与上海的第二次"握手",那次尽管时间短暂,但陆小曼的心是涂了蜜的,因为身边有了一个苦苦等候和追求的伴侣;这一次因战乱从海宁移居上海一直到陆小曼过世,时间长达三十九年之久,是陆小曼颓废、伤心、奋起的时期。其中,1926年至1931年徐志摩失事前,她的生活是奢侈而放任的;1931年至1949年徐志摩失事后,她受到剧烈震动,人变得消极而沉寂;解放后,她重新振作起来,获得新生。

　　陆小曼和徐志摩1926年年底刚到上海时先住在大西路好友吴经熊的家里;不久住到福建路上的通裕旅馆里,该旅馆有四十多个房间,有电灯电话,他们房间的电话是三七四八;不久他们又迁到位于梅白格路(今新昌路)六四三号的好友宋春舫家里(徐志摩在1926年农历十二月十四日写给前妻张幼仪的信中说:"我们在上海的生活是无可说的,第一是曼从母亲行后就病,直到今天还不见好,我也闷得慌,破客栈里困守着,还有什么生活可言。日内搬去宋春舫家,梅白格路六四三号,总可以舒泰些。");1927年秋天搬到位于环龙路的花园别墅十一号(今南昌路一三六弄),那是一座很摩登的三层小洋房,地处法租界,离法国公园(今复兴公园）很近；1928年他们又搬到福熙路（今延安中路）四明村九二三号，总算把住处稳定了下来。

陆小曼到上海后渐渐过上了夜生活，因为当时的上海是殖民统治下的十里洋场，在上海的外国租界里，漂亮的居室、新潮的商品、豪华的舞厅剧场、高雅的交际界……这一切对能歌善舞，善于交际并压抑已久的陆小曼来说，是如鱼得水。她结交名人、名伶，频繁地出入社交界。由于她原是北京社交界的名人，如今成了著名诗人的太太，又因她惊人的美貌，在上海的社交界，她又成为中心人物。她的特写照片频频见诸《良友》、《上海画报》等刊物上，其生活隐私也成为小报追踪嚼舌的材料。特别是《上海画报》，在头版刊登她的玉照多达十余次，锋头之健，远过于张爱玲。

如1927年6月6日《上海画报》"二周年纪念号"上刊出陆的大幅照片，谓："陆小曼女士（徐志摩君之夫人）。"女士两手托腮，面带微笑，发际簪一朵花，那种名门淑女的风范，清秀典雅，而不失妩媚。"这位来自'北方'的'名媛领袖'，给久餍浮华的洋场，吹来清新之风，像张恨水的《啼笑因缘》，唱鼓书的沈凤喜、侠义的关秀姑，连带天桥的北方民俗风情一下子风靡了沪上的读者。"（陆建华《陆小曼的"风景"内外》，载《书城》2008年9月号）

陆小曼的这种生活经历、生活状态及她所拥有的才华和美貌，使得她被列入当时的"名媛"行列。1928年，良友图书有限公司用当时最先进的印刷技术，印行了《名媛写真集》第一集，并在扉页刊出版说明，称第一集"仅是把国内名媛照相的一部分刊出"。而在第一集刊登的十位名媛中，就有陆小曼手持折扇、身穿裘领衣着的影像。说明陆小曼在名媛中的地位还是很显著的。

排场大了，费用自然增多。养尊处优的陆小曼，过去在北京便是出了名的会花钱的小姐。婚后，她在物质上的欲望有增无减。王映霞在文章中回忆：

> ……陆小曼租了一幢（指四明村住宅），每月租金银洋一百元左右，我们是寒伧人家，这个数目可以维持我们大半月的开支了。
>
> 陆小曼派头不小，出入有私人轿车。她家里佣人众多，有司机、厨师、男仆、还有几个贴身丫头……陆小曼挥霍无度，想买什么就买什么，不顾家里需不需要，不问价格贵不贵。（《陆小曼——浪漫孤寂人生》，载《上海滩》，1992年第五期）

四明村居所是一所上海老式石库门洋房（徐志摩陆小曼居住的四明村九二三号在上世纪九十年代被拆），楼下当中叫"客堂间"，陈设很简单，当中摆设佛堂，一般没有人到这间屋子里来坐；边上那间统厢房是陆老太爷的房间；二楼亭子间是陆老太太的房间，有内外两间之分，内间是陆老太太的卧室，外间则是来了亲戚住的；陆小曼和徐志摩住在二楼统厢房前面那一间，后面一间是她的私人吸烟室，只有一张烟榻；二楼客堂才是真正的客堂，也有一张烟榻，供客人吸烟使用，中间一张八仙桌，是吃饭的地方；三楼亭子间是徐志摩的书房。总体来说，陆小曼的这个家显得很洋派，是一处上乘的住宅。房子装饰豪华，宏伟壮丽，家里的布置也十分讲究。在卧室的四周，家具全是红木的，陈设也极精致，有古玩，有花卉，有文房四宝。因此光住宅一项，就所费不菲。

陆小曼家还养了很多佣人，长期雇用了汽车司机。佣人中，伺候陆小曼的贴身丫头叫荷珍，是个白白胖胖很福相的女孩子，又和气又能干，陆小曼的事，她料理得非常周到；伺候陆小曼母亲的叫巧珍，是一个很瘦的姑娘，看上去很老气；楼下伺候陆定的叫桂珍。除了这些贴身的丫头，还有车夫老何、老佣人王阿毛，还有几个老妈子做饭等等。这么多的佣人外加一辆长期雇用的汽车，又是一笔很大的开支。

陆小曼到上海后逐渐染上了烟瘾。因为她有心跳头晕之症，每发或至昏厥。朋友翁瑞午劝她抽几筒鸦片，果然有效果。久而久之，竟然上了瘾。这一恶习一染上，就毁了陆小曼半生，在当时来说，又额外增加了一笔开支。

陆小曼嗜"吃"。她的钱有一部分便是花在了"吃"上。

早在1925年12月，徐志摩就曾经讲到陆小曼吃的故事，写得十分生动。正如胡适所说"文字最可爱"。且让我们来欣赏一下他们俩尤其是陆小曼的"吃品"：

> 勤食亦一堕志事。习成，少间即感不怿，非手有所粘，口有所啮，即不能安坐。眉害我也。
>
> 榴子渐戋，色亦渐衰。眉持刀奋切，无当意者，则弃置弗食。然此时令为之，榴实无咎。雪里红烧细花生，真耐啖。炉边白薯亦焦淬透味。糖葫芦色艳艳迎人。蜜汁樱桃一瓶，仅存底浆。然眉儿犹唝唝苦口不尝新味，娇哉！（《志摩日记的一页》。引自《徐志摩全集》第五卷，徐志摩著，韩石山编，天津人民出版

社 2005 年 5 月版，第三百三十七页）

真是一首绝妙的关于"吃"的古体散文！第一段，徐志摩在陆小曼的影响下，居然也是"如果手中没有东西拿着、口里没有东西嚼着，就感觉不高兴"，真是所谓"近墨者黑"。第二段，写陆小曼急于吃石榴，居然用了"眉持刀奋切"来形容，实在是形象、生动之极；而且不中意的，陆小曼就"弃之弗食"，徐志摩为石榴抱屈了："不是石榴不好，是季节过了呀！"第三段，有"雪里红烧细花生、焦淬透味的白薯、艳艳迎人的糖葫芦及已见底的蜜汁樱桃"，如此美食，陆小曼居然说："我还没有尝到新鲜的味道呢！"

当然，此时正是陆小曼与王赓已离婚，正在酝酿与徐志摩结婚之际，是两人心花怒放的佳景美时，因此，陆小曼吃的"娇态"，在徐志摩眼里是"宛然可爱的"。但婚后，"小曼嗜吃"就成了徐志摩的负担了，在徐志摩看来，也就没有了美态。徐志摩开始说她："你一天到晚就是吃，从起身到上床，到合眼，就是吃。也许你想芒果或是想外国白果倒要比想老爷更亲热更急。"

尽管如此，徐志摩还是宠着小曼的嘴的。1928 年 6 月志摩去欧洲时经过日本，因为他的朋友王济远（王济远，安徽歙县人，美术家）正巧要回国，他就托王济远从长崎带一筐大樱桃回去，送给小曼。一筐樱桃从海上带回国，恐怕也不能吃了。但从中我们可以看到徐志摩的一片心。

陆小曼最喜欢吃杨梅，有一次吃杨梅、荔枝吃得嗓子都"扁"了，连一向擅长的戏也唱得不是味儿了。徐志摩告诫她："以后听不听话？凡事总得有个节制，不可太任性。你年近三十，究已不是孩子了，此后更当谨细为是！"

在徐志摩 1931 年 2 月到北京后，他在给陆小曼的信中多次提到买水果的事。我们现在已看不到陆小曼当时写的信，但可想见，陆小曼肯定是经常叫徐志摩在北京给她带上海买不到的水果吃，比如徐志摩 10 月 10 日的信中说："我只托他（指王文伯）带一匣信笺，水果不能带，因为他在天津还要住五天，南京还要耽搁。葡萄是搁不了三天的。石榴，我关照了义茂，但到现在还没有你能吃的来，糊重的东西要带，就得带真好的。乖！你候着吧，今年总叫你吃着就是。"

陆小曼的费用是惊人的，当时她母亲曾向人叹苦经说："每月至少得花银洋

五百元，有时高达六百元……"如果按一银元抵现在五十元计算，这个数字相当于现在两万多元，令人咋舌。她常常包订剧院、夜总会等娱乐场的座席，还频频光顾豪华的一百八十一号赌场，到丽娃丽达村去划船，去"大西洋"、"一品香"去吃大菜等。

陆小曼的干女儿何灵琰回忆道：

> 干娘真是会玩，还带我们去著名的一百八十一号赌场，那是一所私人大花园洋房，楼上下布置华丽，灯火通明，客人们全是当时社交场合中有名气的人物。我对赌当然一点也不懂，只记得客人可以随意点东西吃，不必付钱，干娘给我点了罐头桃子（现在才知道是美国市场上最便宜的水果罐头），那是我第一次吃那样的桃子，觉得好吃得很。
>
> 最可笑的一次是干娘夫妇跟翁干爹（其时何灵琰也认翁瑞午为干爹）等带了我们母女去了一处所在，那是一所很旧很暗的石库门房子，天井中停了包车，客堂间各种菊花堆积如山，有很多高高矮矮的姑娘出来招待，好像还吃了一顿酒席，问母亲：这是什么地方？这些姑娘是干什么的？母亲瞪了我一眼说："小孩子，少问！"问干娘她们，却又都笑而不答。直到读到了朱子家先生所写的《春江花月夜》，才知道那是幺二堂子一年一度的菊花大会，任何人全可以去摆酒请客，想是干娘好奇，所以去看看，但是带了五岁的孩子逛堂子，也算是很荒唐的事了。（《我的义父母——徐志摩和陆小曼》。原载美国《中报》。转引自《众说纷纭陆小曼》，柴草编，山西古籍出版社2006年1月版，第一百五十九页）

由于陆小曼的病，由于徐申如的拒绝接纳，由于鸦片的侵蚀及生活环境的影响等诸多原因，陆小曼变得娇慵、懒惰、贪玩，浑没了当初恋爱时的激情，她似乎不再是一个有灵性的女人。她每天过午才起床，在洗澡间里摸弄一个小时，然后吃饭。下午作画、写信、会客。晚上大半是跳舞、打牌、听戏。她还常常借马路边书摊上的小人书看，借以消磨时间。

徐志摩为了使妻子心喜，就一味迁就她。虽然在口头上常常婉转地告诫陆小曼，但效果不大。婚后徐志摩的父亲徐申如对陆小曼极度不满，在经济上与他们夫妇

小曼

一刀两断,徐志摩要从父亲处拿钱是不现实的。因此,他不得不同时在光华大学、东吴大学、大夏大学三所学校讲课,课余还赶写诗文,以赚取稿费,但如此仍不够陆小曼的挥霍。

沉浮于表面的光鲜中,总的来说,陆小曼在那几年的大部分时间,并没有做到如徐志摩想象的那样,在文学、美术方面勤创作、下工夫。在懒散和病体的推托中,陆小曼在人群中,在舞场上,在宴会上,在烟榻上,在男人和女人的恭维声中,把时光轻轻送走了。

而在社交圈里,陆小曼却和上海滩名媛唐瑛交相辉映。她们都爱美,也能穿出品位和风格。在美术家江小鹣的协调下,以唐瑛和陆小曼为号召力,由徐志摩、张禹九等人合股在1927年8月创办了中国第一家妇女服装公司——云裳公司(云裳公司于1927年8月7日,阴历七月初十开幕。地址位于上海静安寺路一二二号,今南京西路,电话四五一一九),奇怪的是这家公司的总经理居然就是徐志摩的原配夫人张幼仪。张幼仪此时已过了与徐志摩分手的阵痛期,相反激发了她自立奋斗的决心,而她与徐志摩的关系也由夫妻转成朋友,反而自然起来。徐志摩也对自强自立的张幼仪刮目相看。虽然,陆小曼对张幼仪以前是有疙瘩的,在1926年2月,徐志摩回海宁硖石征求父亲对他和陆小曼成婚的意见,徐父要张幼仪回海宁把她与徐离婚的事当面说清楚,但张迟迟未从北京动身,让身在硖石的徐志摩和在北京的陆小曼十分苦恼。在陆小曼的日记里这样写:

> 前天早起就被Lily约去七号吃饭,饭后同去玩清宫,幼仪也在,我不高兴极了……幼仪我看比我好,真奇怪你为甚么不爱她?她现学问比我也好得多,只是我二人不容易做朋友的,我是无所谓,她看了我心里总有点了味儿,女人的心里我还不知道么?(《小曼日记》稿本,1926年2月19日。《陆小曼文存》,柴草编,山西出版集团·三晋出版社2009年12月版,第二百五十三页)

但现在的状况是陆小曼得到了徐志摩,而且在徐志摩父亲征询张幼仪意见时,张很爽气,没有制造障碍,因此,陆小曼也渐渐改变了对张幼仪的看法。

而在张幼仪心里，因为陆小曼并不是拆散她和徐志摩的"元凶"，所以她对陆并无埋怨之情绪。她曾说："我对陆小曼并没有敌意，她和徐志摩之间发生什么事，是他们的事，因为我已经和他离婚了。陆小曼晚我三年离婚，那个时候中国已经变得很不一样了，为了自由恋爱，离婚成了时髦风气。她能够和她丈夫离婚，改嫁徐志摩，我为她高兴。"（《小脚与西服》，张邦梅著，谭家瑜译。台湾智库文化有限公司2003年4月第二版，第一百九十三页）在徐志摩和陆小曼迁居到上海后，经常会碰到张幼仪及徐、张的儿子徐积锴（小名阿欢）。徐志摩有一次就问张幼仪："你想阿欢应该怎么称呼小曼好？叫'娘'怎么样？"

张幼仪尽管心里不太好受，但还是说："随你高兴，只要阿欢愿意那么叫她就好。"可是后来徐志摩要十岁的儿子阿欢叫陆小曼"二娘"时，阿欢不肯，而且一直对陆小曼敬而远之。

云裳之名，据说是张禹九取的。取自唐代大诗人李白《清平调》中的一句诗"云想衣裳花想容"中的"云裳"二字。吴湖帆为公司题匾，江小鹣任公司的艺术主任。张家除了张禹九和张幼仪参与其事外，张幼仪的妹妹张嘉蕊也在公司里担任服装设计师。陆小曼和唐瑛则是公司的兼职王牌模特。陈定山在《唐瑛与陆小曼》一文中说："唐瑛、小曼为云裳台柱。二人的美，可以玫瑰幽兰来做比方。玫瑰热情，幽兰清雅；热情的接近学生界，清雅的接近闺门派，以此云裳生涯鼎盛，而效颦者踵起。"在1927年8月，《上海画报》多次对云裳公司及陆小曼进行宣传，如8月6日，画报上刊登陆小曼穿着云裳公司做的新装照片；8月12日，画报上刊登了一张照片，边上说明写道"云裳公司发起人徐志摩陆小曼伉俪合影"；同日画报上还载有一篇丹翁写的词《如梦令——题陆小曼女士新装小像》，词云：

云裳尔许丽都，花容月下谁如？晚装楼十里，甚帘敢卷真珠。仙乎仙乎，一进瑜亮唐家。

由于徐志摩等名人的号召力，陆小曼、唐瑛等名媛的代言及张幼仪等精明能干的经营，一时间，穿"云裳"品牌成为上海女性的向往。

◇ 位于上海环龙路十一号（今南昌路）的徐志摩、陆小曼花园别墅

◇◇ 位于上海四明新村的徐志摩、陆小曼故宅

◇ 陆小曼与陆家女眷

小曼

◇ 徐志摩夫人陆小曼

◇ 徐志摩夫人陆小曼

◇ 小曼为云裳公司作模特时所摄

◇ 云裳公司成立时徐志摩与陆小曼合影

◇◇ 唐瑛和陆小曼（左）在云裳公司门前留影。《天鹏画报》1927年第十三期载

要穿最漂亮的衣服
到雲裳去
要配最有意識的衣服
到雲裳去
要想最精美的打扮
到雲裳去
要個性最分明的式樣
到雲裳去

雲

雲裳是上海唯一的婦女服裝公司 特聘藝術圖案刷染縫級名師承辦 社交喜事跳舞家常旅行劇藝電影 種種新異服裝鞋帽等件一切裝 飾品定價公道出品快捷特設試衣 室化裝室美麗舒適得未曾有歡迎 參觀

靜安寺路斜橋對過 電話西五一九號

◇《上海画报》上关于"云裳"的广告

十四
夫妻渐生分歧

  徐志摩陆小曼为什么会走在一起？这是一个很难的问题。除了徐志摩的才华横溢，除了陆小曼的妩媚可人，还有什么？我想有一点肯定是有的，那就是他们"心有戚戚焉"。徐志摩的堂侄徐炎把他俩的共性归为三点：一是爱国主义思想；二是文艺天赋；三是爱情应重视精神基础的情爱观。这是很有道理的。关于徐志摩的爱国思想，从徐志摩的《府中日记》、《启行赴美文》等文章及资助丁玲出逃等事件可以看出（笔者曾有专文《徐志摩的爱国情怀》在香港《文汇报》1999年9月26日上发表），陆小曼在《遗文编就答君心》一文中讲："那时他不满现实，他也是一个爱国的青年，可是看到周围种种黑暗的情况，他就一切不闻不问，专门沉浸在爱情里面。"陈从周在香港版的《徐志摩全集》序中说："对他的作品，对他的诗一般的人生，对他的爱国之心，只能用'好处无一言'以了之。"陆小曼的爱国情怀在本书中也有多处体现。两人的文艺天赋不用多说，都是天才式的人物。正因为两人的情爱观基本相似，才使他们有足够的勇气和毅力去与封建社会抗争，与家长制抗争，与流言抗争。

  分开来看，徐志摩和陆小曼在性格上都是有优势的。徐志摩是人人的朋友，对朋友极好，没有心机，总有像火一样的热情；陆小曼有良好的修养，且为人宽厚、真诚、敢作敢当，对朋友家人都很照顾。但待朋友极好的两个人结成夫妻，却会产生一些摩擦，甚至彼此伤害。

徐志摩和陆小曼在生活习惯上和兴趣爱好上的不同是明显的，这些不同在恋爱时就初露端倪，只是当时两人皆为爱情所陶醉，而忽视了彼此的差异。徐志摩虽然也参加社交，但他喜欢清谈，不喜欢无聊的应酬；而陆小曼在与王赓结婚前，就以"交际"出名，当然这里的交际并没有很多的贬义，只是说她早年就喜欢玩儿，喜欢各种场合的聚会，与王赓结婚后依然如此，不断地赶场子。徐志摩更喜欢静，喜欢创作，捕捉灵感；而陆小曼虽然很有灵气、才气，但她总是喜欢热闹，享受安逸，偏于懒散，意志力不强。徐志摩喜欢大自然，喜欢旅游；陆小曼虽则也喜欢大自然，但她不喜欢跑，她喜欢在房子和房子之间来去，这或许跟她的身体长年犯病有关。这一些事例的差异就必然会造成他们夫妻间的一些矛盾。

早在1925年8月，徐志摩的日记中已有这样的语句："为什么你不肯听我的话，连极小的事情都不依从我——倒是别人叫你上哪儿你就梳头打扮了快走……你这无谓的应酬真叫人不耐烦，我想想真的气，成天遭强盗抢。"(《爱眉小扎》1925年8月20日。引自《徐志摩未刊日记》，徐志摩著、虞坤林编，北京图书馆出版社2003年1月版，第一百九十二页)

又如，8月27日的日记中这样写："我不愿意你过分'宠物'，不愿意你随便花钱，无形中养成'想要什么非要到什么不可'的习惯；我将来决不会怎样赚钱的，即使有机会我也不来，因为我认定奢华的生活不是高尚的生活。爱，在俭朴的生命中，是有真生命的，像一朵朝露浸着的小草花；在奢华的生活中，即使有爱，不能纯粹，不能自然，像是热屋里烘出来的花，一半天就有衰萎的忧愁。"

上述记录很明确地告诉我们，在当时两人已有习惯上的分歧，并不是陆小曼结婚以后才染上这些习惯而最终导致他们婚姻的不美满。所以从这个层面上来说，婚后的不幸福两人有着同样的责任。

陆小曼为什么会染上这样贪玩、浪费的毛病呢？这跟她的出身、家庭很有关系。陆小曼是生长在一个官僚、银行家的家庭里，可以说有钱又有地位。她是家里仅有的一个小孩，父母宠爱，逐渐养成高傲、奢华的生活习气。据说学生时代的陆小曼出手就十分豪爽，偶尔有事外出乘坐人力车，路虽很近，她总是给一元大洋，因此她的大名，连人力车夫都知道。加上在教会学校受教育，在社会上接触一些上层人物，因此慢慢地就形成当时称之为"名门闺秀"的气派。陆小曼自己也曾在《小曼日记》中写道："可叹我从小就是心高气傲，想享受别的女人不容易享受

得到的一切，而结果反成了一个一切不如人的人。"(《小曼日记》1925年3月11日。引自《陆小曼文存》，柴草编，山西出版集团·三晋出版社2009年12月版，第一百六十二页)后来陆家中道败落，没有那么多钱可以花了，但是陆小曼的大手气是改不过来了，并直接导致了徐志摩苦恼的一个因素，也成为他们矛盾成因的一部分。

到1926年的农历十二月，也就是他们刚从硖石到上海不久，徐志摩在经历了新婚短暂的欢欣后，就感受到了那种不舒服的感觉。在《眉轩琐语》中说："我想在冬至节独自到一个偏僻的教堂里去听几折圣诞的和歌，但我却穿上了臃肿的袍服上舞台去串演不自在的'腐'戏。我想在霜浓月淡的冬夜独自写几行从性灵暖处来的诗句，但我却跟着人们到涂蜡的跳舞厅去艳羡仕女们发金光的鞋袜。"(《眉轩琐语》1926年12月27日。引自《徐志摩未刊日记》，徐志摩著、虞坤林编，北京图书馆出版社2003年1月版，第二百二十三页)

再看徐志摩在1931年3月19日自北平写给陆小曼的一封信，我们可以完整地看出，这样的一种情况几乎是一脉相承的，始终伴随着他们俩，让他们心伤，让他们矛盾。信中说："我守了几年，竟然守不着一单个的机会，你没有一天不是engaged（已订婚的、已订约的），我们从没有privacy（隐私、秘密）过。到最近，我已然部分麻木，也不想（向）望那种世俗幸福。"

从这段文字可以看到，陆小曼当时与徐志摩已是过着不正常的夫妻生活了，在一般夫妻看来很平常的事，比如一块儿聊聊天，散散步，有些个亲热的小举动等等，在他们来说已是奢望。陆小曼已经成了"大众情人"，她给那些朋友带来欢乐，却给自己的丈夫带来了痛苦。这可能跟陆小曼一贯的一个观点有关——她总是重朋友轻夫妻的。她曾写："S说，男女的爱一旦成熟结为夫妇，就会慢慢地变成怨偶的，夫妻间没有真爱可言，倒是朋友的爱较能长久。这话我认为对极了。"(《小曼日记》1925年3月17日。引自《陆小曼文存》，柴草编，山西出版集团·三晋出版社2009年12月版，第一百六十五页)这虽然还是她与王赓在婚时的言论，却也反映了她的一种观点。在1925年农历八月廿七的《爱眉小扎》中，徐志摩曾告诫陆小曼："受朋友怜惜与照顾也得有个限度，否则就有界限不分明的危险。□□小的地方要防，正因为小的地方容易忽略。"但陆小曼始终没有注意到这方面的"限度"，她对朋友是诚恳厚道，朋友对她也是关怀备至。这无形中就给丈夫徐

志摩一种不小的压力,尽管在徐志摩生前,陆小曼始终未做出真正对不起徐志摩的事,但她的这种做法无形之中早已伤害了有着敏锐感觉的诗人。

陆小曼也曾有过小心和拘束。1931年上海的一位记者(简称"记")曾去四明村访问过她(简称"陆"),后谈话内容刊在当年的《时代》第二卷第四期上,现辑录部分如下:

> 记:随便谈谈?
>
> 陆:我近来连门都不出,什么事也不知道,谈不出什么新鲜的来。
>
> 记:能谈谈交际社会的感想吗?
>
> 陆:我已许久不去了。
>
> 记:连"大华"的时装会也不去了吗?
>
> 陆:没有去……我现在可以说真难得跳一二次了,因为我真怕去跳跳又跳出些废话来,交际实在不是件容易的事,一疏忽就得罪人,得罪人就容易招人怪惹人骂,有时不幸还要引出别的事来,我又是个心直口快的人,举动也不大当心的,所以倒还不如闭门家中坐,可以省不少事。
>
> 记:那你不闷么?
>
> 陆:也没有什么,凭我这岁数也该静静了,我看近来的青年比我们当年舒服得多,我当年未嫁的时间,每到礼拜要想看一次电影也是很费事的,东请愿,西要求,才得许出一次门,你看现在的青年!行动多自由呀!社交又公开,比着我们十年前真是享福多了!
>
> (记者按:小曼女士讲到此,忽然内屋射出一声粗大的声音说:曼你又说上了劲了,回头又该嚷头痛了,并且记者先生……说话的当然是志摩诗人,我知道不便再多讲,劳人家的神,只得将这小小的谈话就此结束了。)

陆小曼有她的苦衷。她在和王映霞聊天的时候就吐露过婚后生活的苦恼。她说:"照理讲,婚后生活应该过得比过去甜蜜而幸福,实则不然,结婚成了爱情的坟墓。志摩是浪漫主义诗人,他所憧憬的爱,是虚无缥缈的爱,最好永远处于可望而不可即的境地,一旦与心爱的女人结了婚,幻想泯灭了,热情没有了,生活便变成白开水,淡而无味。志摩对我不但没有过去那么好,而且干预我的生活,叫我不

要打牌，不要抽鸦片，管头管脚，我过不了这样拘束的生活。我是笼中的小鸟，我要飞，飞向郁郁苍苍的树林，自由自在。"

陆小曼讲得不是没有道理。胡适曾经讲过："徐志摩追求的是'爱、自由和美'三者组成的'单纯信仰'的实现。"他的单纯的信仰其实就是浪漫的爱，说得窄一点儿，就是在追求美丽女子中得以实现。他本人也有过多次的表白：爱是他个性的标志，爱是他精神世界占辖统治地位的主题，恋爱是生命的中心和精华。在这样的指导思想下，他爱过许多美丽的女人——林徽因、凌叔华、陆小曼等等。陆小曼成了他的第二任妻子，可他对林徽因、凌叔华仍念念不忘，始终与她们保持一种亲密的关系。这一点对已是他妻子的陆小曼来说，也有比较大的伤害。陆小曼在与徐志摩恋爱的时候，虽被甜蜜的爱情牵制不能自拔，但也曾几度犹豫，这从她的日记稿本中能清晰地看出来。她一直以为徐志摩认林徽因为"女神"，徐是追求林未果转而在她那里求安慰。她写道：

我这两天灰心极了，在他（指徐志摩）身上亦不想有多大的希望，他的心里的真爱多给了她（指林徽因）了，我愈想愈不当来破入他那真情破网里。

他虽然失意，可是他的情仍未死，我为甚么去扰乱他……（《小曼日记》稿本1925年3月12日。引自《陆小曼文存》，柴草编，山西出版集团·三晋出版社2009年12月版，第一百九十七页）

虽然陆小曼感受到徐志摩对她的浓得化不开的热情，但她还是担心：

他呢！他真爱我么？尊敬我么？我老怕人不敬重我，那是最使我伤心的。叔华说，当初你们都看不起我的。咳，若是他曾经没有看得起我，现在我何必要他爱我呢？况且他亦爱过她（菲）（菲，即徽的谐音。指林徽因）的，人家多不受。得啦，我的心是最软软不过的……（《小曼日记》稿本1925年3月15日。引自《陆小曼文存》，柴草编，山西出版集团·三晋出版社2009年12月版，第一百九十九页）

即使是凌叔华，也是陆小曼比较的对象：

小曼

> 昨日去叔华家谈了一下半天，知道你寄给她你作的文章，你为甚么不寄点给我呢！我的学问虽则是不好，可是我的心最好强的，你可千万不要看不起我，人家看不起我比甚么都难过。我知道你是爱我的，我心里很觉得安慰，只是你对我终没有对她们那一般的情，清夜里想起来使我心酸。

后来，陆小曼与凌叔华成为很好的朋友。徐志摩曾说过："陆小曼有句话我不敢说，这个女人是很奇怪的女人，实际上是和凌叔华同样的人，不过彼此不承认是同样的女人。"（转引自叶公超《新月旧拾——忆徐志摩二三事》，载《难忘徐志摩》，昆仑出版社2001年5月版，第一百九十六页）也许正是因为她们两人有相似之处，才惺惺相惜吧。凌叔华很欣赏陆小曼的勇敢，因此后来也坚持把徐志摩交给她保管的日记文稿等还给陆小曼（后由于胡适出面讨取，只能交给胡适，后来部分日记不知所踪）。她也认为把徐志摩的死归咎于陆小曼是不公平的。至于林徽因，则一直是陆小曼心头的结。从这个角度上来说，两人是彼此伤害的，或者说两人处理与异性之间的方式伤害了对方。

而陆小曼所担心的别人看不起她的感觉是真实存在的。在她与徐志摩恋爱时，新月社的朋友们就对陆小曼比较轻视，他们认为陆小曼和林徽因在学术和文学修养等方面都是没法相比的，只是徐志摩坚持着。梁启超仗着长辈只是把对陆小曼的轻视明着在婚宴上表达了出来。事实上，陆小曼当时一直未能融入徐志摩的学术交往圈，她只是顺着自己的爱好唱戏和社交。而"戏子"在当时是被文化人轻视的。徐志摩失事后，他的朋友大多和陆小曼不相往来。相反的，陆小曼反倒是依着徐志摩的心思，在文学、绘画及翻译上用起功来了。

到后来，志摩的家庭对小曼采取一种越来越不肯接纳的态度，也深深刺伤了陆小曼的心。陆小曼含着眼泪对王映霞说："徐家公婆把志摩与幼仪的离婚，归咎于我，这是天大的冤枉。他们离婚是在1922年，我与志摩相识于1924年，其间相隔两年，他们的事完全与我无关，但他们对我不谅解，公公视我如仇人。映霞，我是在矛盾中生活，也是在痛苦中生活。'问君能有几多愁，恰似一江春水向东流'，我以最大的勇气追求幸福，但幸福在哪儿呢？是一串泡影，转瞬之间，化为乌有。"陆小曼把一部分的怨气发到了徐志摩的身上：你们家不肯接纳我，我为什么一定

要好好地给你们做媳妇?

不管是什么原因,她在上海的这一段社交生活以及她以往在北京时就以交际闻名这样一个事实,使得陆小曼这个名字在人们的心目中和"交际花"连在了一起。比如海峡两岸联合投拍的《人间四月天》也把陆小曼设计成一个"交际花"的形象。其实,这是一个错误,或者说这是一个错觉。所谓"交际花",大多是水性杨花,无所谓名节,她做的事往往对不起自己的丈夫。小曼固然意志薄弱,但她在志摩在世时并未与翁瑞午有实际上的瓜葛;在志摩死后,她为了不使翁瑞午的发妻无法生存,与翁约法三章,不跟他正式结婚,宁愿负不明不白之名。而且志摩死后,她也不再出去交际,只始终在家看书,以编徐志摩的书或画画来打发日子,过着清贫的生活。而且,所谓"交际花",一般是想方设法要去花别的男人的钱,而陆小曼在徐志摩生前交际始终花的是自己的钱,故此才搞得徐志摩经济紧张。

陆小曼的堂侄孙邱权(邱权是陆小曼堂侄女陆宗麟的儿子)在接受中国艺术研究院张红萍采访时以自己的亲身经历谈了他的看法。他说:"我姑婆非常注重礼节。吃鱼的时候,她耐心地告诉我,鱼刺要吐成一堆。吃饭时,她告诉我,第一筷不要夹荤菜。说话不要声音很大,千万不要用手指别人,那是非常不礼貌的。她哪里是电视剧中交际花的做派?她说话声音很低、很轻柔。"(见《众说纷纭陆小曼》,柴草编。山西古籍出版社2006年1月版,第二百七十二页)

而且,陆小曼是不慕富贵的。如果她只爱富贵,她就不会放弃当时已很有地位和前途的王赓,去和一个没有经济支持的穷教授(徐志摩)结婚;如果她爱富贵,她就不会在徐志摩死后就不再去力争徐家当初分给她的资产;如果她爱富贵,她就不会拒绝宋子安的邀请……她自己也曾在日记里透露自己的心声:"其实我是不慕富贵的,也不慕荣华,我只要一个安乐的家庭,如心的伴侣……"(《小曼日记》出版本1925年3月11日,引自《陆小曼文存》,柴草编,山西出版集团·三晋出版社2009年12月版,第一百六十二页)陆小曼晚年的好友,女画家玄采薇也说:"我觉得张幼仪重财,陆小曼重艺。我举个例子:当时在范园的两座房子,一座是张幼仪的,一座是徐家的,解放后,张幼仪的儿子到上海来,想要回这两幢房子,但是陆小曼根本就没有要过。作为徐的儿媳妇,她可以继承遗产,她放弃了。"(丁言昭《玄采薇与张幼仪陆小曼的友谊》。见《世纪》2006年第五期)

梁实秋也说:"陆小曼是聪明人,大家所公认。她一向被人视为仅仅交际场中的一个名人，这是不公道的。她有她较为高尚的一面……她并不自甘于堕落。听说以后她戒绝了鸦片，在绘画方面颇为用功，证之陈从周先生所说：'她画的山水，秀润天成，到晚年则渐入苍茫之境。'更足以令我们相信她已脱胎换骨，有了完全不同的风貌。"（《陆小曼的山水长卷》，选自《梁实秋杂文集》，中国社会出版社2004年1月版）

陆小曼也曾在生前对别人说她是"舞女"、"交际花"之类的话加以反驳。1962年2月，由全国政协文史委员会编辑、中国文史出版社出版的《文史资料选辑》第二十二辑上刊登了沈醉的一篇文章——《我所知道的戴笠》，里面提到陆小曼，说她是舞女。原文是这样的：

戴笠指示这两个任务时，我不了解后一个任务的性质，曾好奇地问过他，为什么对自己部队的将领还这么不放心？他便举了一个例子说，在"一·二八"上海战争期间，便有一个旅长王赓和死去了的名诗人徐志摩的爱人陆小曼闹恋爱。陆当时为上海的红舞女，王追求陆挥金如土。最后因无钱可化而带着作战地图去投日本人。

读到这段文字时，陆小曼已年届六十了。她想不到时间过了那么久，还会有人拿这件本就子虚乌有的陈年往事来说她，并把她说成是一个"红舞女"。陆小曼十分生气，她随即对沈醉的文章作了回应，把沈醉驳斥一顿，题目是《关于王赓》，该文刊登在1962年9月出版的《文史资料选辑》第三十辑上：

最近读到了沈醉先生在《文史资料选辑》第二十二期第八十页所写的《我所知道的戴笠》一文中有一段："在'一·二八'上海战争期间，便有一个旅长王赓和死去了的名诗人徐志摩的爱人陆小曼闹恋爱。陆当时为上海的红舞女，王追求陆挥金如土。最后因无钱可化而带着作战地图去投日本人。"这一段写得与实际情况不符，所以我想将事实谈谈。

先谈一下王赓这个人。他是美国西点陆军大学毕业的，对军事学有一定的修养，据说对于打炮尤特有研究。但是他的个性怪僻，身为武夫而又带着浓厚的文人气息，所以和当时军界要人的人事关系相处得很不好，因此始终郁郁不得志。我十九岁时,在"父母之命"之下与他结了婚,但感情一直不好。沈醉先生那二篇文章所提的"一·二八"事件的时候,我已经与王赓离婚了好几年,并且已与志摩结婚多年了。就是那一年里,志摩乘飞机在山东遇难的。我那时正因病缠绵床第,在四明村病了好几个月,也没有去过礼查饭店(因为那时外界也有谣传,说我避难在礼查饭店)。更谈不到甚么上海红舞女云云。

其实王赓向日本人投降也是受诬陷的。当时王赓并不在部队里,而且应宋子文之邀,去主持盐务缉私的军警事宜。后来因十九路军缺少一位有经验的炮手,王赓被宋子文请去,让他帮助部队提高炮兵水平。但王赓去了以后,还是老打不准日军总司令部,所以王赓非常着急。

1932年2月的一天,王赓去美国驻沪领事馆找他在西点军校同班的一个同学,那位同学是一等参赞,也是炮手出身。据陆小曼回忆,是全球闻名的辛普森太太的丈夫。那天王赓是骑了一辆破自行车去的,谁知骑到外白渡桥时,车坏了。他想反正下桥就到,就下车走过去。其实那时领事馆已搬家,王赓又粗心又着急又是高度近视,硬是没注意到。王赓急急走到他认为是美国驻沪领事馆的门口,等他定睛看时,却发现有一个日本兵在站岗,他不觉一惊,转身就跑。他的慌张引起了日本兵的注意,更看到他里面的军装,就如临大敌,结队向他追赶。他慌不择路,逃到附近的礼查饭店,但还是被日本人抓住了。但王赓还算冷静,知道自己带的公文包里有机密文件和作战地图,被日本人拿走就完了。因此,他借口这里是租界,日军不能随便捕人,必须要去捕房去办手续。于是,他们到了虹口巡捕房,王赓要捕房把他的公文包扣留下来,然后他才让日本人将他带走。后经上海市政府抗议和协调,日军才将王赓释放。但因为涉及王赓是否泄露军事秘密,南京政府命令把王赓押解到南京,详加审问。

王赓一被抓到南京,社会上就有各种流言说王之所以把作战地图献给日军是为了弄钱。而之所以要弄钱,是因为和前妻陆小曼旧情复燃,要讨好陆小曼。流言传到陆小曼家里,陆小曼非常生气,这既是关系到她的私人生活,又关系到民族气节。所以,她一定要弄清楚这件事。当时她委托堂兄陆耀昆去南京向王赓问个明白。于是陆耀昆专程去南京,在监狱里向王赓问清楚了事情的来龙去脉。

为了澄清事实,陆小曼于1932年的3月24日在《晶报》上发了一篇小文,名为《陆小曼的一封信》，前面还有编者按："故徐志摩君夫人陆小曼女士，近有人传与王赓仍时往还。女士昨致函本馆，嘱为刊布。为录于左。"陆小曼写道：

大雄先生阁下：（即《晶报》主持人余大雄）

　　久不聆教，甚系下怀。兹有一事，烦请先生在贵报借我寸地，赐予披露，则不胜感激之至。曼自去年志摩遇难，心碎肠裂，万念俱灰，一病月余，今始初离药炉。近为志摩编排遗稿，及学习书画等事，朝夕埋头于纸墨之间，足不出户者已有数月，几不知槛外为何世矣。□□各报因竞载王赓被捕事，间有涉及曼之处，不胜骇异。窃曼与王赓离异6年，至今绝无往来，而各报有谓曼仍与王青鸟往还。又有谓曼向各方营救王赓，甚至有谓与彼重赋同居之雅。此种捕风捉影之谈，无非好事者所为，本不足一辩。唯恐各界误听讹传，名誉所关，万难缄默。素仰先生为志摩至好，望将此信即日披露，以释群疑，存殁□感。只颂撰安，陆小曼谨启。

后来由于各种证明及虹口巡捕房的公文包等证件，才算查清这个案子，但王赓仍被羁押两年左右。据1934年5月30日的《新闻报》报道，王赓的罪名是擅离职守，贻误戎机。报道之前刚恢复自由。

美国普林斯顿大学方撰写的王赓的传略中也为王赓的这一事件鸣冤："他被日本人扣押并恐吓将他作为一个间谍枪毙。后来他也受到中国军事法庭审讯并判决枪毙。大家都了解王赓是诚实的，错只错在他不该去，大家也都知道王赓成了替罪羊，他不应被处死。监牢一年后他被释放，继续任职税警总团。"我们从中也可以看出，王赓曾经就读的母校对他是相信并充分理解的。（苏晓康《中国式的"玉碎"——普林斯顿大学档案中的王赓》，台湾《联合报》1997年4月11-12日副刊）

王赓的这件事情，其实跟陆小曼一点关系也没有。但人出名了，要被人说；女人出名了，更有无聊的人编着故事说三道四，尤其在私生活方面。古往今来，皆是如此。

◇ 徐志摩斜依枝上

◇◇ 陆小曼与两位同伴在树上玩耍

◇ 徐悲鸿绘陆小曼像

◇ 慰劳会戏剧主干陆小曼

◇◇ 陆小曼新装照

◇《天鹏画报》1927年第十四期所刊载的陆小曼照

◇◇《骆驼画报》1928年第四十五期所刊载的陆小曼照

十五
陆小曼的好戏及风波

陆小曼到上海后,很自然地又迷上了听戏和演戏。这个爱好是她从小就养成的。陆小曼曾讲:"唱戏是我最喜欢的一件事情,曾学过几折昆曲,京戏我更爱看,却未曾正式学过。"(《自述的几句话》,刊于1927年8月《上海妇女慰劳会剧艺特刊》上。)她和志摩在谈恋爱的时候,就经常光临北京的各大戏院,在北京时曾为新月社闹新年演过《春香闹学》。她虽不是科班出身,但她天资聪慧,勤于钻研,擅长京剧、昆曲,也能演皮簧。所以当时有些阔太太为募捐赈灾义演,常常要请陆小曼出山。1927年8月5日,在恩振亚大戏院,陆小曼演了昆曲《思凡》,与唐瑛合演了《拾画叫画》,又与江小鹣、李小虞合演了压轴戏《汾河湾》。大家对陆小曼的演出十分叫好,说她饰演《思凡》中的小尼姑"扮相果然美妙,嗓音更是清晰动听,台步和做工,都出于自然,伊的表情,亦能达到妙处";合演的《汾河湾》"陆小曼是最好的一个,伊的京剧艺术,似乎比昆曲还要好"(金华亭、蒋剑候《妇女慰劳会之剧艺》,载《党军》上海妇女慰劳北伐前敌兵士会纪念特刊,1928年5月上海中华书局出版)。周瘦鹃看过陆小曼的排练,对她的表演尤为"欢喜赞叹"。他在《小曼曼唱》一文中是这样评价的:

这回妇女慰劳会请诗人徐志摩先生的夫人陆小曼女士表演《思凡》。徐夫人本是个昆剧家,而于文学和艺术上都有根柢的。在排演时,我曾去参观,不由得欢喜赞叹，觉得伊一颦一笑、一言一动、一举手一投足之间，都可以显出这小尼姑是个佛门中富有浪漫思想的奇女子、革命家，不再是那种太呆木太平凡在佛殿上念佛修行的尼姑了。要是召集了普天下的比丘尼，齐来领略小曼女士的曼唱，我知道伊们也一定扯了袈裟、埋了藏经、弃了木鱼、丢了铙钹，纷纷下山去寻那年少哥哥咧。像这样的唱和演，才当得上神化二字，才值得我们的欢喜赞叹。

当时的《上海画报》对她的这几天演出大加报道，如有一位记者写的《记唐陆钱三女士》（《上海画报》1927年8月3日，第二百五十九期）中这样写道：

陆小曼女士，是诗人的夫人，所以也做得很好的诗，平日最爱研究文学和戏剧，曾译一部《海市蜃楼》（不日由新月书店发行）。在译著余暇，喜欢唱京戏、学青衣、宗程砚秋，歌喉很好。近来专习昆曲，能戏已不少。本月5日表演《思凡》和《汾河湾》，在妇女慰劳会中。

在其后的8月9日，《上海画报》又刊载了一篇署名"吕弓"的文章《慰劳会之趣见闻》，文中对唐瑛和陆小曼的演出极尽夸奖：

唐瑛女士演新剧佳矣，孰意其演昆曲尤佳，《拾画叫画》至为难演之戏，女士演来已臻化境，使人只觉活泼不觉枯燥。陆小曼女士昆乱俱擅，《思凡》和《汾河湾》体贴戏情，前后俨若两人，《思凡》状情实初开之尼僧，《汾河湾》写极目天涯之忠妇，均曲曲入微。

据陆小曼自述，她之所以答应参加募捐义演，一是妇女慰劳会发起者的"盛情难却"，二是慰劳北伐前敌兵士"当得效劳"。陆小曼成天生病，又时值酷暑，"每回一练戏就头昏，一上装就要呕"，但她还是拼命地排练。这一切，徐志摩都看在眼里，痛在心里，并毫不避嫌地称赞陆小曼是这次义演仅亚于唐瑛"最卖力气"的一个。

陆小曼于戏剧表演颇有一些心得和体悟。当时她写了一篇短文《自述的几句

话》，发表在《上海妇女慰劳会剧艺特刊》上。她说："演戏决不是易事：一个字咬得不准，一个腔使得不圆，一只袖洒得不透，一步路走得不稳，就容易妨碍全剧的表现。演者自己的自信心，观众的信心，便同时受了不易弥补的打击，真难！"这可谓是经验之谈。在该文中，陆小曼还对戏剧基本原则和某些新戏失败原因发表了自己见解，同时她还大化笔墨表述了她为何会选《思凡》和《汾河湾》两出戏来演，文字中也时时透着她的谦虚。

这本《上海妇女慰劳会剧艺特刊》于1927年8月由上海大东书局印制，内收发起人照、主要演员便装、戏装照三十余张，另有徐志摩《小言》、洪深《戏剧与时代》、余上沅《唐瑛的扇子》、周瘦鹃《小曼曼唱》、鄂呂弓《谈汾河湾》等文，负责宣传的黄梅生在《勘校以后》说道：

> ……一星期前和志摩伉俪谈起，他俩十分赞成。和江小鹣君商议后，我们便分工进行了。所以这本特刊能出版，志摩伉俪应居首功的。

在这本特刊上，刊登了陆小曼两幅生活照和三幅剧照。两幅生活照，一是手持折扇半身照，下题"陆小曼女士（昆曲部主任）"；一是身着旗袍全身照，下题"陆小曼女士"。三幅剧照包括陆小曼女士之思凡（一）、陆小曼女士之思凡（二）、江小鹣君与陆小曼女士之汾河湾。

一时之间，在上海的上流社会中，不分男女，都想一睹陆小曼的风采，且每次义演，不管有多少名角，一定推她压轴。

小曼不仅自己喜欢演戏，还着力提携后人，先后有十几个戏子被她捧红。1928年，陆小曼发表两篇"推荐"后辈的文章，一篇是《请看小兰芬的三天好戏》（载《上海画报》1928年4月3日第三百三十八期），她在文中极力推荐从北京来的京剧演员小兰芬，也借机阐述了她对戏子特别是女戏子的看法，她认为女子演戏是极正当的一个职业并且会越来越受到尊重；另一篇是发表在1928年11月27日《上海画报》（第四百一十六期）上的《马艳云》，陆小曼极少见的用文言文来写作该文，主要介绍了女戏子马艳云的来历和唱功特点，文中对马艳云赞赏有加。

磊庵先生在《聪明自误的陆小曼》中说：

惟她喜欢评剧倒是真，尤喜欢捧坤伶，先后有小兰芬、容丽娟及马艳秋、马艳云姊妹，花翠兰、花玉兰姊妹，姚玉英、姚玉兰姊妹，袁美云、袁汉云姊妹等多人，均受过她的扶掖。其中马艳云、姚玉兰、袁美云，几乎全是她捧红的。她平日泼撒已惯，对于捧角，更是一掷千金，毫无吝啬。（原载台湾《联合报》1957年8月7、8、9日。转引自梁实秋《谈徐志摩》。见《难忘徐志摩》，韩石山编，昆仑出版社2001年5月版，第一百六十六页）

陆小曼出演的戏剧（部分）一览

剧名	演出时间	地点	备注
春香闹学	1925年初	北京某剧院	与徐志摩合演
思凡	1927年	上海恩振亚大戏院	
拾画叫画	1927年	上海恩振亚大戏院	与唐瑛合演
汾河湾	1927年	上海恩振亚大戏院	与江小鹣、李小虞合演
贩马记	1927年	上海夏令匹克大戏院	与江小鹣等合演
玉堂春	1927年	上海夏令匹克大戏院	与徐志摩、翁瑞午等合演
奇双会	1927年	上海夏令匹克大戏院	与翁瑞午、胡仲龄、江小鹣等合演

由于陆小曼的好戏，徐志摩也勉为其难，妇唱夫随，有时也凑个角色。

有一天，徐志摩教书回家，陆小曼就迟迟疑疑地对他说："刚才瑞午来过了，要叫我去演一场义演，在夏令匹克大戏院，戏名叫《玉堂春》。"

徐志摩说："你喜欢，你就去吧！"

陆小曼说："志摩，我要你和我配戏，演王金龙。"

"什么？"徐志摩连连摇手说，"不行，不行，你知道我不会唱京戏，更何况去演主角，我不去。"

陆小曼知道要志摩演王金龙是难为他了，她留好了第二步："那么你一定要去演一个角色，这是瑞午他们和我一起商量的，一定要拖你这个大诗人去，也是给小鹣的天马会撑个门面。"

徐志摩微一沉吟，就答应了。一是爱妻要求，二是想到好友江小鹣初办天马会，

给他去捧捧场，也是一件好事。但是他提出了要求："我只能去演个蓝袍。好吗？我的爱妻。"

就在《玉堂春》开演前不久，《上海画报》登载了《陆小曼女士的青衣》，这篇文章同样是吕弓写的。文中对陆小曼的好戏、多疑及徐、陆之间的关系进行了调侃：

> 我在上期的本报，看见陆小曼女士一张倩影，我想起她两件轩渠的故事，写下来供诸君一粲。女士倜傥风流，有周郎癖，天赋珠喉，学砚秋有酷似处，一天在吴经熊博士家相遇，吴瞉余为女士操琴，歌玉堂春，自摇板起至原板止，女士将"十六岁……"两句截去，余初则疑女士忘词，既及思女士未便启齿耳。又某夕，为吴博士生日，女史与夏禹飑君对唱武家坡，至（旦白）"哎呀苦命的夫吓"一句，女史说至"苦"字忽中断，及立于门首探视徐志摩先生的动静如何，时徐适在外间，众观女史之形态，莫不捧腹大笑，徐志摩先生，仿小楼的白口，斯晚歌连环套，颇得个中三昧，嗓亦洪亮自然，此一对玉人，同好，又同志，其伉俪间的乐趣，必较常人高胜一筹也。

1927年12月7日，《玉堂春·三堂会审》在上海夏令匹克戏院上演了。天马会共安排了两天节目（6日、7日），压轴戏都是陆小曼的，第一天是《贩马记》，第二天是《玉堂春》。具体戏目如下：

> 第一天：《捉放曹》（江小鹣、吴老圃），《狮子楼》（裘剑飞），《御碑亭》（苏少卿、翁瑞午），《拾画叫画》（唐瑛），《群英会》（俞振飞、朱联馥、袁寒云、鄂吕弓），《贩马记》（陆小曼、琴秋芳、江小鹣）；
> 第二天：《战樊城》（郑曼陀），《拾玉镯》（戎伯铭），《鱼藏剑》（苏少卿），《追韩信》（朱联馥），《罗成叫关》（陈小蝶），《藏舟》（袁寒云），《三堂会审》（陆小曼、翁瑞午、江小鹣、徐志摩）。（陈定山《春申旧闻》。转引自《徐志摩与陆小曼》，刘心皇著，花城出版社1987年10月版）

为了小曼，徐志摩勉强来了。但老实说，这是他心里所不愿的。他百无聊赖地坐在桌后，可是他穿着靴子的脚，总是不由自主地伸到桌帏外面，引得观众的哄笑。而陆小曼则演得很好——开演后，一声"带犯人"，台侧立刻响起一个女声"苦啊……"，陆小曼唱得温婉动人。据陈巨来《陆小曼·徐志摩·翁瑞午》（《万象》1999年第一卷第五期）一文中说："当时演出时还闹了个笑话。剧中苏三上堂跪见按院大臣王金龙时，王骤见旧情人即犯妇，头晕不能理案了。当时苏三带下，当堂请医为王金龙诊病，此医生照例是个哑巴，诊毕即下。那天晚上演医生的是漫画家张光宇，先在台下问我：我做这丑角，可否有法子引座客哄堂一笑吗？我说：有、有，但哑巴须破例开口，只要诊毕后，对两个配角说：'格格病奴看勿来格，要请推拿医生来看哉。'张光宇在剧中果然照此说了，当时观客哄堂大笑，一出悲剧几乎成了闹剧。"由此可见，当时别人已敢在公开场合开这样的玩笑，这至少可以说当时陆小曼确实和翁瑞午走得很近，而且徐志摩在表面上还表现得比较大度。

翁瑞午（1899—1961），江苏常熟人。本名恩湛。其父翁绶琪（字印若）历任桂林知府，以画鸣世，擅画桂林山水，又善医，喜用石膏，故有"翁石膏"之称。翁绶琪有三房妻子，翁瑞午的母亲张氏是他的第三任妻子。翁瑞午的家中鼎彝书画累筐盈橱。陈巨来说："瑞午少时美丰姿，推拿学于民初扬州大名家丁凤山，故悬牌为医后，声涯至佳，廿余岁即自备汽车出诊者。"（《万象》1999年第一卷第五期）翁瑞午少年多病，是由丁凤山推拿好的，后为他就拜丁为师学习推拿，学得还很不错。据说他可以一下拍碎数块砖，也可以拍碎中间的一块。他会唱京戏、昆曲，擅演花旦、青衣，又会画画和鉴赏古董，还做房地产生意，是一个文化掮客，被胡适称为"自负风雅的俗子"。

翁瑞午的长相、在事业上的成就、当时的声望等方面，当然不能和徐志摩相比，但他有他性格上的优势。他很会花言巧语，人很活络也很风趣。他喜欢唱戏、画画，与陆小曼可以说意味相投。翁瑞午的京剧和昆曲都是延名师教的。梅兰芳先生在《舞台生活四十年》中说："中国有两位京剧名票，北为蒋君稼，南为翁瑞午。"可见翁瑞午当时享有一定的声誉。他攻旦角，由于个子较高的缘故，他就采取程砚秋的办法，屈腿走台步，平时在双膝间夹铜板走场子。陆小曼天性爱美，又喜作画，翁瑞午便投其所好，时时袖赠名画，以博其欢心。慢慢地，翁瑞午就在陆小曼的朋友中占了比较特殊的地位。

徐志摩夫妇从北京到上海不久，就通过江小鹣与翁瑞午相识，并经常串门，相约一起登山游湖。如1927年清明时分，还是新婚的徐志摩夫妇刚到上海不久，就约了翁瑞午一起去杭州游西湖，一起同游的还有胡仲龄父子。胡仲龄也是当时上海戏剧界的干将，曾与翁瑞午合演《宝莲灯》《奇双会》等。这次是徐志摩和陆小曼先到海宁硖石扫墓，次日由硖石去杭州和翁瑞午他们会合的。这也是陆小曼第二次到硖石。（《眉轩琐语》，1927年三月十七日，农历："清明日早车回硖石，下午去蒋姑母家。次晨早四时复去送除帏。十时与曼坐小船下乡去沈家浜扫墓……次日早车去杭，寓清华湖。午后到即与瑞午步游孤山。"查1927年农历三月十七，公历是4月18日。徐志摩却说是清明日，费解。或许是徐志摩补记前几天清明节的情况。另有1928年之说，如陈从周编的《徐志摩年谱》、韩石山编的《徐志摩全集》等。但查1928年，对应的公历是5月6日，更对不上清明日了。况且《眉轩琐语》的写作时间是1926年8月至1927年4月，故此处采用1927年之说。）徐志摩并未吸取王赓的教训。当初也正是由于王赓工作忙，经常请徐志摩陪陆小曼玩儿，才惹出徐志摩和陆小曼的情事来。现在徐志摩又拉翁瑞午参与他们夫妇间的旅游，其实是一个很大的失策了。

在杭州，他们玩了三潭印月、北山、玉泉、灵隐、龙井等处，陆小曼的兴致非常高，连下雨天也不愿意放弃：

十时过尹默来，而雨注不停，曼颇不惬，即命与出游。先吊雷峰遗迹，冒雨跻其巅而赏景焉。（引自《眉轩琐语》1927年三月十八日，农历。引自《徐志摩未刊日记》，徐志摩著，虞坤林编，北京图书馆出版社2003年1月版，第二百二十六页）

翁瑞午与陆小曼的进一步靠近是由于陆小曼的病。陆小曼的美和病是相伴而来的。在徐志摩的《眉轩琐语》里，徐志摩多次提到陆小曼的病让他十分头痛："曼昨晚又发跳病痒病，口说大脸的四金刚来也！真是孩子！"（《眉轩琐语》1927年四月十四日，农历。引自《徐志摩未刊日记》，徐志摩著，虞坤林编，北京图书馆出版社2003年1月版，第二百二十八页）"曼的身体最叫我愁。一天二十四小时，她没有小半天完全舒服，我没有小半天完全定心。"（《眉轩琐语》一九二七年一月

一日,农历。引自《徐志摩未刊日记》,徐志摩著,虞坤林编,北京图书馆出版社2003年1月版,第二百二十四页)徐志摩对陆小曼的身体非常挂心,但他毫无办法,只有多挣些钱让陆小曼这个药罐子买药吃。陆小曼主要是哮喘、胃病,心脏也不好。徐志摩遍访名医,但仍效果不佳。徐志摩请翁瑞午来推拿,想不到效果不错,每次推拿后,陆的病痛就会大减。据翁瑞午的长女翁香光回忆,她九岁时经常由父亲带去徐府出诊,亲眼见父亲为陆小曼推拿,每次推拿后,陆小曼的病痛就会得到缓和,她的脾气也会转好。陆小曼的表妹吴锦也回忆说,小曼长年东病西痛,只要翁一推拿,曼的肠胃就好了,大便通了,心也不慌了,安心安睡了。为此徐志摩十分感激翁瑞午。后来,当别人说闲话时,翁瑞午就理直气壮地说:"我到那里,是徐志摩请去的。"

上世纪三四十年代的上海名医陈存仁曾回忆道:"陆小曼患的是严重的胃病,常常作西子捧心的剧痛,经我诊治后渐渐痊愈。当时座中有一位世家子弟,叫做翁瑞午,以推拿术治理她的疾病……"(陈存仁《我的医务生涯》,载台湾《大成》第三十期)

据陈定山《春申旧闻》载:"陆小曼体弱,连唱两天戏便旧病复发,得了昏厥症。翁瑞午有一手推拿绝技,是丁凤山的嫡传,他为陆小曼推拿,真是手到病除。于是,翁和陆之间常有罗襦半解,妙手抚摩的机会。"

陆小曼在翁瑞午给自己推拿治病的时候,就问他:"瑞午,你给我按摩确实有效,但你总不可能时时刻刻在我身边啊,在你不在的时候万一我发病的话,你有什么办法呢?"翁瑞午想了一下,就对陆小曼说:"有是有办法的,但这个办法是没有办法的办法,不到万不得已是不好采用的。"

陆小曼连问是什么办法,翁瑞午就说:"吸鸦片。"

陆小曼一听是这个馊主意,就大骂瑞午害人。但是后来看到翁瑞午老是在吸,而且很有味道,自己又老是要犯病,就控制不住,慢慢地吸上了。她自己也知道这是一个坏习惯,一旦上瘾,就无法控制自己。她和翁瑞午两人,便常常一起在客厅里的烟榻上隔灯并枕,吞云吐雾。她曾与王映霞讲起过吸鸦片的原因和神奇作用:

吃鸦片烟不是一件好事,我也偶一为之而已。我是多愁善病的人,患有

心脏病和严重的神经衰弱，一天总有小半天或大半天不舒服，不是这里痛，就是那里痒，有时竟会昏迷过去，不省人事。在北平时，曾经住过一年多医院，简直把医院作为我的家了。喝人参汤，没有用；吃补品，没有用。瑞午劝我吸几口鸦片烟，说来真神奇，吸上几口就精神抖擞，百病全消。"

说到陆小曼的病，这里顺便插上一段陆小曼表妹吴锦的回忆："陆小曼所受的病痛是常人无法想象的，从二十多岁到六十多岁，她每次大便都相当困难，在徐志摩死后，我和陆小曼生活在一起，就由我帮她用香油灌肠才得以排便。当时香油很紧缺，为了少排便、少麻烦，她尽量节制饮食，其中的苦绝非三言两语就能讲清的。"（此段回忆为笔者于2001年9月在常州采访吴锦时记）正是因为陆小曼的病异常痛苦，所以才有后来的翁瑞午按摩治病和抽鸦片，可以说，陆小曼的病在她与徐志摩的婚姻生活中起到了相当强的导向作用，阻碍了两人正常夫妻生活的开展，也促使两人矛盾产生。

就在《玉堂春》在沪上演后不久，12月17日，《福尔摩斯》小报（1926年7月创刊。是一份专载大报不敢载的"社会秘闻"的小报）刊出了署名"屁哲"的下流文章，标题为《伍大姐按摩得腻友》。全文如下：

诗哲余心麻，和交际明星伍大姐的结合，人家都说他们一对新人物，两件旧家生。原来心麻未娶大姐以前，早有一位夫人，是弓叔衡的妹子，后来心麻到法国，就把她休弃。心麻的老子，却于心不忍，留那媳妇在家里，自己享用。心麻法国回来，便在交际场中，认识了伍大姐，伍大姐果然生得又娇小，又曼妙，出落得大人一般。不过她见遇心麻之前，早已和一位雄赳赳的军官，一度结合过了。所以当一对新人物定情之夕，彼此难免生旧家伙之叹。然而家伙虽旧，假使相配，也还像新的一般，不致生出意外。无如伍大姐曾经沧海，她家伙也似沧海一般。心麻书生本色，一粒粟似的家伙，投在沧海里，正是漫无边际。因此伍大姐不得不舍诸他求，始初遇见一位叫做大鹏的，小试之下，也未能十分满意，芳心中未免忧郁万分，整日价多愁多病似的，睡在寓里纳闷，心麻劝她，她只不理会。后来有人介绍一位按摩家，叫做洪祥甲的,替她按摩。祥甲吩咐大姐躺在沙发里,大姐只穿一身蝉翼轻纱的衫裤,乳峰高耸,小腹微隆,姿态十分动人,祥甲擅袖捋臂,徐徐地替大姐按摩,一摩而血脉和、再摩而精神爽,三摩则百节百骨奇痒难搔。那时大姐觉得从未有这般舒适,不禁星眼微荡,妙姿渐热,祥甲哪里肯舍,推心置腹,渐渐及于至善之地,放出平生绝技来,在那浅草公园之旁,轻摇、侧拍、缓拿、徐搔,直至大姐一缕芳魂,悠悠出舍。此时祥甲,也有些儿不能自持,忙从腰间挖出一支短笛来,作无腔之吹,其声呜呜然,啧啧然,吹不多时,大姐芳魂,果然醒来,不禁拍桌叹为妙奏。从此以后,大姐非祥甲在傍吹奏不欢,久而久之,大姐也能吹笛,吹笛而外,并进而为歌剧,居然有声于时。一时沪上举行海狗大会串,大姐登台献技,配角便是她名义上丈夫余心麻,和两位腻友:汪大鹏、洪祥甲。大姐在戏台上装出娇怯的姿态来,发出凄婉的声调来,直使两位腻友,心摇神荡,惟独余心麻无动于衷。原来心麻的一颗心,早已麻木不仁了。时台下有一位看客,叫做乃翁的,送他们一首歪诗:诗哲当台坐,星光三处分,暂抛金屋爱,来演玉堂春。

这是一段极其下流并恶意中伤的文字。无疑,文中的余心麻影射徐志摩,伍大姐是陆小曼,汪大鹏是江小鹣,洪祥甲是翁瑞午,海狗会是天马会。

徐志摩看到这样一段文字后非常苦恼,虽然,徐志摩表面上是大度的,他有一套哲学为之辩护,说男女的情爱,既有分别,丈夫绝对不许禁止妻子交朋友。何况芙蓉软榻,看似接近,只能谈情,不能做爱,所以他也不加干涉。但他毕竟是一个普通人,一个爱妻子的丈夫,他的内心是十分混乱痛苦的,也常存怀疑和猜忌。这在徐志摩1931年3月19日给陆小曼信中谈到对陆小曼吸烟及与翁瑞午的关系时,可以看出他的内心看法:

前三年你初沾上瘾的时候,我心里不知有几百个早晚,象有蟹在横爬,不提多难受。但因你身体太坏,竟连话都不能说,我又是好面子,要做西式绅士的,所以至多只是短时间绷张一个脸,一切都忧在心里……招惹了不少浮言,我亦未尝不私自难受,但实因爱你太深,不惜处处顺着你……

徐志摩一直苦恼的这件事现在居然被人放在小报上极尽渲染，他更觉得失了面子。而在陆小曼，这则消息也是对她的一种污辱，她非常气愤。虽然说事情发生后法院已以攸关风化为名处罚示儆，但是志摩夫妇及江小鹣、翁瑞午四人觉得处罚太轻了，就向法院提起刑事诉讼，起诉的对象是《福尔摩斯》小报的编辑吴微雨和作者平襟亚。

1928年1月10日，法庭公开审理此案。主审法官为周觉先推事。旁听者大都是文艺界人士，先是双方律师辩论。

原告律师董则民说，被告自登载这篇文章后，捕房因其妨碍善良风俗提起公诉，虽已处罚，然此案情节迥别，不能适用一案不得两控的原则，故被破坏名誉之人仍有控诉的权利。查其文内所记之余心麻即影射徐志摩，汪大鹏影射江小鹣，伍大姐影射陆小曼，洪祥甲影射翁瑞午，海狗会影射天马会。若统观全文，再将天马会演剧之剧目单所列人名核对，加以推测，未有不天然巧合，使人心领神会，连类而想及文中诸人，即本案之各原告也。被告公然伤害四位合法公民，应受刑事处分，请予按刑律三百六十条办理。

被告未出庭，由詹纪凤、陈则民两律师代理出庭辩护。

詹律师以该报所载《伍大姐按摩得腻友》一文，既经捕房公诉，处罚被告罚金，按之刑事诉讼条例三百四十条第二项之规定，同一事件不得向同一法院做再度控诉，此项控诉条例国民政府未予取消，当然有效，请求驳回原告之起诉。此为本案之先决问题。原告律师倾所诉者，及本案之内容。诉讼程序未决定之前，根本谈不到实际法律运用，所以必须先行解决其起诉之合法与否。事后詹纪凤告诉平襟亚，是他利用了民国"一案不再审，一事不再罚"的法律规定，先于徐志摩陆小曼上诉之前化钱请捕房提起公诉，控告平襟亚等散布猥亵文字。法庭审理后认为罪名成立，判平襟亚罚款三十元。案件就算审理完结。几天后陆小曼等就同一件事提起诉讼，法庭就不会再受理了。

陈律师辩护理由，注重于诉讼主体错误一点，文内所记人名为余心麻、汪大鹏、伍大姐等，并无一语涉及徐志摩、江小鹣、陆小曼诸人，纵使文字中有侮辱谩骂情事，然亦与徐等无关风马，假使有人骂董则民而我不能强自认定彼乃骂我陈则民。所谓吹皱一池春水，干卿何事？而况法律系严格的，不能授引比附，以"莫须有"三字故定人罪，诉讼主体犹未构成，何能起诉，应请驳斥不理。

果然如詹律师所料，周推事详加审核之下，以本案与捕房所诉同一事实，不便再予受理，当庭驳回，并谕知原告人，如欲要求赔偿名誉损失，应另行具状向民庭起诉。

后来此事便不了了之。可此事带给徐志摩和陆小曼的伤害是可想而知的，此事使他俩的关系渐趋紧张。而陆小曼并不因此事放弃交际，放弃与翁瑞午、江小鹣等人的来往，她太重朋友了。

该文作者平襟亚，名衡，笔名秋翁、襟霞阁主、网蛛生，江苏常熟人。早年当过乡村小学教员，只身到上海后靠为报刊投稿为生。他写成《中国恶讼师》一书，颇适合小市民口味，出版后竟一鸣惊人。后来办《开心报》，因讽刺女词人吕碧城，被吕向法庭起诉，潜居苏州写出长篇小说《人海潮》，出版后轰动一时。一年后重返上海，开办中央书店，相继出版《人海新潮》《人心大变》《秋斋笔谭》等著作。四十年代初创办《万象》杂志，极受欢迎。解放后，平襟亚任上海评弹团顾问，从事弹词写作，编创了长篇弹词《三上轿》《杜十娘》《情探》等。还被聘为上海文史馆馆员，"文革"中受冲击，丧失记忆力，双耳失聪。1980年，八十六岁的平襟亚去世。

1946年出版的《飘》第三期第十一页上，刊登平襟亚给出版社的一封信，取名为《秋翁疑是陆小曼，一番情意可感》，里面提及当年他与陆小曼等打官司的情形，并向徐志摩陆小曼等四人道歉："二十年前她虽曾和她的丈夫暨翁君、江小鹣君等人，向法院告我一状，可是当时虽然是他们败诉的，但毕竟我的不是。我写了一篇《伍大姐按摩得腻友》，她们才起诉的，我内疚于心。"他还表示要将获得的该刊赏金转赠给陆小曼。因为在此之前的《飘》杂志，刊登了一幅年轻女子的侧面像，悬赏十万元奖励猜中画中人姓名的读者。襟亚看到照片，一下子就认出她是陆小曼。襟亚知道陆小曼因吸食鸦片的缘故，境况很不佳。"现在她头童齿豁了，谁知她二十年前丰姿曼妙？使我见着兴美人迟暮之叹。"平襟亚要求编辑通知翁瑞午，他愿转赠这十万元赏金，给小曼买些需要的东西。

其实平襟亚和陆小曼在此之前也有一次间接的接触，1942年陆小曼曾在平襟亚创办的《万象十日刊》第二期、第三期上发表过《文房四宝的来历》一文，那是在《万象》做编辑的陆小曼好友周炼霞向陆小曼约稿的。在此之后，平襟亚在1949年2月编辑出版《作家书简》，收录了徐志摩、朱自清、郁达夫、丁玲等

七十四位作家的书信，全部真迹影印。其中收有一封是陆小曼在徐志摩去世后写的信（联系出版徐志摩全集事宜）。这些我们都可以看作是平襟亚对陆小曼歉意和善意的表示。

1928年5月30日（农历四月十二），徐志摩的父亲徐申如过五十六岁生日，没有要陆小曼参加，对陆小曼又是一个打击。徐志摩难违父命，带了袁汉云、袁美云两姐妹去硖石唱戏三天。

不久，徐志摩为了让妻子散心，与小曼同游西湖，这次同行的还有徐志摩的忘年交叶遐庵（恭绰），他是徐志摩好友叶公超的叔父。但游玩并没有减轻他们夫妇间的矛盾。

1928年6月，徐志摩因心情不好，再次旅欧并去印度，此次出国与银行家王文伯同行。他公开的原因是去看望老朋友，尤其是要去印度和泰戈尔团聚几天；不好说的原因是，他太痛苦了，因为家庭。他还是选择像三年前一样的方式来处理，来逃避。但三年前是迫于社会，如今却是迫于家庭。当然他也希望和妻子暂时的疏远，可能会唤回她迷离的心。在徐志摩1931年3月19日给陆小曼的信中，他提到了当初他为什么去国外的理由："我决意去外国时是我最难受的表示。但那时万一希冀是你能明白我的苦衷，提起勇气做人。我那时寄回的一百封信，确是心血的结晶，也是漫游的成绩。但在我归时，依然是照旧未改；并招来了不少浮言。"

文中所说的一百封信，指的是这次徐志摩赴欧以及印度时在途中或所在地写给陆小曼的信，其中有一些是写途中的感受，有一些是劝陆小曼摆脱现有生活的语句，有些则是国外的风景和风情介绍。在短短的半年时间内，能写上上百封信，这说明徐志摩确实还是深爱着陆小曼，时时刻刻都在牵挂着她。如1928年6月18日写自东京途中的信中说："你无时不在我切念中，你千万保重，处处加爱，你已写信否？……我知道你不喜欢我说哲理话，但你知道你哥哥爱是深入骨髓的。我亲吻你一千次。"而陆小曼似乎对徐志摩已不再关怀，徐出远门，她也不帮着整理行装，也不送他动身，像一个被惯坏了的不成熟的大孩子。等徐志摩11月中旬回来时，她还是老方一帖，并未改变她既定的生活方式，还是跳舞、唱戏、打牌，不画画，也不写作。相反，她与翁瑞午的关系越加密切，周围浮言更起。

1929年，陆小曼和翁瑞午等人去杭州参加西湖博览会，并游逛西湖（有说这

次旅游是在1932年春。但1931年11月徐志摩刚去世，陆小曼此时不可能有心情去杭州旅游。还有，何竞武虽是诸暨人，但从小在海宁硖石长大，和徐志摩既是好友又是同学，感情很深。所以在徐志摩死后，他对陆小曼恨之入骨，对翁瑞午也极为不满，如果是1932年的话，他肯定不会和陆、翁同游。而何灵琰回忆中提到西湖博览会，当在1929年）。陆小曼的干女儿何灵琰（何竞武的女儿）回忆道：

> 那年正赶上杭州的西湖博览会，干娘和翁干爹带我们去逛西湖，我初次领略到湖山风光，高兴万分。(《我的义父母——徐志摩和陆小曼》。引自《众说纷纭陆小曼》，柴草编，山西古籍出版社2006年1月版，第一百五十八页）

徐志摩没有同去，不知是何原因。这次同去的还有何灵琰的父母何竞武夫妇等。陆小曼、翁瑞午、翁香光、何灵琰四人有一张合影，从照片上看，陆小曼扎两个辫子，辫梢上还系了两只白色蝴蝶结，一副学生模样，非常清纯可爱。在何灵琰（网名"擦肩而过"）的"新浪博客"上还有一张九个人的照片，除了上述六人外还有丫环荷珍，还有两位年龄稍大的不知是谁。

陆小曼和翁瑞午尽管不是两个人单独旅行，但这样的接触，难免产生情感的堆积。更何况翁瑞午是有意识地去追求陆小曼，而陆小曼又是不计较别人言词，一个比较大度的女人。因此，外界对他们两人的风言风语更加多了起来。不过，陆小曼和翁瑞午虽然交往过密，但她内心还是深爱徐志摩的，只是由于她生性懒散，夹杂着对徐志摩父亲的反叛，才使得一时染上许多恶习。当然，这期间，陆小曼也有成绩，《卞昆冈》便是一项可观的成果。

◇ 陆小曼与唐瑛对戏

◇ 陆小曼所演《思凡》

◇ 陆小曼所演《汾河湾》

◇ 天马剧艺会中的陆小曼

◇ 徐志摩与小兰芬

◇◇ 陆小曼题字的小兰芬双影照

小曼

◇ 徐志摩、陆小曼杭州留影

◇ 翁瑞午

◇ 1928年,徐志摩与泰戈尔等人在印度

◇◇ 画家黄文农所作《翁瑞午、江小鹣、徐志摩、陆小曼演〈玉堂春〉》,1927年12月27日《上海画报》刊载

◇ 1932年春,陆小曼与友人在杭州。左起:何灵琰、陆小曼、翁香光、翁瑞午

◇ 发表于《万象》杂志上的陆小曼作品《谈文房四宝》

◇◇ 陆小曼文章:《自述的几句话》

十六
夫妇共结成果

1926年初,陆小曼开始和徐志摩酝酿创作五幕话剧《卞昆冈》。对《卞昆冈》,有人说全是徐志摩的功劳,陆小曼只不过是挂个名而已,其实并非如此。余上沅在《卞昆冈·序》中明明白白地告诉我们,陆小曼自有其一份独特的功劳。

> 他的内助在故事及对话上的贡献,那是我个人知道的,志摩的北京话不能完全脱去硖石土腔,有时他自己也不否认;《卞昆冈》的对话之所以如此动人逼真,那不含糊的是陆小曼的贡献——尤其是剧中女人说的话。故事的大纲也是小曼的。

唐弢先生也持相同意见,他评价该剧:"剧作的对白逼真动人,这是小曼的功劳。"
《卞昆冈》构筑了这样一个悲剧故事:卞昆冈对妻子青娥一往情深。青娥病故后,他和老母一起养育孩子阿明。阿明有一双酷似青娥的大眼睛,成为卞思念前妻的一个"窗口"。后来,为了更好地照顾阿明,卞昆冈娶了寡妇李七妹,但卞昆冈的心还在亡妻青娥那里,这使得李七妹十分忌妒。后来,李七妹在情夫的唆使下,用药毒瞎了阿明那对寄托着卞昆冈对前妻至爱的眼睛,随后他们又害死了阿明。卞昆冈也因此受不了打击而自杀。

《卞昆冈》一剧崇尚唯美,以"美、恋爱、死"作为全剧悲剧观念和悲剧创作的核心内容，从而使该剧更具悲剧内涵。该剧充分体现了徐志摩鲜明的唯美主义色彩，故事的框架却是小曼的。据说当时这个剧本是他俩依偎在梳妆台前，你一言我一语地演示、推敲，最后由徐志摩执笔完成。

《卞昆冈》于1928年4月10日至5月10日，在《新月》月刊一卷二期和一卷三期上连载。5月13日，余上沅主持，开始排演《卞昆冈》剧本。徐志摩在日记中写道："昨晚叫夏天拉去新新播音台作八分钟的英语演说，也是初次干的事儿。老孚来说，'慰劳会'要排演《卞昆冈》，拟以毛剑佩去李七妹，王泊生去卞昆冈，顾宝莲去阿明，萧英去老敢，郑正秋去瞎子，请（余）上沅导演。"（"去"即扮演，指扮演戏剧中的人物）后来因为徐志摩出国，演出之事搁了下来。

1928年7月，《卞昆冈》由新月书店出了单行本，陆小曼时年二十五岁，这许是陆小曼文艺生涯中真正意义上的第一部书，尽管是和徐志摩合作的。在当时的《新月》月刊上有这样的广告：

> 中国戏剧社丛书之一　《卞昆冈》　徐志摩、陆小曼合著　定价四角半
>
> 徐志摩先生的诗文我们都读过了，但是我们还没有读过他的戏剧；陆小曼女士的昆曲皮簧我们都听过了，但是我们还没有读过她的戏剧。《卞昆冈》这篇五幕悲剧，便是我们鉴赏他俩的戏剧的一个绝好机会。
>
> 这篇戏剧曾经分期在《新月》上发表过，但这单行本是著者又细心修改过的，与初出世时很有不同。我们处处看得出修改的进步。加之余上沅先生又给这本书写了一篇序，徐志摩先生自己又写了一篇跋，他们是请读者到"后台"去参观了。
>
> 近来中国戏剧界沉闷极了，《卞昆冈》的印行，我们相信可以发生不少的重大影响。

单行本出版以后，1928年12月1日出版的《狮吼》第十一期上，曾有这样一条排演的消息：

> 徐志摩陆小曼合著的剧本《卞昆冈》，不久将由戏剧协社等编排公演。这是一出很难排练的戏。单就对话上讲，那种口齿伶俐的人物便不容易找到。

我们等着看吧。

但是，这条消息过后，就没了声息。直到1931年，又有排练《卞昆冈》的消息。余上沅主持的"北平小剧院"参与此事。他找了王泊生、万籁天等担当主角。余上沅在《戏剧界里的徐志摩》一文中谈到排练时的情景：十月间练习开始了，志摩亲自到了，他那时兴高采烈，还替人念老太太的对话，念瞎子老周的对话。三十年代，上海龙马影片公司还把《卞昆冈》改编搬上了银幕，男女主角分别由王元龙（兼导演）、雪明珠担任。2000年上海话剧艺术中心、青年话剧团、上海现代人剧社又投排此剧，上海戏剧学院和上海复旦大学人文学院共同参与，由知名学者陈思和、丁罗男担任文学顾问，周可、姜涛担任导演，上海话剧艺术中心的夏志卿和刘婉玲分饰男女主角。该剧于10月下旬在上海美琪大戏院上演，说明《卞昆冈》在现代社会仍有极强的生命力。

在与徐志摩创作《卞昆冈》期间或稍早前，陆小曼还翻译了意大利的戏剧《海市蜃楼》。关于《海市蜃楼》，笔者觉得在此有进一步说明的必要。在徐志摩《巴黎的鳞爪》（1927年8月出版）单行本封底有"本店新书出版"介绍，上面有陆小曼译的《海市蜃楼》。1927年8月3日，《上海画报》刊登一位记者写的《记唐陆钱三女士》，文中也说："陆小曼女士，是诗人的夫人，所以也做得很好的诗，平日最爱研究文学和戏剧，曾译一部《海市蜃楼》（不日由新月书店发行）。"在1928年7月《卞昆冈》单行本出版时，余上沅作的《序》中，余上沅提到："不知是什么缘故，志摩和小曼都和意大利的戏剧发生了一种关系，即志摩译过《死城》，小曼译过《海市蜃楼》。或许是偶然的罢，他俩最近合作的《卞昆冈》，在我个人看，也仿佛有一点意大利的气息。"但是，尽管是有凭有据，但笔者查了上海图书馆、上海戏剧学院、浙江图书馆，访问了陆小曼的表妹吴锦、陆小曼的堂侄女陆宗麟的家人，均未能找到《海市蜃楼》的踪影。《海市蜃楼》似乎真的成了海市蜃楼，平白消失了。

1928年，陆小曼还曾译过一篇英国的小文章《萤火虫》，是嘉耐德（Richard Garnett）的作品，这也是目前我们所能见到的唯一一篇陆小曼的译作。该译作发表于该年4月21日上海《中央日报》文艺思想特刊上。文后有徐志摩附注：

小曼

近来小曼一提笔就嚷头昏,要她写成一点东西实在不是易事。那天浩徐来,要我替中央附刊留心文稿。我随口说让小曼给译点小说吧。浩徐倒是不含糊,他一回去就接连着派人拿信来催稿。这回小曼可急了,要我给她想法,替她临时抱佛脚。她说长的她没有力气译,"贫相"的她又不愿意译。这倒是个难题目。我想了好久才想起 Richard Garnett 那本《the Twilight of the Gods》。果然翻着了这篇《萤火虫》,正好!文章短,意味深,再好也是没有的了。

在1927年一年中,徐志摩把自己辛勤劳动的成果都奉献给了爱妻陆小曼。这就是:

(一)《曼殊斐儿小说集》(译本)。北新书局出版。上写:"一本纯粹性灵所产生,亦是为纯粹性灵而产生的书。"曼殊斐儿是徐志摩最敬仰的女人,丽质照人,高雅圣洁。送给小曼一本曼氏的小说译本,一方面是对小曼情爱的表示,另一方面,也是对小曼的一种劝勉。

(二)《巴黎的鳞爪》,1927年8月新月书店初版。徐志摩专门写了一篇"序"给小曼,"序"不长,列下供大家欣赏。

这几篇短文,小曼,大都是在你的小书桌上写得的。在你的书桌上写得的,意思是不容易。设想一只没遮拦的小猫尽跟你捣乱:抓破你的稿纸,踹破你的墨盂,袭击你正摇着的笔杆,还来你鬓发边擦一下,手腕上龈一口,偎着你鼻尖"爱我"的一声叫又逃跑了!但我就爱这捣乱,密甜的捣乱,抓破了我的手背我都不怨,我的乖!我记得我的一首小诗里有"假如她清风似的常在我的左右",现在我只要你小猫似的常在我的左右!

你又该撅嘴生气了吧,曼,说来好像拿你比小猫。你又该说我轻薄相了吧。凭良心我不能对你恭敬的表示谢意。因为你给我的是最严的批评(在你玩儿够了的时候),你确是有批评的本能,你从不容许我丝毫的"臭美",你永远鞭策我向前,你是我的字业上的诤友!新近我懒散得太不成话了,也许这就是驽马的真相,但是曼,你不妨到时候再扬一扬你的鞭丝,试试他这赢倒是真的还是装的。

徐志摩的这一篇序文中，不仅向我们演示了陆小曼可爱的形态，也表达了他对陆小曼的爱和宽容。对于这一段文字，陆小曼在后来的《云游·序》中有一个很好的回应：

> 当初他写东西的时候，常常喜欢我在书桌边上捣乱，他说有时在逗笑的时间往往有绝妙的诗意不知不觉驾临的，他的《巴黎的鳞爪》《翡冷翠的一夜》、《自剖》都是在我的又小又乱的书桌上出产的。书房书桌我了不知给他预备过多少次，当然比我的又清又洁，可是他始终不肯独自静静的去写的，人家写东西，我知道是大半喜欢在人静更深时动笔的，他可不然，最喜欢在人多的地方，尤其是离不开我，除我不在他的身旁。

（三）《翡冷翠的一夜》。这是徐志摩送给陆小曼的一本诗集，1927年9月新月书店初版。江小鹣设计书的封面。《给小曼》代替了该书的序文，"序"中有语："如其送礼不妨过期到一年的话，小曼，请你收受这一集诗，算是纪念我俩结婚的一份小礼……"

这三份珍贵的礼物给陆小曼，是徐志摩在这一时期的主要成就。虽然说陆小曼对徐志摩的作品不轻易夸奖半句，有时志摩自读自赞的话，她还要说他臭美，但她心底里对徐志摩的作品还是充满了崇拜。在1936年的《云游·序》中，她表达了自己真实的想法：

> 其实我也同别人一样的崇拜他，不是等他过后我才夸他，说实话他写的东西是比一般人来得俏皮。他的诗有几首真是写得像活的一样，有的字用得别提多美呢！有些神仙似的句子看了真叫人神往，叫人忘却人间有烟火气。它的体格真是高超，我真服他从什么地方想出来的。

本店出版新書

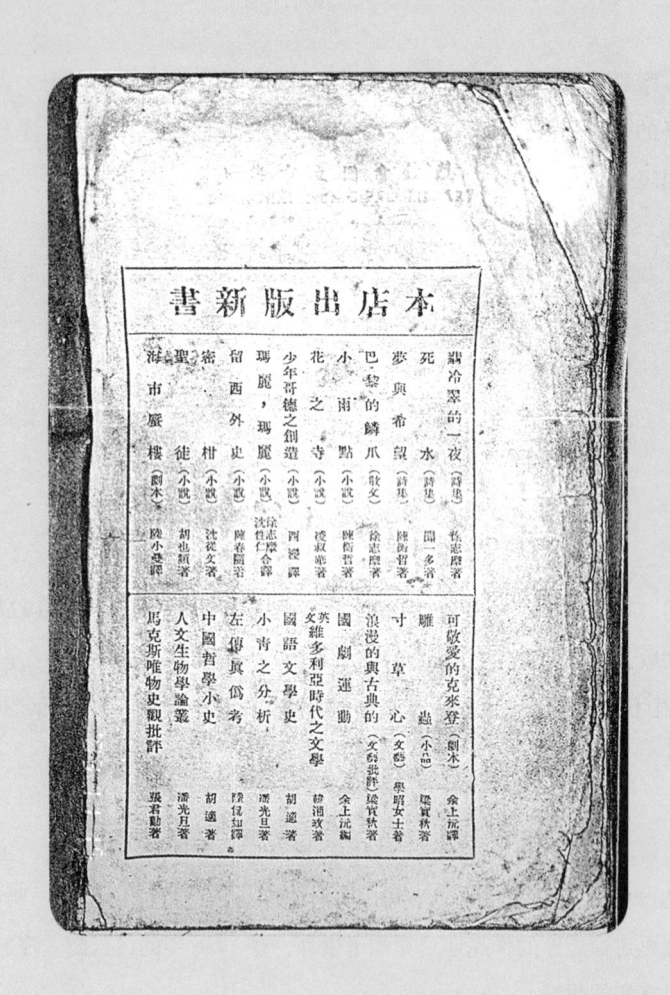

翡冷翠的一夜（詩集）	徐志摩著
死水（詩集）	聞一多著
夢與希望（詩集）	陳夢家著
巴黎的鱗爪（散文）	徐志摩著
小雨點（小說）	凌叔華著
花之寺（小說）	凌叔華著
少年哥德之創造（小說）	西瀅譯
瑪麗，瑪麗（小說）	徐志摩合譯 沈性仁
留西外史（小說）	陳春隨密
密柑（小說）	沈從文著
聖徒（小說）	胡也頻著
海市蜃樓（劇本）	陸小曼譯
可敬愛的克萊登（劇本）	余上沅譯
雛（小品）	梁實秋著
寸草心（文藝）	學昭女士著
浪漫的與古典的（文藝批評）	梁實秋著
國劇運動	余上沅編
英維多利亞時代之文學	韓湘玫著
國語文學史	胡適著
小青之分析	潘光旦著
左傳真偽考	陸侃如譯
中國哲學小史	胡適著
人文生物學論叢	潘光旦著
馬克斯唯物史觀批評	張君勱著

◇ 新月书店刊出的陆小曼译作《海市蜃楼》预告

◇《卞昆冈》书影

◇◇《卞昆冈》剧照

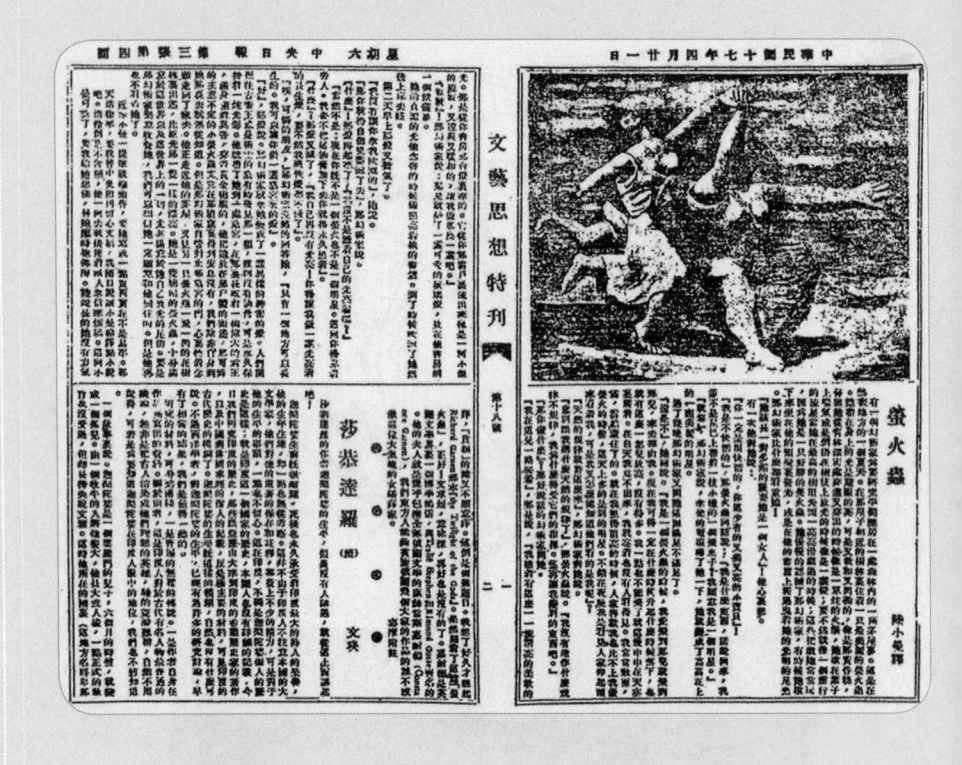

◇ 发表在《中央日报〈文艺思想特刊〉》上的陆小曼译作《萤火虫》

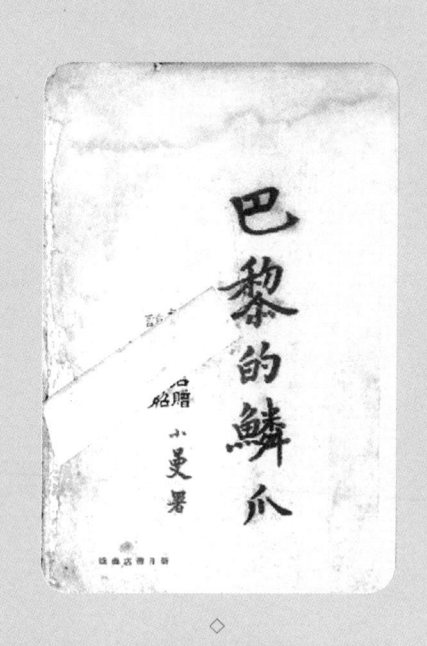

◇《巴黎的鳞爪》书影

◇◇ 徐志摩《翡冷翠的一夜》序文手迹

十七
相随泰翁身旁

自从 1924 年泰戈尔访华后,徐志摩和泰翁结下了深厚的友谊。但 1925 年去欧洲时没能碰到他,让徐志摩非常遗憾。1928 年 6 月,徐志摩再次欧游并转去印度,终于又一次见到了泰翁。1929 年 3 月,泰戈尔去日本、美国讲学,途经上海,在徐志摩家作客。泰戈尔这次来上海,主要是想去看望徐志摩和陆小曼夫妇。在这之前,泰戈尔知道了徐志摩和陆小曼的恋爱情形,非常赞成,劝他们继续为恋爱而奋斗,不要气馁。他们结婚后,老诗人一直来信,说要来看看小曼。这一次,泰戈尔事先来信说,这次拜访不要像上次那样,来华时让大家都知道,到处去讲演。他要静悄悄地在家住几天,做一个朋友的私访。大家谈谈家常,亲亲热热的像一家人,愈随便愈好。虽然泰戈尔这样讲,但陆小曼夫妇还是大动脑筋,陆小曼在《泰戈尔在我家作客——兼忆志摩》一文中说:

> 虽然他(指泰戈尔)是这样讲,可是志摩就大动脑筋了。对印度人的生活习惯,我是一点都不知道,叫我怎样招待? 准备些什么呢? 志摩当然比我知道得多,他就动手将我们的三楼布置成一个印度式的房间,里边一切都是模仿印度的风格,费了许多心血。我看看倒是别有风趣,很觉好玩。忙了好些天,总算把他盼来了。(载 1981 年《文汇》月刊第十一期)

3月19日，泰戈尔的船到达上海，徐志摩陆小曼以及胡适等人去码头迎接并直接把泰翁接到了自己家里。虽然陆小曼给泰戈尔的到来精心做了准备，可泰戈尔似乎并不领情，他对徐志摩布置的印度式房间不感兴趣，倒是对徐志摩和陆小曼中国风格的卧室很是喜欢。他说："我爱这间饶有东方风味、古色古香的房间，让我睡在这一间吧！"

泰戈尔就在陆小曼家里住了下来。他对陆小曼非常好，和蔼可亲，陆小曼说：

他是那样的自然，和蔼，一片慈爱的抚着我的头管我叫小孩子。他对我特别有好感，我也觉得他那一头长长的白发拂在两边，一对大眼睛晶光闪闪的含着无限的热忱对我看着，真使我感到一种说不出的温暖。（《泰戈尔在我家作客——兼忆志摩》。载1981年《文汇》月刊第十一期）

这一次，泰戈尔在徐志摩夫妇家里虽然只住了两天，可对徐志摩，特别是对陆小曼的影响是巨大的。他们彻夜长谈，陆小曼听到了许多不易听到的东西，对英语的进步就更不可计算了。陆小曼说："我们用英语交谈，彼此一点也不拘束，谈文学、谈诗歌、谈生活。他的声音是那样好听，英语讲得婉转流利，我们三人谈到深夜不忍分开，他还说，中国和印度都是勤劳、友好但又贫穷的弱小的民族，需要彼此常常友好和团结来改变自己的命运……在这几天中，志摩同我的全副精神都融化在他一个人身上了。这也是我们婚后最快活的几天。"泰戈尔也把徐氏夫妇当做他的亲人一样，每次印度朋友请泰戈尔吃饭，他总是要徐志摩和陆小曼同去，并向主人介绍说："这是我的儿子和儿媳。"

一转眼，一个多月过去了。泰戈尔从日本、美国讲学结束后，又到上海徐志摩家住了两天。但这一次他的心情很差。因为他去美国，受到了美国社会的抵制。他悲伤的情绪也影响了徐志摩和陆小曼。徐志摩曾对郁达夫说："诗人老去，又遭了新时代的摈斥，他老人家的悲哀，正是孔子的悲哀。"（引自郁达夫《志摩在回忆里》。载《难忘徐志摩》，韩石山编，昆仑出版社2001年5月版，第六页）

走得最快的总是最美的时光。6月13日，泰戈尔离开上海。陆小曼和徐志摩送泰戈尔上船。6月29日，徐志摩给恩厚之写信，讲述了这段经历：

小曼

老戈爹和他的一行人是3月19日抵达的。他跟禅达在我家里住了两天，然后继续赴日本和美国。在归程时，他们又在我家逗留两天，6月13日回印。美国之约对老戈爹健康十分不利。他比以前更感疲弱。除了旅途劳顿之外，这次外出对于他并不是事事如意的。（《志摩的信》，虞坤林编，学林出版社2004年7月版，第四百四十七页）

泰戈尔在离开前，送给徐志摩两件墨宝。一件是在徐志摩和陆小曼的结婚纪念册上，用中国毛笔画了一幅水墨画的自画像，还用秀丽的钢笔字在右下角写下了一句富有哲理意味的英文小诗，诗句云："小山盼望变成一只小鸟，摆脱它那沉默的重担。"第二件礼物是用孟加拉文写成的一首诗，诗句云："路上耽搁樱花谢了，好景白白过去了，但你不要感到不快，（樱花）在这里出现。"他给陆小曼留下的有四件礼物：一件紫红色的印度长袍、一只用头发与金丝绞成的发镯、一张精美包书纸和一块印度风格的头巾。包书纸非常漂亮，咖啡色，方格图案，大小如床单。可惜的是，佣人后来误以为是绒布床单，放在水中浸洗给洗破了，一件有意义的纪念品就此毁坏了。而另三件礼物，陆小曼一直珍藏起来，至今仍留存世上。

1949年，陆小曼还曾经接到一封信，是泰戈尔的孙子写来的，他在北京大学留学，研究中文；他说他寻了陆小曼许久，好不容易才打听到她住的地方；他说他祖父已经死了，他要陆小曼给他几本志摩的诗、散文，他们的图书馆预备拿他(它)翻译成印度文。正巧那时陆小曼在生重病，家里人没有拿这封信给她看，一直到1950年陆小曼才看到这封信，再去信北大，他已经离开了，从此失去联系。陆小曼说："我是非常的抱恨，以后还想设法来寻到（找）他。从这一点也可以证明泰戈尔的家里人都拿志摩当做他们自己人一样的关心，朋友的感情有时可以胜过亲生的骨肉。"

陆小曼回忆与徐志摩一起接待泰戈尔的情形，除了上文所引用的1957年所写的《泰戈尔在我家作客——兼忆志摩》外，还有更早的文章。那是陆小曼发表在《良友》画报第一百五十七期上的《泰戈尔在我家》一文（该佚文由陈子善先生发现，文章重新发表在《文汇读书周报》2004年3月12日上。陈子善先生撰《陆小曼佚作小议》一文相随发表），发表时间为1940年8月。文章起头就说："谁都想不到今年泰戈尔先生的八十大庆倒由我来提笔庆祝。人事的变迁太幻妙得怕人

了。若是今天有了志摩，一定是他第一个高兴。"文章仔细叙述了泰戈尔来前她对泰戈尔的印象、她和徐志摩所作的准备、和徐志摩去接泰戈尔的情形、夫妇俩和泰戈尔的相处以及徐志摩答应等泰戈尔八十大庆时去印度祝寿的承诺。文章借回忆泰戈尔来家里的情形，充满深情地怀念着徐志摩。

◇ 陆小曼保存的泰戈尔画像

◇ 徐志摩与泰戈尔等合影

◇◇ 1924年4月12日,泰戈尔在热田丸甲板上与徐志摩(右四)、张君劢(右三)、郑振铎(右二)等欢迎者合影

◇ 徐志摩（左三）与泰戈尔等人合影

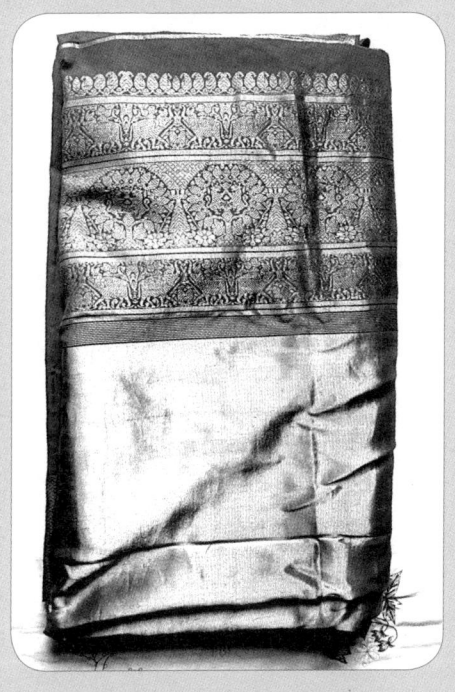

◇ 泰戈尔赠给陆小曼的礼物——金丝头巾

◇◇ 泰戈尔赠给陆小曼的礼物——金丝发镯

小曼

◇ 泰戈尔赠徐志摩的画作及题诗

◇◇ 陆小曼《泰戈尔在我家作客》原稿手迹

十八
南北分居

1929年，徐志摩辞了东吴大学、大夏大学的教职，继续在光华大学执教，1930年秋起又在南京中央大学教书，并兼任中华书局编辑、中英文化基金会委员。上海、南京两地来回跑，以挣家用。

1930年初，陆小曼父亲陆定因病去世。陆定晚年在事业上不得志，家庭又有诸多矛盾，因此心里始终闷闷不乐。小曼对父亲的离世悲痛异常。没有父亲的严格管教，她早年不会有那样良好的教育；没有父亲的宽容，她与王赓的离婚不会那么顺畅；没有父亲的理解，她与志摩产生的矛盾和痛苦会更重地蚕食她的心。

1930年秋，也即陆小曼二十七岁那年，徐志摩索性辞去了上海和南京的教职，应胡适之邀，任北京大学教授，兼北京女子师范大学教授。陆小曼的父亲此时刚刚去世，而丈夫又要走了。她想挽留住丈夫，无奈徐志摩北上的主意已决。她也没有能力去左右什么，只能听之任之了。

徐志摩北上，一方面是胡适的邀请，另一方面是光华大学闹了学潮（指1930年下半年发生在光华大学的一次事件：有人蓄意将光华大学纳入国民党的势力范围，指使学生杨树春闹学潮。校长张寿镛主持正义，与临时由教职员组成的七人执行委员会将杨树春开除。徐志摩列七人委员会之一。但后来国民党政府出面干预，徐志摩等人只好选择离开光华），但主要还是因为徐志摩觉得自己再在上海待下去的话，心情会越来越差，事业上也停滞不前，而且小曼在这样的环境下再待的话，

这个人也要毁了。所以徐志摩自己北上的同时，极力要求小曼也随他北上，设想着两人到北京再去开辟一个新天地。可陆小曼却执意不肯离开上海。这其中的原因可能很多，如习惯了在上海的生活；经常生病，还需翁瑞午治疗；北方还有个情敌林徽因等等。

确实，林徽因一直是陆小曼心中最在乎的"敌人"。陆小曼晚年交往的朋友王亦令（即王敬之）写文章回忆道：

> 惭愧得很，我那时枉已从事文学编辑工作，却不知林徽因何许人也。承陆小曼告知，林徽因是林长民的长女，典型大家闺秀，学问好，才华超众，而又美艳无比。此人也真爱徐志摩。后虽嫁给了梁启超之子梁思成，但爱衷不改。最要命的是，徐志摩也从未忘情于她。徐志摩的红粉知己很多，逢场作戏更是不知其数，全属于一般男人家"吃豆腐"性质，陆小曼对这些全不在乎，听之任之。陆曾直告徐志摩："你跟任何女人的交往都不必瞒我，我无所谓，绝不干扰。唯独林徽因，你绝不可跟她再有接触。只要让我知道你跟她还有来往，我绝不答应。老实讲，我是要吃醋的。"（《我听陆小曼讲林徽因》，载《信报》2002年8月23日）

徐志摩1月初已去沈阳看过林徽因夫妇，这次到京，第二天就去看望林徽因。而且徐志摩到北京后不长的时间里，写给陆小曼的信中多次提到了林徽因，这使陆小曼非常不快。

> 此次相见与上（次）迥不相同，半亦因外有浮言，格外谨慎，相见不过三次，绝无愉快可言。如今徽因偕母挈子，远在香山，音信隔绝，至多等天好时与老金、奚若等去看她一次。我不会伺候病，无此能干，亦无此心思：你是知道的，何必再来说笑我。

这封信写于3月7日。从这封信来看，徐志摩百般辩白，说什么"绝无愉快可言"、"不会伺候病"、"亦无此心思"等等，然而明眼人一看就知道这是假的。2月24日到的北京，到3月7日已去了三趟，还说"相见不过三次"。这还是林徽

因去香山养病的缘故，否则大概远远不止这个数。

陆小曼看了当然不高兴了，从徐志摩的信中也可以看出陆小曼已在取笑他了，而且外面也有"浮言"耸动。连张幼仪也说，徐志摩甚至在林徽因嫁给梁思成后，还是爱衷不改，从未忘情于她。这样一来，陆小曼更加不愿即刻上京，至少她要观察一阵。所以这期间徐志摩多次催她北上，但她总是懒懒的少加回应。不多久，徐志摩为了来回的便利，就从航空公司财务组主任保君健那里拿到了一张保的名片，上面写明不论哪次邮政班机，他都可以搭乘。陆小曼听得此事，心里非常不安，对他说："我不许你坐飞机，快把保君健的名片给我。"

徐志摩笑着对陆小曼说："这是国家新兴事业，大家应该支持啊！没有人开个头，大家怕，不敢坐，怎么行？你不准我坐，那暂时不坐就是了，何必要把名片收去呢？"

陆小曼还是不放心，一定要他把名片拿出来，徐志摩只得又说："爱妻，你也知道我们的经济条件，你不让我坐免费飞机，坐火车可是要钱的啊，我一个穷教授，又要管家，哪来那么多钱去坐火车呢？"

这下触到了实质性的问题，陆小曼一听，哑口无言。她只得说："心疼钱，那你还是尽量少回来吧！"

可事实是不可能的。徐志摩虽然在北京工作，但他还是顾着家的。家里一堆摊子还要他来收拾。就在1931年的上半年，徐志摩就在上海、北京两地来回奔波了八次。很累，但作为一个好心的丈夫，他要做的也只能如此，而即使如此，因为他俩的隔阂一直没有好好地去解，一直没有开诚布公地畅谈，所以他们的结还是一个死结。

1931年4月，徐志摩因母亲病重，特赶回去探望。由于徐志摩的父亲和陆小曼的关系日益僵化，徐申如便不让陆小曼来，说如果陆小曼来他就走。徐志摩很生气，碍于母病，不便发作。随后徐申如到了上海，说此事等他上海回来再说。母亲的病拖着，徐志摩又回了趟上海，与陆小曼商量怎样去做通其父的工作，考虑到父亲是个软硬不吃的人，想先叫小曼自己去父亲在上海的住处提出申请，原先徐志摩以为小曼不肯低三下四地去求他父亲，没想到小曼在这一点上还是识大体的，情愿自己受点儿委屈。小曼去了，可是正巧公公不在。

几天后，已经回到硖石的徐申如打来电话说徐母病重，让志摩赶快回去。徐志摩就问："小曼怎么办？"徐父说："且缓，你先安慰她几句吧！"实际上还是不让陆回去。不久，徐母过世（徐母于1931年4月23日，阴历三月初六离世），陆小曼急急地赶到海宁硖石，这是陆小曼第三次到海宁，但徐志摩的父亲不让陆小曼进家门，陆小曼只得待在硖石的一家旅馆里，当天就回到上海（据《烦恼结》。顾永棣著，四川文艺出版社1999年1月版）。而张幼仪却以干女儿的名义参加了葬礼。这件事情对陆小曼的打击相当大，她认为她在徐家没有一点儿地位，反不及已离婚的张幼仪，这其实是对她的羞辱。徐志摩当时给陆小曼写信表达了自己的愤怒和无奈："我家欺你，即是欺我。这是事实，我不能护我的爱妻，且不能保护自己。我也懊憹得无话可说，再加不公道的来源，即是自己的父亲，我那晚顶撞了几句，他便到灵前去放声大哭。"

虽然有志摩的维护和解释，但这件事情也多多少少影响了陆小曼和徐志摩的关系，使他们本已紧张的关系更蒙上了一层始终抹不去的阴影。在陆小曼的《泰戈尔在我家作客——兼忆志摩》一文中，陆小曼借徐志摩的气愤间接地表达了她自己当时气愤的心情：

> 这不久他遭母丧，他对他母亲的爱是比家里一切人要深厚，在丧中本来已经十二分的伤心了，再加上家庭中又起了纠纷，使他痛上加痛，每天晚上老是一声不响的在屋子里来回的转圈子，气得脸上铁青，一阵阵的胃气痛，这种情况至今想起还清清楚楚的在我眼前转，封建家庭的无情、无理，真是害死人，我也不愿意再细讲了。

为了散心，也是反叛，陆小曼与翁瑞午于5月中旬带了陆小曼的两个堂侄子去了杭州游玩。徐志摩因为理亏在先，所以也无可奈何。只能酸溜溜地说："娘子一人守家多可怜，但我希望你游西湖心快活。身体强健。"（引自1931年5月16日徐志摩致陆小曼信，《志摩的信》，虞坤林编，学林出版社2004年7月版，第一百一十二页）

1931年5月28日，是徐申如五十九岁大寿。海宁民风富裕家庭自三十九岁起逢"九"祝寿，如三十九岁做"四十大寿"，四十九岁做"五十大寿"，以此类推。

逢"九"是个关，提前做寿可以免灾，又因"十"在海宁硖石方言是"贼"的谐音，且含"满"、"足"等意，故有"做九不做十"之说。徐申如生于1872年，到1931年正好是实足五十九岁。徐志摩在北京时就恳请父亲让陆小曼参加他的寿宴，却未得到徐申如的允许。因此陆小曼没有和徐志摩一起到硖石。徐志摩于5月27日晚独自回到家中。寿宴第二天，徐志摩给陆小曼写信说：

> 昨晚到家中，没有暖寿素筵。外客极少，高炳文却在老屋里。老小男女全来拜寿。新屋客有蒋姑母及诸弟妹、何玉哥、辰嫂、娟哥等。

陆小曼没有准许参加寿宴，却允许参加婆婆的"开吊"。到5月30日，徐志摩母亲过世正好是三十五天。在海宁风俗中过"五七"，是人过世后的一个吊唁的大日子。在婆婆过世时，公公不许陆小曼去凭吊，在徐志摩的多次恳求下，总算答应让她参加"五七"的吊唁。让她尽一尽做媳妇的孝心。

5月30日下午三时许，陆小曼坐火车到硖石，这是她第四次到硖石。

不过这次会面依然不很愉快。徐申如难以改变对媳妇的看法，相反，由于他知道是陆小曼的挥霍而令儿子非常痛苦，经济也非常困难，他对这个媳妇就越来越看不惯。他老是想起张幼仪，又会挣钱，又会持家；而陆小曼不会挣钱，只会花钱。陆小曼来硖石后，徐申如根本不给她好脸色看，只在陆小曼来的当天受了媳妇的一个礼，随即就去了上海。

陆小曼和徐志摩在硖石继续他们北上与否的辩论，他们之间的谈话并不顺利。

徐志摩对她说："眉眉，北京比上海有意思得多，你何妨来玩玩。到北京后，我保证你从此振拔，脱离痼疾，回复健康活泼，你我亦相互友爱，真可谓海阔天空，你意下如何？"

因为徐家的冷淡，陆小曼心里异常气愤，她把火发到了徐志摩身上："我不去，你一个人去好了，北京对于你而言，当然是'有意思得多'，对我又有什么呢？"

徐志摩说："北方的朋友们都想见你呢。"

陆小曼说："我可不想见他们。"

徐志摩又劝道："小曼，朋友们都说你是'聪明有余，毅力不足'，此虽一般批评，但亦有实情。你何不拿出实际行动来，让他们受一惊。这才是小曼奋起的样子啊！"

小曼

陆小曼生气地说:"什么毅力,全叫老爷子给磨灭了。你说说看,哪个家庭,连婆婆过世,媳妇都不能来送葬;哪个家庭,公公做寿,不允许做媳妇的来拜寿,只有你们徐家。"

说到这两件事,徐志摩没了声音。谈话不欢而散。没过两天,徐志摩仍回北京,陆小曼仍住上海。天南海北,各住一方。

6月上旬,志摩又回老家给母亲过"断七"(即"七七"),陆小曼倒是想去,她对于公婆始终觉得歉疚,毕竟公婆对她还是不错。但没有获准。

6月11日徐志摩回到北平,14日给小曼信上说了手头的拮据。从3月到6月三个月里,他给上海家中的钱已达三千元。由此可见当时陆小曼确实开支很大。在6月25日的信上,志摩还说了为什么要坐飞机的原因:"来回票都卖了垫用。这一时借钱度日。我在托歆海替我设法飞回。不是我乐意冒险,实在是为省钱。况且欧亚航空是极稳的,你不必过虑。"

徐志摩连续写了几封信给妻子,陆小曼只回了一封,而且口气也不是那么热情:

顷接信,袍子是娘亲手放于箱中,在最上面,想是又被人偷去了。家中是都已寻到,一件也没有。你也须察看一下,问一问才是,不要只说家中人乱,须知你比谁都乱呢。现在家中也没有什么衣服了,你东放两件,西放两件,你还是自己记记清,不要到时来怪旁人。我是自幼不会理家的,家里也一向没有干净过,可是倒也不见得怎样住不惯。像我这样的太太要能同胡太太那样能料理老爷是恐怕有些难吧,天下实在很难有完美的事呢。

玉器少带两件也好,你看着办吧。

既无钱回家何必拼命呢,飞机还是不坐为好。北京人多朋友多玩处多,当然爱住,上海房子小又乱,地方又下流,人又不可取,还有何可留恋呢?来去请便吧,浊地本留不得雅士,夫复何言!(见《陆小曼文存》,柴草编,山西出版集团·三晋出版社2009年12月版,第一百四十二页)

信中的"胡太太"是指胡适的夫人。因为当时徐志摩住在胡适家中,故有此语。从这封信可知,陆小曼对徐志摩一方面还是关心的,要他不要坐飞机,她还

在"飞机还是不坐为好"的"不坐"旁打了四个小圈表示郑重。但更多的是挖苦和埋怨。徐志摩在信中老是说她在上海待下去的话，更要堕落了，所以陆在此信中回以"上海房子小又乱，地方又下流"的语句。陆小曼讲此语还有另外一个原因——对徐志摩去逛窑子表示不满。徐志摩在6月25日的信中跟陆小曼讲："说起我此来，舞不曾跳，窑子倒去过一次，是老邓硬拉去的。再不去了，你放心。"徐志摩真是率真得可爱，逛了窑子还要向夫人汇报。陆小曼看到此语当然不高兴了，心想：你说我堕落，你又何尝不堕落呢？我们可以看到，在徐志摩10月1日的信中又提到与妓女鬼混的事：

晚上，□□等在春华楼为适之饯行。请了三四个姑娘来，饭后被拉到胡同。对不住,好太太！我本想不去，但□□说有他不妨事。□□病后性欲大强，他在老相好鹅鹅处又和一个红弟老七生了关系。昨晚见了，肉感颇富。她和老三是一个班子，两雌争□□，醋气勃勃，甚为好看。

徐志摩也真够荒唐的。陆小曼虽然荒于学业，与翁瑞午来往密切，但仅限于朋友之情，充其量就如徐志摩与林徽因的关系，并没有做出对不起徐志摩的事来。反倒是徐志摩半年之内先后两次与妓女鬼混，还在信中告知陆小曼，不知是何用意？陆小曼心里自然又是生气，这恐怕也是陆小曼不肯答应北上的又一个原因。

10月和11月，徐志摩给陆小曼总共写了七封信，其中第六封主要是劝陆小曼北上和讲两宗房地产生意的事。这封信写于10月29日，阴历正是九月十九（陆小曼的生日），故而在信中的开头，徐志摩就说：

今天是九月十九，你二十八年前出世的日子。我不在家中，不能与你对饮一杯蜜酒，为你庆祝安康。（《志摩的信》，虞坤林编，学林出版社2004年7月版，第一百二十七页）

接下来徐志摩表达了对小曼的思念及继续劝说小曼北上。徐志摩此前曾多次苦口婆心屡次相劝，收效甚微。因此他在此信中再次相劝，动之以情，晓之以理。

还有一事即是做房子买卖中间人的事了，如果成功，可以得到相当的佣金。一是蒋百里的房子要出售，而何竞武要在上海买房子；另一宗是孙大雨有块宅地要卖，一时找不到买主。两宗生意做成的话有约两千元的收入，在徐志摩生活如此困难的情况下，这笔生意对他非常重要。要徐志摩这样一个才华横溢的诗人去做这种房地产生意，去和商人斤斤计较，可真难为他了。此事也可看出他们家庭当时确实是入不敷出了，而朋友们也为了帮他们，才把这些生意让给徐志摩去做，可以说也是一番好意。只可惜还没等这两宗生意做成，徐志摩就"走了"。对于徐志摩一直叫陆小曼北上，而陆小曼始终拒绝这件事，是陆小曼在徐志摩死后备受指责的一个主要原因。但是，从陆小曼的一些回忆文章中看，她此时已经有了北上的打算，只是还没有亲口对徐志摩说明。

　　因为政局不稳，通信也受影响。徐志摩给陆小曼的信走了十多天才到。徐志摩见陆小曼未及时回信，就又于1931年11月9日写了封信，这也是他一生中最后一封给陆小曼的信，信的片断如下：

眉爱：

　　这可真急死我了，我不说托汤尔和给设法坐小张（指张学良）的福特机吗？好容易五号的晚上，尔和来信说：七号顾少川走，可以附乘。我得意极了。东西我知道是不能多带的，我就单买了十几个沙营，胡沈的一大篓子，专为孝敬你的。谁知六号晚上来电说：七号不走，改八号；八号又不走，改九号；明天（十号）本来去了，凭空天津一响炮（1931年11月8日，日本侵略军在天津挑起事端，纠集土匪、兵痞、流氓、汉奸、恶霸等组成"便衣队"在天津发动暴乱。史称"天津事件"。下面陆小曼信中的"天津出事"也是指这件事），小顾又不能走。方才尔和通电：竟连后天走得成否都不说了。你说我该多么着急？我本想学一个飞将军从天而降，给你一个意外的惊喜，所以不曾写信……（《志摩的信》，虞坤林编，学林出版社2004年7月版，第一百二十八页）

陆小曼收到徐志摩10月29日的信后，马上回了封信，这封信写于11月11日，除了述说心中的怅惘和病痛，也谈到"近代名人展览"约她出画（她连画三张参展）

的事，还说了家中经济的窘迫。最后还不忘调侃一下她的丈夫：

> 天津出事，北京不妨否？令我急杀，你不早来。近日甚少接家书，想必是侍候她人格忙了，故盼行动少自尊重，勿叫人取笑为是。（见《陆小曼文存》，柴草编，山西出版集团·三晋出版社2009年12月版，第一百四十四页）

信中的"她人"无疑是指林徽因，这始终是陆小曼放不下的一个心结。从这几封信的内容看，还是"小曼是否北上、经济困难、双方密友"等问题困扰他们。虽然如此，我们还是可以从他们夫妇俩最后的通信交流中品味到他们间的爱意和彼此的关心。

1982年，陈从周曾看到郑逸梅给他的一份信札，是徐志摩于1931年8月6日写给当时上海报界钱芥尘的，里面写："关于我和小曼失和的消息，想必是我独身北去所引起的一种悬测，这也难怪。再说我们也不知犯了什么煞运，自从结缡以来，不时得挨受完全无稽的离奇的谣诼，我们人都老了，小曼常说，为什么人家偏爱造你我的谣言？事实是我们不但从来未'失和'，并且连贵报所谓'龃龉'都从来没有知道过。"（该信原载1931年8月9日《上海画报》第七百三十一期。转引自《徐志摩年谱与评述》，陈从周著，陈子善编，上海书店出版社2008年12月版，第一百四十四页）虽然徐志摩说的可能有些夸张和粉饰，但徐志摩陆小曼此时留存的爱意是确实的，也许其中有更多的亲情在里边。

刚发出信，陆小曼就收到孙大雨带来的徐志摩给她的11月9日的信。看到徐志摩说不知何时才有飞机搭乘，因为事情多而且紧急，陆小曼就又给徐志摩写了封短信，要他坐火车来。这也是陆小曼给徐志摩的最后一封信：

> 摩：
>
> 你来不来，今天还不见来电，我看事情是非你回来不成，你不是为钱，多坐回火车吧。况且这种钱不伤风化的，小蝶不也是如此起家的吗？你不要乱想，来吧。大雨信转交我到现在才复。也许此信不达你了。（这封信没有具体的日期，估计写于1931年11月11日至13日之间。见《陆小曼文存》，柴

草编，山西出版集团·三晋出版社 2009 年 12 月版，第一百四十四页）

　　从写信日期推测，徐志摩的确是收不到这封信了，而且永远收不到了（这封信收在《胡适遗稿及秘藏书信集》中，也许是胡适收到并保存下来的）。因为就在陆小曼发信的时候，徐志摩 11 日搭乘张学良的专机飞抵南京，并于 13 日回到上海家中。

◇ 徐志摩、陆小曼在家中

小曼

◇ 陆小曼、翁瑞午及陆小曼的两个堂侄

◇ 吸烟时的徐志摩

十九
诗人殒命

如果说信中徐志摩陆小曼还有一丝情意的话,他们俩一见面,就全是集中的矛盾了。据说,夫妇俩一见面就吵架。郁达夫回忆道:"当时陆小曼听不进劝,大发脾气,随手把烟枪往徐志摩脸上掷去,志摩连忙躲开,幸未击中,金丝眼镜掉在地上,玻璃碎了。"(王映霞《陆小曼——浪漫孤寂人生》,载《上海滩》,1992年第五期)这个情节也被电视剧《人间四月天》采用,但郁达夫不是目击者,说得也不一定正确。据翁香光说:"陆小曼的性情颇为温柔,和徐志摩争执,并用烟枪打徐志摩的眼镜之事,是不可能的,且陆小曼对徐志摩生活起居一向不干涉。"(翁香光《尊重历史·尊重事实》,台湾《大雅》,2000年6月号)不管情形如何,两夫妻吵架恐是事实。徐志摩一怒之下,负气出走。

就这样,一场冥冥中注定的悲剧降临了。

11月18日,徐志摩乘早车到南京,先去杨铨处,不在,徐留下他人生之"绝笔"("绝笔"书云:"才到奉谒未晤为怅,顷去湘眉处,明早飞北京,虑不获见。北平闻颇恐慌,急于去看看,杏佛兄安好。志摩。"这份志摩的"绝笔"照片由陆小曼保存,临死前她交给陈从周保管,后陈将之赠北京图书馆);后他去张歆海韩湘眉家狂谈到深夜十二点,随后住何竞武家。徐志摩本来打算乘张学良的福特式飞机回北京,临行前,张学良通知他因事改期。如果遵从陆小曼的意思,是搭火车走的。但徐志摩为了赶上林徽因次日晚上在北京协和小礼堂向外宾作的关于中国古代建筑艺术的讲演,才于第二天,即1931年11月19日,迫不及待地搭乘了一架邮政机飞北京。在登机之前,他给陆小曼发了一封短信,信上说:"徐州有大雾,头痛不想走了,准备返沪。"但最终——他还是走了。因大雾影响,飞机于中午十二时三十分在济南南郊党家庄附近触山爆炸,机上连徐志摩共三人(主机师王贯一,副机师梁璧堂),都刚届三十六岁,无一生还。据说飞机失事的直接原因一是因为大雾影响,二是因为飞机主机师王贯一由于前一晚准备女儿婚事,很晚才睡,飞行时精神太差所致。徐志摩一直"想飞",他一直想要像雪莱那样潇洒、诗意、痛快地死去。这次终于实现了他的"愿望"。时年陆小曼仅二十八岁。

据陆小曼的表妹吴锦回忆,陆小曼多次跟她讲起当时一件奇怪的事:徐志摩坠机的那天中午,悬挂在家中客堂的一只镶有徐志摩照片的镜框突然掉了下来,相架跌坏,玻璃碎片散落在徐志摩的照片上。陆小曼预感这是不祥之兆,嘴上不说,心却跳得厉害。谁知第二天一早,南京航空公司的保君健跑到徐家,真的给陆小曼带来了噩耗。陆小曼起初不愿相信,认为徐志摩不可能继续飞行,得到证实后,她一下昏厥了。醒过来后,她号啕大哭,直到眼睛哭干。王映霞这样描述她当时的模样:

> 下午,我换上素色的旗袍,与达夫一起去看望小曼,小曼穿一身黑色的丧服,头上包了一方黑纱,十分疲劳。万分悲伤地半躺在长沙发上。见到我们,挥挥右手,就算是招呼了,我们也没有什么话好说,在这场合,说什么安慰的话都是徒劳的,沉默,一阵长时间的沉默。小曼蓬头散发,大概连脸都没有洗,似乎一下老了好几个年头。(《陆小曼——浪漫孤寂人生》。载《上海滩》,1992年第五期)

陆小曼此时究竟悲伤到什么程度,连散文大家郁达夫都觉得难以描写,他说:

> 悲哀的最大表示,是自然的目瞪口呆,僵若木鸡的那一种样子,这我在小曼夫人当初接到志摩凶耗的时候曾经亲眼见到过。其次是抚馆一哭,这我在万国殡仪馆中,当日来吊的许多志摩的亲友之间曾经看到过。(《志摩在回忆里》。原载《新月》第四卷第一期,转引自《难忘徐志摩》,韩石山编,昆

仓出版社 2001 年 5 月版，第三页）

陆小曼清醒后，便坚持要去山东党家庄接志摩的遗体，被朋友们和家里人死命劝住了。他们担心她本来就身体不好，再也受不了这么大的刺激了。最后决定派徐志摩的儿子徐积锴去山东接回。

随后，志摩遗体在上海万国殡仪馆大殓，并于 12 月 20 日在静安寺举行了公祭。文艺界人士云集前来为志摩送别。志摩的"粉丝"也很多，尤其有很多青年学生自发前来吊唁。在灵前哭倒两个人，一个是陆小曼，一个是张幼仪。而吊者也无形中分成两派，中间仿佛有一条鸿沟隔开着。陆小曼作为亡妻送了一副挽联：

多少前尘成噩梦，五载哀欢，匆匆永诀，天道复奚论，欲死未能因母老；
万千别恨向谁言，一身愁病，渺渺离魂，人间应不久，遗文编就答君心。

志摩的遗体从济南运回上海后，陆小曼见到了现场唯一的一件遗物———一幅山水画长卷。这幅画是陆小曼于 1931 年春创作的，堪称陆小曼早期的代表作，风格清丽，秀润天成。更可珍贵的是它的题跋，计有邓以蛰、胡适、杨铨、贺天健、梁鼎铭、陈蝶野诸人手笔。1931 年夏，徐志摩携此卷去北京，托邓以蛰先生为之装裱。装成，邓为加跋说明之。邓先以诗评价小曼画作："华亭端的是前身，绿带阴浓翠带醺，肯向溪深林密处，岩根分我半檐云。"而后他又说明此画来由：

辛未夏日，志摩来自沪上。一日携此函相示，予诧为谁家杰作？志摩曰："小曼之作也！"予复问曰："予不见小曼仅两年，今已有此巨构，能不令人叹服耶？"志摩托予为之装池于都旧，串厂既成，爰系一绝而归之。老钝蛰并识于北平寓庐。

胡适在邓以蛰后题诗曰："画山要看山，画马要看马，闭门造云岚，终算不得画。小曼聪明人，莫走这条路，拼得死工夫，自成真意趣。小曼学画不久，就作这山水大幅，功力可不小！我是不懂画的，但我对于这一道却有一点很固执的意见，写成韵语，博小曼一笑。适之。二十年（即 1931 年。下同）七月八日，北京。"

杨铨接着题了一首诗,与胡适唱反调,诗是:"手底忽现桃花源,胸中自有云梦泽;造化游戏成溪山,莫将耳目为桎梏。小曼作画,适之讥其闭门造车,不知天下事物,皆出意匠,过信经验,必为造化小儿所笑也。质之适之,小曼、志摩以为何如?二十年七月廿五,杨铨。"这诗是志摩从北京南返,在南京中央大学授课,杏佛先生在南京时题的。中秋节在沪,陆小曼的老师贺天健先生题了一首绝句:"东坡论画鄙形似,懒瓒云山写意多,摘得骊龙颔下物,何须粉本拓山阿。辛未(1931年)中秋后八日,天健。"这也是针对胡适的论点而发的。梁鼎铭接着在题词中说:"只是要有我自己,虽然不像山,不像马,确有我自己在里,就得了。适之说,小曼聪明人,我也如此说,她一定能知道的,适之先生以为何如?"陈蝶野的一段文字较长,记着:"今年春予在湖上,三月归,访小曼,出示一卷,居然崇山叠岭,云烟之气缭绕楮墨间,予不知小曼何自得此造诣也。志摩携此卷北上,北归而重展,居然题跋名家缀满笺尾,小曼天性聪明,其作画纯任自然,自有其价值,固无待于名家之赞扬而后显。但小曼决不可以此自满,为学无止境,又不独为画也。蝶野。"这些名家的题跋为画卷增添了亮色。11月19日,徐志摩把这张手卷随带在身,是准备到北京再请人加题,只因手卷放在铁箧中,故物未殉。小曼看着这张珍贵的画卷,想起徐志摩对她的种种好处,泪水涟涟,百感交集。自此,她一直珍藏着这幅画,如同保护自己的生命。

徐志摩失事后,陆小曼受的打击最大,她所遭受的批评也最大,徐志摩的一些朋友不愿再跟她来往,如徐志摩的好友兼同学何竞武,在徐志摩死后,一直不肯原谅陆小曼,总以为是陆小曼勾留上海不肯北上才导致悲剧上演。其实在徐志摩失事这一件事上也不能全怪陆小曼,有一些资料可供我们评析:

一、徐志摩急着去北京是为了听林徽因在协和小礼堂给外国使节作的一次关于中国古代建筑艺术的讲演,和陆小曼并没有直接的联系,虽然郁达夫在文章中说徐志摩和陆小曼曾经吵了一次,但即使不吵,徐志摩还是要上北京的。为什么我们不说徐志摩的死更直接的原因在于他和林徽因之间的旧情,而老在说是陆小曼的过错呢?二、从陆小曼后来的文章中可以看到,当时陆小曼已经准备着和徐志摩共迁北京。如《爱眉小扎·序》中写道:

> 好容易经过各种的医治,我才有了复原的希望,正预备全家再搬回北平

重新造起一座乐园时，他就不幸出了意外的遭劫，乘着清风飞到云雾里去了。这一下完了他——也完了我。

这些材料说明当时陆小曼已有意向和徐志摩一起迁居北京，而不是传说中的始终不肯到北京去，主要是丢不开上海的风月世界及翁瑞午之说。

三、在陈宇采访林徽因的弟弟林宣时，林宣曾有较为公正的话，他说："他（指徐志摩）到香山跟我姐是叙旧，舒舒心气。他还说了很多陆小曼的不是。陆小曼也有优点嘛，他都不提。"（陈宇《采访林宣先生》。引自《林徽因传》，林彬著，九洲图书出版社2002年3月版）林宣认为，徐志摩讲得有点儿夸张，且毫无自省之意。当然，在林徽因面前自然要讲些陆小曼的不是，以显得和林徽因亲近。

四、凌叔华曾就此事在武汉写过文章，为小曼抱屈。1982年还致函陈从周说："可惜小曼也被友人忽视了，她有的错处，是一般青年女人常犯的，但是大家对她，多不原谅。"

五、陆小曼母亲为自己女儿抱不平，她以为："志摩害了小曼，小曼也害了志摩，两人是互为因果的！"她认为为什么当时及以后对陆小曼的指责这么多，主要原因是那时写文章的，不是徐志摩的朋友，就是张幼仪的亲故。志摩一死，不论知与不知，所有枪口，都对准了小曼。陆家后来家道中落，无钱、无势、无朋友，三十多年来，只有忍气吞声而已。

六、郁达夫的话就更宏观些，他说：

情热的人，当然是不能取悦于社会，周旋于家室，更或至于不善用这热情的；志摩在死的前几年的那一种穷状，那一种变迁，其罪不在小曼，不在小曼以外的他的许多男女友人，当然更不在志摩自身，实在是我们的社会，尤其是那一种借名教作商品的劣根性，因不理解他的缘故，终至于活生生的逼死了他。（《怀四十岁的志摩》。原载《宇宙风》，转引自《难忘徐志摩》，韩石山编，昆仑出版社2001年5月版，第九页）

陆小曼是个宽容仁厚的人，徐志摩之死使她变得冷静理智。在她万念俱灰、心如止水的时候，她已看透了周围种种对她不利的反响。她一概采取无动于衷，

视而不见，听而不闻的态度。不管外面如何评价，陆小曼始终默默承受，从不自我辩护。因为不管促使徐志摩死亡的直接原因是什么，说到底她自己总也脱不了干系，所以她心里始终充满内疚。她曾向赵清阁说："我没杀志摩，志摩为我而死！"再说，在她看来，徐志摩的死，已令她心如死灰，她也懒得再去做什么辩解，那又有什么意义呢？

◉ 中国航空公司

济南机遇雾失事

□□机师两人殒命
□徐志摩亦遇难

▲昨日京平线仍因雾停航

中国航空公司京平线之济南号飞机,于十九日在济南党家庄附近遇雾失事,机师王贯一梁璧堂及搭客徐志摩全殒、机师王贯一梁璧堂及搭客徐志摩均同时遇难,记者昨往公司方面及徐宅访问,兹将所得录述如后。

▲失事情形 济南号飞机于十九日上午八时,由京装载邮件四十余磅,由飞行师王贯一副飞行师梁璧堂驾驶出发,乘客仅北大教授徐志摩一人,拟赴北平,该机于上午十时十分飞抵徐州,十时二十分由徐继续北飞,是时天气甚佳,不料该机飞抵距济南五十哩党家庄附近,忽遇雨天大雾,遂遇雾飞不能,致触山顶倾坠,

◇ 上海《新闻报》(1931年11月21日)
关于徐志摩失事的报道

◇ 徐志摩去世后的陆小曼

◇ 位于海宁东山万石窝的徐志摩墓。墓碑由张宗祥题写

野渡人争自横

◇ 陆小曼册页

二十
怀念志摩

徐志摩死后,陆小曼不再出去交际,陈定山在《春申旧闻》中说:"志摩去世后,她素服终身,从不看见她去游宴场所一次,她请贺天健和陈半丁教她画画,汪星伯教她作诗。她没有钱了,她卖了《爱眉小扎》的版权。她每日供着志摩的遗像,给他上鲜花。"

王映霞也说:

> 小曼是爱志摩的,始终爱志摩。他飞升以来,小曼素服终身,我从未见到她穿过一袭有红色的旗袍,而且闭门不出,谢绝一切比较阔气的宾客,也没有到舞厅去跳过一次舞。……在她的卧室里悬挂着徐志摩的大幅遗像,每隔几天,她总要买一束鲜花送给他。她对我说:"艳美的鲜花是志摩的,他是永远不会凋谢的,所以我不让鲜花有枯萎的一天。"她还在玻璃板下压了一张她用正楷写的白居易的诗:"天长地久有时尽,此恨绵绵无绝期。"(《陆小曼——浪漫孤寂人生》,载《上海滩》,1992 年第五期)

陆小曼对徐志摩的思念之情,我们还可以从她在徐志摩死后的几篇文章中看到,在徐志摩死后一个多月,陆小曼写了《哭摩》,这篇文章写得情真意切,悲伤痛苦跃然纸上:

我深信世界上怕没有可以描写得出我现在心中如何悲痛的一支笔。不要说我自己这支轻易也不能动的一支。可是除此我更无可以泄我满怀伤怨的心的机会了,我希望摩的灵魂也来帮我一帮,苍天给我这一霹雳直打得我满身麻木得连哭都哭不出,混(浑)身只是一阵阵的麻木。几日的昏沉直到今天才醒过来知道你是真的与我永别了。摩!慢说是你,就怕是苍天也不能知道我现在心中是如何的疼痛,如何的悲伤!从前听人说起"心痛"我老笑他们虚伪,我想人的心怎会觉得痛,这不过说说好玩而已,谁知道我今天才真的尝着这一阵阵心中绞痛似的味儿了。你知道么?曾记得当初我只要稍有不适即有你声声的在旁慰问,咳,如今我即使是痛死也再没有你来低声下气的慰问了。摩,你是不是真的忍心永远的抛弃我了么?你从前不是说你我最后的呼吸也须要连在一起才不负你我相爱之情么?你为什不早些告诉我是要飞去呢?直到如今我还是不信你真的是飞了,我还是在这儿天天盼着你回来陪我呢,你快点将未了的事情办一下,来同我一同去到云外优游去吧,你不要一个人在外逍遥,忘记了闺中还有我等着呢!

……

陆小曼在徐志摩在世时是不大写东西的,但她在文艺上本是极有天赋的,加上天天和志摩在一起,无形之间便受了他的文学上的熏陶,她的这篇《哭摩》浓丽哀婉,文风直逼志摩,可以说对志摩来说是个最好的怀念。

在徐志摩去世后不久,大概就在1931年的11月至12月之间吧,陆小曼给胡适写了一封长信:

这是那〔哪〕里说起!苍天因何绝我如斯!想我平生待人忠厚,为人虽不能说毫无过失,也从不敢做害人之事,几年来心神之痛苦也只是默然忍受,盼的是下半世可以过些清闲的岁月,谁知苍天竟打我这一下猛烈的霹雳,夫复何言?天有眼,地有灵,难道没有慈悲之心么?叫我怨谁好,恨谁是?命也运也。先生,我万想不到会有这等事临到我头上来的,我,我还说甚么?上帝好像只给我知道世上有痛苦,从没有给我一些乐趣,可怜我十年来所受的刺激未免太残酷了，这一下我可真成了半死的人了，若能真叫我离开这可怕的世界，倒是菩萨的慈悲，可是回头看看我的白发老娘，还是没有勇气跟着志摩飞去云外，看起来我的罪尚未了清，我只得为着他再摇一摇头与世奋斗一下，现在只有死是件最容易的事了，我还是往满是荆棘的道去走吧。

……

胡适是徐志摩生前最要好的朋友，可以说又是陆小曼和徐志摩结合的功臣。陆小曼在徐志摩过世后第一个想到他不足为怪。何况他那里还保存着徐志摩的不少书信和日记，在北京其他人手里的徐志摩信件和日记也要依赖胡适的声望去协调着要回来。陆小曼在这封信中主要有四层意思：一是在自己和志摩最好的朋友面前，表达自己对志摩过世的极度悲伤之情；二是自己给自己打气，希望自己在事业上奋起，这也是志摩生前一再要求她做到的，但她担心自己没有这样的毅力，所以在信中要胡适帮助她；三是提到了志摩在京的书信、日记的问题，她要胡适把志摩的那些书信和日记带到上海来，她想给志摩编辑出版；四是有赖于胡适帮她安排一两年内的生活费。

几天后，陆小曼收到了胡适给她的信，信中除了鼓励她奋起外，还对她独自编写志摩的东西表示了担忧。陆小曼在接到胡适的来信后，马上于12月26日回了一信：

盼了多日昨天才接来函。我知道你是极关心我的将来的一个人，一向散漫的我，这一次再不能叫朋友们失望了，现在我也不爱多讲，因为不信的是始终不信的，事情只在做不在说，就是说破嘴，不信的还是不信，大家等将来看吧。

我这一次的遭遇，可算是人生最痛苦的了，本来从此生活上再不能有先前的安逸，更不盼望有甚么快乐，以前的我只好认为死去，我的心也只能算是同他一起飞去，以后我独自一人只好孤单的独自奋斗，从此单调再没有别的附和，前途虽是黑暗，可是有他一点灵光在先引着，不怕我没有成功，究竟我不是一个没有志气的人。文伯当然有些太乐观，可是有他这一催促，我再不能叫他失望，我也同时盼你不要太消极了。

他的全部著作当然不能由我一人编，一个没有经验的我也不敢负此重责，不过他的信同日记我想由我编（他的一切信件同我的他的日记都在平，盼带来），我想在每信后加上小注，你看如何，你来我盼你能同我商量一切，事情多，盼多分些时候出来。

还有他别的遗文等也盼你先给我看过再去付印。我们的日记更盼不要随便给人家看，千万别忘。

老太爷处等你来决定，盼你最后一次与我稍为买〔卖〕一点力气，当初你一片心成全我们，谁又知道你还有这样悲惨一幕剧在后头，你也真可算不幸了，更不用提我。回忆当初一片苦心，真叫人无一日可生，人生到此还说甚么……

陆小曼的第二封信首先向胡适表明了自己向上的决心，她说"再也不能叫朋友们失望了"；其次她向胡适解释说徐志摩的著作当然不是全部由她来编，她没有编书的经验，但是她希望徐志摩的书信和日记由她来编，她还要胡适不要把志摩和她的日记给别人看；第三则是关于经济上的事了。这也是陆小曼感到头疼的。在信中她提到了要胡适处理好徐志摩父亲那儿的钱财问题，还要胡适帮着去领徐志摩生前在"北大"挣的工资。

就这样来来往往的在两个多月里写了五六封信。在后面的两封信中，陆小曼似乎对胡适有了些意见，因为胡适一直没有把徐志摩和她的日记交给她，她在信里这样讲：

林先生前天去北平，我托了他许多事情，件件要你帮帮忙，日记千万叫他带回来，那是我现在最宝爱的一件东西，离开了已有半年多，实在是天天想他了，请无论抄了没有先带了来再说，文伯说叔华等因摩的日记闹得大家无趣，我因此狠〔很〕不放心我那一本，你为何老不带回我，岂也有另种原因么，这一次求你一定赏还了我吧，让我夜静时也好看看，见字如见人，也好自己骗骗自己，你不要再使我失望了。（上次文伯回来我为何不叫他带来的呢）

小曼

陆小曼显然已经听说了北京的朋友为了徐志摩的"八宝箱"(里面有徐志摩的几本日记,陆小曼的两本日记等)而闹得不可开交,那是怎么一回事呢?

话还得从徐志摩1925年(或1928年)欧游时说起。在去欧洲之前,徐志摩找到凌叔华,对她说:"这个箱子里的东西麻烦你替我保存,"他当时还开玩笑地说:"你得给我写一传,若是不能回来的话,这箱里倒有你所需的证件(日记、文稿等)。"

凌叔华一听就骂他说话不吉利,还取笑他有了两个"红颜知己",怎么还会想到把东西放在她这儿呢?

徐志摩向她解释说:"里面有些是小曼不能看的,有些是徽因不能看的,所以放在你这里最好。"

徐志摩托付"八宝箱"给凌叔华的年月,凌叔华的回忆有些混乱,她有时说在1925年,如她给胡适的信中说:"志摩于一九二五年去欧时,曾把他的'八宝箱'(文字因缘箱)交我看着,欧洲归,与小曼结婚,还不要拿回,因为箱里有东西不宜小曼看的,我只好留下来,直到去上海住,仍未拿去。"1983年给陈从周来信说:"为了这种种潜在情感,志摩去欧之前(即翡冷翠前),他巴巴的提着他的稿件箱(八宝箱),内里有未给第二人读过的日记本及散文稿件(他由欧过俄写回原稿件等)多沓。"但从箱中已有陆小曼的两本日记来看,这个年份有些问题。因为1925年3月,陆小曼还未开始写日记。正是在此以后,等徐志摩走了以后,陆小曼才决定"写一本来玩玩"。而且,箱内还有徐志摩1925年6月在意大利写的文章,还有1926年4月以后的北京《晨报》的零星杂纸。她有时也说在1928年,如她在1982年给陈从周的信中说:"因为在他死的前两年,在他去欧找泰戈尔的那年,他诚恳地把一只小提箱来交我保管。""死的前两年加上去欧找泰戈尔"这两个条件要满足的话,只有1928年。

或者事情只能这样解释:徐志摩曾在1925年把与林徽因的日记交到凌叔华处,因为他写的"康桥日记"二三本因涉及与林徽因的恋情,不便让陆小曼看到(此时他与小曼正在热恋之中),因此在1925年3月去欧前把这批日记交给凌叔华是有可能的。而且凌叔华又说,有两次机会要徐志摩拿回他的稿件箱,但徐志摩未来取。第一次是她和丈夫陈西滢去日本时,也即1927年至1928年间;第二次是他们夫妇应武大之聘时,应在1928年至1929年间。那么以此推算,第一批日记在1925年就放凌叔华处是确实的。

我们也可以推算，徐志摩在1928年欧游归来后，又把小曼的两册日记及他欧游的一些日记、文章放到了凌叔华家的"八宝箱"里，东西是分两次或多次存放的。陆小曼给胡适的信中亦提到"日记千万叫他带回来，那是我现在最宝爱的一件东西，离开了已有半年多，实在是天天想他了"。从此言看，至少陆小曼的日记是1931年上半年由志摩带去北京放入"八宝箱"的。

说徐志摩两次或多次把有关日记托付凌叔华，还有如下理由：

一、1925年时，是徐志摩与陆小曼的恋爱阶段，徐志摩是带着无奈也是带着对未来的希望去欧洲的。在他3月11日走后到沈阳时给陆小曼的信中写道："但今夜是向东，向东是迎朝阳，只要你认定方向，伸着手膀迎上去，迟早一轮旭红的朝日会涌入你的怀中的。"这样的心情下，他不太可能对凌叔华说什么"我若不能回来，你就给我写传"之类的话。二、1925年8月14日，徐志摩从国外回来，看了小曼的日记后写道："想去买一只玲珑坚实的小箱，存你我这几日来交换的信件，算是我们定情的一个纪念。"此话证明当时连箱子都未买（也许1925年托付凌叔华时，还没有考究的箱子）。三、1928年第二次欧游时，徐志摩心灰意冷，对家庭充满失望，在这种心情下，才有可能说出"我若不能回来"之类丧气的话，而箱里的一些东西才能得到合理的解释。四、徐志摩在1928年去欧前，曾到凌叔华家住过几天。徐志摩在1928年5月9日给小曼的信中（发自北京）说："我也许迁去叔华家住几天，因她家无男子，仅她与老母幼子；她又胆小。但我看北京不至于出什么大乱子，你不必为我担忧。"按理说人家孤儿寡母的要你去凑什么热闹，由此也可看出徐志摩与凌叔华的关系也相当密切。徐志摩后来真的去了，那么此时他要托付什么也在情理之中了。

徐志摩所说的"三本英文日记"，其实就是他早年在英国读书时写的，其中包括了"康桥日记"，里面牵涉到他和林徽因之间的关系。因此，林徽因知道徐志摩还留了"康桥日记"，而且在凌叔华处时，就请胡适出面向凌叔华讨，这是1931年11月下旬的事，离徐志摩去世没几天。

那么，林徽因为什么急着要凌叔华把志摩写的"康桥日记"拿出来给她呢？在她说来，有两个理由：一、"大半年前徐志摩和我谈到他们英国的一段往事，说到他的'康桥日记'仍在，回硖石时可找出来给我看，如果我肯要，他要给我。"二、"那是个不幸的留痕，我欲一读。"

林徽因的第一个原因很好懂，就是说徐志摩生前曾答应过她给她看，而且她如想要的话，可以给她，所以她现在有要的权利；第二个原因就显得很模糊了，什么叫"那是个不幸的留痕"？是想深切回忆和徐志摩在英国的一段往事，还是怕里面有对她现在家庭或声誉有影响的文字或内容，不得而知。

凌叔华因为徐志摩生前的关照，要她不能把"八宝箱"给林徽因或陆小曼其中的任何一个，当然更不能给别人看。按她想法，即使一定要给的话，也要给陆小曼。因为陆小曼作为未亡人，有权继承丈夫留下的东西。所以她当时致信陆小曼，提到要将徐志摩的"八宝箱"交付给她。后来胡适催得紧了，凌叔华也没办法，就把徐志摩的箱子交给了胡适，胡适于11月28日把箱子交给了林徽因。而林徽因打开箱子一看：里面有两本中文日记，是小曼的；有三本英文日记，是志摩的，即所谓Cambridge（康桥）日记者一本，是从1921年7月31日开始记起的；还有一本是同年的12月底起始，到回国时止；又有一本英文日记为志摩1925年在意大利写的。此外，还有几包《北京晨报》副刊的原稿，两包《晨报》副刊的零张杂纸，空本子小相片，两把扇面，零零星星纸片，住址本等。

显然，这里面刚好缺了她所要的"康桥日记"前半部分的内容。她想，肯定是凌叔华做了手脚，林徽因生气了。

12月7日，凌叔华到林徽因家里，要徐志摩给林徽因的信，想编一种"志摩信札"之类的东西。林徽因告诉她信大多在天津，而且大多是英文，怕一时拿不出来。她这样说，凌叔华很不开心。

后来，林徽因提议要到凌叔华家里去取，凌叔华勉强答应了。但当林徽因12月9日到凌叔华家时，凌叔华却出去了，只留下一封信给她：

> 昨归遍找志摩日记不得，后捡自己当年日记，乃知志摩交我三本：两小、一大，小者即在君处箱内，阅完放入的；大的一本（满写的）未阅完，想来在字画箱内（因友人物多，加意保全）。因三四年中四方奔走，家中书物皆堆积成山，甚少机缘重为整理，日间得闲当细捡一下，必可找出来阅。此两日内，人事烦扰，大约须此星期底才有空翻寻也。

林徽因看到这封信，"气得通宵没有睡着"，说白了凌叔华就是不肯把"康桥

日记"前半本拿出来。她只得再去向胡适告状。胡适又向凌叔华施加压力。凌叔华最终让了步，拿出了前半本"康桥日记"。林徽因看到日记到关键的地方——正巧在徐志摩刚要遇到她的前一两天，却没有了文字，又气得半死。她接连给胡适写了好几封信，在其中的一封信中郑重地指出："现在无论日记是谁裁去的，当中一段缺了是事实，她没有坦白的说明，对那几句瞎话没有相当的解释以前，她永有嫌疑的（志摩自己不会撕的，小曼尚在可问）。"

胡适只得又出面了，他指责凌叔华的做法不对，于12月28日写信要她把裁去的半本"康桥日记"交出来。凌叔华本想受志摩之托，就要尊重志摩生前的意思，可她也被这件事情弄得疲惫不堪了。别人还以为她有什么私心呢。于是，她托人于1932年的1月22日把那半本日记交给胡适，并给胡适写了一封信，信是这样写的：

> 适之：
>
> 外本壁还，包纸及绳仍旧样，望查收。此事以后希望能如一朵乌云飞过清溪，彼此不留影子才好。否则怎样对得住那个爱和谐的长眠人！
>
> 你说我记忆不好，我也承认，不过不是这一次。这一次明明是一个像平常毫无准备的人，说出话，行出事，也如平常一样（即仍然说一二句前后不相呼应的话，也□见□于人□），却不知旁人是有心立意的观察指摘。这有备与无备分别大得很呢。算了，只当我今年流年不利吧。我永远未想到北京的风是这样刺脸，土是这样迷眼。你不留神，就许害一场病。这样也好，省得总依恋北京。问你们大家好！

凌叔华的信中明显地透出对林徽因的不满，当然对胡适也有不满之情。胡适收到这半本日记后，发现日记还是少了四页。胡适生气了，他在当晚的日记中写道：

> 我查此半册日记的后幅仍有裁去的四页。我真有点生气了。勉强忍了下去，写信去讨这些脱页，不知有效否，这位小姐到今天还不认错。

此事就这么来来回回地折腾，弄伤了几个朋友之间的感情，也没有个完美的结局。到 1982 年，凌叔华还为此事耿耿于怀，她写信给徐志摩的表妹夫陈从周先生，讲述了这一事件的前前后后：

> 不意在他飞行丧生的后几日，在胡适家有一些他的朋友，闹着要求把他的箱子取出来公开，我说可以交给小曼保管，但胡帮着林徽因一群人要求我交出来（大约是林和他的友人怕志摩恋爱日记公开了，对她不便，故格外逼胡适向我要求交出来）。我说我应该交小曼，但胡适说不必，他们人多势众，我没法拒绝，只好原封交与胡适。可惜里面不少稿子及日记，世人没见过面的，都埋没或遗失了。
>
> ……
>
> 至于志摩坠机后，由适之出面要我把志摩箱子交出，他说要为志摩整理出书纪念。我因想到箱内有小曼私人日记两本，也有志摩英文日记二三本。他既然说过不要随便给人看，他信托我，所以交我代存，并且重托过我为他写"传记"。为了这些原因，同时我知道如我交胡适，他那边天天有朋友去谈志摩的事。这些日记恐将滋事生非了。因为小曼日记内（两本）也常记一些是是非非，且对人无一点包含。想到这一点（彼时小曼对我十分亲热，说人家，叔华就不那样想，里面当然也有褒贬徽因的日记），我回信给胡适，说我只能将"八宝箱"交给他，要求他送给陆小曼。以后他真的拿走了。（综合《新文学史料》1983 年第一期和 1985 年第三期）

陆小曼在信中所说的"文伯说叔华等因摩的日记闹得大家无趣"，就是这样的一件事。因为从陆小曼给胡适的第一封信中可以知道，凌叔华已经写信给陆小曼，说徐志摩的箱子已给胡适，并要胡适带给她。所以陆小曼说："我因此狠〔很〕不放心我那一本，你为何老不带回我，岂也有另种原因么，这一次求你一定赏还了我吧。"她也怕自己的日记落入人家之手不好，就催胡适催得很紧。

在陆小曼的催促下，胡适把"八宝箱"中小曼的两本日记还给了她，但其他的东西就不说起了。一直到 1935 年 10 月间，陆小曼和赵家璧合作收集、整理、编辑的《徐志摩全集》已经差不多了，陆小曼还在请胡适把留在别人手里的志摩日记和志摩给北方朋友的信、给胡适本人的信提供出来。说明那时还有一部分的

志摩日记还在胡适和林徽因的手里。而胡适对此要求不置可否。

当然,后来陆小曼知道了胡适的做法,她对胡适就渐渐疏远,这是后话。

陆小曼在徐志摩刚过世的这两个月的时间里,除了怀念志摩,也确实地实践着志摩对她的愿望——下工夫画画,并参加了一个扇面展览会,她的扇面和众多老前辈的放在一起出售,毫不逊色,不到一个星期就卖完了,还有外省来订的。

在此期间,还发生了一件事,表明陆小曼处理事情的方法与志摩在世时是有所不同的。

有一次,陆小曼和三舅母去看电影时碰到了老朋友张慰慈和妻子梦绿,张慰慈对陆小曼向有好感,只管和陆小曼单独说话。过后还一个人到陆小曼家里去玩,而且谈到他妻子的一些不是。陆小曼很为难,经过大难,她显得谨慎多了,她给胡适写信,让胡适有机会劝劝张慰慈,信中说:"他只想同我一起玩,她又不乐意,为了一个朋友为甚么叫他们夫妻生意见呢?有机会望你同慰慈谈谈,活在世上就有许多不如意的事,人间有一个十分满意的人么?"

1932年春,在海宁硖石召开了徐志摩的追悼会,志摩灵柩也最终归葬东山万石窝。陆小曼因为公公徐申如的阻止,没有能到海宁硖石参加。徐申如这太不近人情的举动,又在陆小曼的疮口上涂了一把盐。陆小曼在给胡适的信中说:

> 我早知老太爷一样也不管,我也不多事,去念甚么经了,虽然事属迷信,不过我总觉得一点不做十分对不着他,已经不能让我回去陪伴他的灵,我已是终身抱恨了,我们几年恋爱,到今天连灵前都不能去,叫我怎能不恨?真怨,老爷子真也太不讲人情了,他失去儿子有女儿陪,可不想想我从今以后变了孤单人,又没有小孩子,有谁能陪伴於我?他太不与人设想了,也怪我的命运太塞之故,怨做甚么?(《胡适遗稿及秘藏书信》。黄山书店1994年12月版)

徐志摩去世后,陆小曼的经济一下子陷入窘境。因为与公公的关系更趋恶化,所以陆小曼想请胡适和王文伯出面协调,解决她的生活来源。按结婚时的约定,徐志摩和陆小曼可以占徐家三分之一的财产。(1926年2月21日志摩致小曼信中

说:"然后在爸爸名下再作为三份开,即老辈自己留开一份;幼仪及欢儿一份;我们得一份。这是产业的暂时支配法。")按现在的话说,陆小曼的这种做法也是一种维权行为。但经胡适协调后,徐申如只答应每月给陆小曼二百元的生活费,由胡适、徐寄、徐新六作证明人,还规定每月20日才能取钱。陆小曼无奈只有接受。后来,徐申如知道陆小曼和翁瑞午同居后,就中止了这二百元的月供。陆小曼的生活费用转由翁瑞午开支。那张由胡适等作证明人的生活费单子,陆小曼交与徐志摩的表妹夫陈从周保存。从此,陆小曼也从未过问徐家的经济,也未开口再问徐申如索取经济分配。1944年徐申如临终前,为了履行当时的承诺,派账房先生去上海,请陆小曼去硖石分配财产。陆小曼没有去,她对徐家早就心灰意冷。

1933年清明,陆小曼独自一人来到硖石,给徐志摩上坟,这是陆小曼第五次到海宁硖石,也是最后一次。陆小曼没有再到她与志摩婚后小住的"香巢"中去,那是徐家的房产,她无福消受,她也不愿再去那一块让她甜蜜而又令她伤心的地方。她站在东山万石窝前,远远地望着那一幢中西合璧的红色砖瓦房子,眼泪忍不住夺眶而出。

从硖石归来后,陆小曼作诗云:

肠断人琴感未消,此心久已寄云峤;
年来更识荒寒味,写到湖山总寂寥。

此诗后有言:"癸酉清明回硖石为志摩扫墓,心有所感,因提此博伯父大人一笑,侄媳敬赠。"伯父大人,即指徐志摩的大伯徐蓉初(徐蓉初,谱名义奎,讳光济。小字祖荫,号寅庵。喜欢收藏,大多海宁乡邦文献。其藏书室名为"紫来阁")。在徐志摩家人中,也只有这个大伯对陆小曼比较和善,较为关心,因此陆小曼在寄托对徐志摩的哀思时会有这样的注解。

徐志摩死后,陆小曼对徐志摩的情感坚定不移,爱心一直未变。她矢志不再嫁人以报志摩的恩爱,阿谀没有动摇她对志摩的忠诚。纵然她终日在"阿芙蓉"(即鸦片)的麻醉之下,她仍念念不忘徐志摩,1931年的《哭摩》,1939年的《随着日子往前走》、《中秋夜感》(《中秋夜感》发表在《南风》杂志第一卷第六期上,是笔者于2004年3月28日发现的陆小曼佚文。同期发表的还有陆小曼的新诗作

品《秋叶》),1957年的《遗文编就答君心》,都一以贯之地延续着她思念志摩、病体缠身这样一种生活状态,一直到生命的终结。可以说,徐志摩已渗入她的灵魂,无论何时何地,她都记着他,念着他,想着他。她还不怕人骂,不畏阻碍,为《徐志摩全集》的出版竭尽全力。应该说,没有陆小曼当时及时的收集整理,我们今天不可能看到这么全的《徐志摩全集》,徐志摩许多优美的文章或许就从此消失了,这是林徽因、凌叔华等不能办,也不会去办的,尽管当时凌叔华想给徐志摩写传,而林徽因也曾关注徐志摩文章的收集出版,但最后只有陆小曼在做这个事情。她花了几十年的时间,这其中的酸甜苦辣可以说一言难尽(在后面还要详细的讲到),但最终是陆小曼做成功了(完成收集,四十八年后由香港商务印书馆出版),可以说,这是陆小曼对中国现代文学的一大贡献。而且她有勇气出版徐志摩和她写的那些信,那些日记(虽有删节但却保持基本面貌),她就有任由世人评说的这样一种决心。如果她害怕别人说她的话,她完全可以隐瞒一些徐志摩信中对她不利的言词,她要还历史一个真实,也不忍心志摩的心血白白消失,她宁愿自己受误会。

萬想不到會有這事，陡到琴頭上來的，到一起還說甚麼？上帝那像不給我知道世上有痛苦，從沒有給我一點樂趣。可憐我十年來所受的刺激未免太殘酷了。這一下我可真成了舉記的人了。若能真叫我離開這可怕的世界倒是菩薩的恩惠，只沒有勇氣，可是回頭看了我的白髮老娘還是跟著我飄零似的，看這老太婆獨自一人得不得為看她再擔摧頭做世事們一下，現在只有

◇ 陆小曼致胡适书信手迹

◇ 吴亚光绘面部、张大千补衣裾的徐志摩画像

◇ 装裱成一轴的胡适、陆小曼、徐志摩三人书画扇面

要是天公换了卿和我,
该把这糊涂世界一齐都
打破,
再团再炼再调和,
好依着你我的安排,把
世界重新造过!

蔎黙的诗
第一百八首
十四,五,三,为
小曼写
适

◇ 胡适为陆小曼所书"要是天公换了卿和我"手迹

◇ 小曼扇面

北京大学用笺

万牲园所陈列者为最富丽南方当无此大观也严复樊老近莅岿崇字伯父要否北方天气早寒己非重裘不温矣肃此敬请

金安

姪兒章垿頓首謹稟十月

◇ 徐志摩致伯父书信手迹

小 复

◇ 凌叔华

二十一
遗文编就答君心

在给徐志摩的悼词中陆小曼明确表示活下去的原因是"因母老",而活下去要做的则是"遗文编就答君心"。她觉得志摩的诗文是全社会一份珍贵的精神财富,出版志摩的作品是对他最好的怀念。1931年11月,就在徐志摩去世后大约十天,赵家璧因为想早些把徐志摩的遗作《秋》送到读者的手中,就找到陆小曼,想问她要一张徐志摩的相片放在书的扉页。这本书是在徐志摩生前就答应赵家璧出版的。陆小曼知道马上要出徐志摩的遗作,感到十分欣慰,当即就提供了相片。她还对赵家璧说:"我这里还有一些志摩的遗稿、日记和书信之类,能否和我一起做些整理工作,有机会时就出版。"11月底,在赵家璧的努力下,《秋》作为上海良友图书公司的《一角丛书》第十三种出版,也是出版最早的徐志摩遗作。《秋》中收录了徐志摩在暨南大学的演讲稿及《翡冷翠日记》四页。

1931年12月,陆小曼应邵洵美约请,为徐志摩的遗作《云游》作序,这是她第一次为徐志摩的作品作序,她写道:

又谁能料到在你去后我才真的认真的算动笔写东西,回忆与追悔便将我的思潮模糊得无从捉摸。说也惨,这头一次的序竟成了最后一篇,哪得叫我不一阵心酸,难道说这也是上帝早已安排定了的么?

《云游》于 1932 年 7 月由上海新月书店出版,署名陆小曼编,其实陆小曼只是作了序言,书是邵洵美出钱让陈梦家收集志摩的资料编成的。就是序言,当时也有人怀疑是邵洵美代作的(徐柏庵《亭子间谈荟——陆小曼〈云游〉序真伪考》,《循环》1932 年第二卷第十期第九页)。该书一共只有十三首诗,其中两首还是译诗。

1933 年,陆小曼整理了徐志摩于 1926 年 8 月至 1927 年 4 月写的《眉轩琐语》,在当年的《时代画报》第三卷第六期上发表,后来,《眉轩琐语》收在陆小曼 1947 年所编的《志摩日记》里。

1936 年,徐志摩过世第五个年头,在陆小曼的努力下,《爱眉小扎》由良友图书公司出版。据说这本《爱眉小扎》的来由是这样的:当时陆小曼和赵家璧已经大致编好《志摩全集》并准备交良友图书公司出版。但胡适提议《全集》由商务印书馆出。陆小曼由于相信胡适,并且可以拿到商务馆的一笔预支的版酬,所以改交商务印书馆出了。陆小曼对赵家璧是万分的抱歉,她跟赵家璧说:"志摩日记部分不给'商务'出了,我想单独拿出来给'良友'出。"幸亏是这样,《爱眉小扎》才得以在 1936 年出版。1 月"良友"按诗人手迹本影印了五百本,编入《良友文学丛书》里,这就是所谓的"真迹手写本",系题为"爱眉小扎",署名手心,是徐志摩 1925 年 8 月 9 日至 31 日、9 月 5 日至 17 日的日记手稿影印本;另一种是 3 月出版的铅排本,由于字数偏少,陆小曼就把同一时期她自己写的一部日记及志摩写给她的十一封信(1925 年 3 月 3 日至 5 月 27 日)也拿出来。《爱眉小扎》是徐志摩和陆小曼两人相爱的心声,那一封封信,浓艳温柔,妩媚动人。陆小曼在序中表达了她的心愿:

> 今天是志摩四十岁的纪念日子,虽然什么朋友亲戚都不见一个,但是我们两个人合写的日记却已送了最后的校样来了,为了纪念这部日记的出版,我想趁今天写一篇序文,因为把我们两个人呕血写成的日记在这个日子出版,也许是比一切世俗的仪式要有价值有意义得多。

《爱眉小扎》分小曼序、爱眉小扎、志摩书信、小曼日记四个部分,收录内容为徐志摩在 1925 年 8 月 9 日至 31 日(北京)、1925 年 9 月 5 日至 17 日(上海)期间写的日记;《志摩书信》收录内容为徐志摩在 1925 年 3 月 3 日至 5 月 27 日期间写

给陆小曼的信件；《小曼日记》收录陆小曼在 1925 年 3 月 11 日至 7 月 11 日期间写的日记。在再版本的扉页，我们可以看到上面写着：1936 年 1 月 20 日付排，1936 年 3 月 20 日初版，1936 年 7 月 10 日再版。说明该书的销量在当时来说还是不错的。

在这里，我想对《爱眉小扎·序》作一个必要的说明。陆小曼一共给《爱眉小扎》作过三次序：一次是发表在 1934 年第三十八期《论语》半月刊上，是为发表徐志摩《爱眉小扎》中的一部分作品而作。当时美术家张振宇在《论语》杂志社当编辑，他鼓励陆小曼把徐志摩的《爱眉小扎》拿出来发表。可惜由于书稿中涉及当时的一些人事，所以没有载完就中止了。陆小曼序的全文是这样的：

振宇连跑了几次，逼我抄出志摩的日记。我一天天的懒，其实不是懒！是怕，真怕极了。两年来所有他的东西我一共锁起，放在看不见的地方，总也没有勇气敢去拿出来看，几次三番想理出他的信同日记去付印，可是没有看到几页就看不下去了。因为我老是想等着悲哀也许能随着日子一天天的溶化的，谁知事实同理想简直不能混合的，这一次我发恨的抄，三千字还抄了三天，病了一天，今天我才知道，等日子是没有用的，不看，也许脑子的印象可以糊涂一点，自己还可拿种种的假来骗自己，可是等到看见了他那像活的似的字，一个个跳出来，他的影子也好象随着字在我眼前来回的转似的，到这时候，再骗也骗不住了，自己也再止不住自己的伤感了，精神上又受不住，到结果非生病不可。所以我两年来不但不敢看他的东西，连说话也不敢说到他，每次想到他，自己急忙想法子丢开，不是看书就是画，成天只是麻木了心过日子，什么也不想，什么也不管。

这本日记是我们最初认识时候写的，那时我们大家各写一本，换着看的。在初恋的时候，人的思想、动作，都是不可思议的，他的尤其是热烈，有许多好的文字，同他平时写的东西完全不同，我本不想发表的，因为他是单独写给我一个人的，其中大半都是温柔细语，不可公开的，不过这样流利美艳的东西，一定要大家共同欣赏，才不负他的美，所以我不敢私心，不敢独受，非得写出来跟大家同看不可，况且从前他自己也曾说过："将来等你我大家老了，拿两本都去印出来送给朋友们看，也好让大家知道我们从前是怎样的相爱。等到头发白了再拿出来看，一定是很有趣的。"他既然有过意思要发表，我现在更应该遵他的遗命，先抄出一部分，慢慢的等我理出了全部的再付印成一本书，让爱好的朋友们都可以留一个纪念。

三月十九日　小曼灯下

第二次就是1936年良友图书公司在上海正式出版《爱眉小扎》单行本时作的序，前文已作简略表述。这个序也是目前在一般的有关徐志摩书籍上都能见到的。

第三次是1943年2月桂林良友复兴图书公司出版《爱眉小扎》重排本时，陆小曼重又作序。这个序文也不长，展示如下：

> 这次良友公司从上海迁到桂林，最先把志摩的这本遗作出版，是使我听了很高兴的一件事。志摩飞去至今，已是足足的十年，我是预备在逝世十周年的时光，把他另一部分未发表的日记、书信在上海编集出版，可惜战争把这一小小的计划又给打破了。本书一九三六年在上海初版出书时，我的序文中曾说：把这本两人呕心写成的日记出版，来纪念志摩四十的诞辰；如今又只能把这部日记的出版（桂林本），来纪念志摩的十周年忌辰了。
>
> 八年以前，我本有自己出版《志摩全集》的计划，材料都搜齐了，目录也编就了（预备共出十部，内诗集三册，散文三册，日记一册，译作二册），某书馆自告奋勇的说这部全集只有他们能出，也只有他们能出得好，我当然相信他们的话。如今时间已过去八年，这部全集还如石沉大海，不知何年何日才能和世人见面，回想起来，真是太对不起志摩了。
>
> 我现在正在重新打起我萎顿的精神，要把这个计划自己来实现，靠人家是没有用的。等这部全集出版时，我对志摩所欠良心上的债才算清偿，那么我死了也是瞑目的。
>
> 编者写信来要我在重排本前写点东西，便胡乱的写了这些话，请读者们原谅！
>
> 一九四二年十二月十五日写于上海

这样，我们就可以比较好地、连贯地对《爱眉小扎》有几个版本有个初步的了解，也可以系统地了解陆小曼为之所做的努力。

陆小曼一直想给徐志摩出一个全集。在徐志摩遇难后，赵家璧因为要出版《秋》一书向陆小曼征求照片时，陆小曼就曾向赵家璧透露了编《志摩全集》这样的一个打算。后来陆小曼在病床上躺了一年多。病好后，她又把这个想法跟赵家璧说。赵家璧是徐志摩的学生，他非常赞赏这个建议。当时赵家璧去征求茅盾先生的意见，茅盾鼓励他尽最大努力去搜集志摩的信札、日记之类，为中国出版界编出第一部现代作家全集来。于是，陆小曼和赵家璧两人分别找寻一些徐志摩的著作、日记等，向许多图书馆和收藏家借阅文学期刊，收集散见各处而未编入文集的零星文章，并写信向有关朋友征求徐志摩的书信。经过多方寻找、讨取，到了1935年10月，稿子大致编好，一共有十卷，分别是诗集一卷、散文四卷、小说一卷、戏剧一卷、书信两卷、日记一卷。陆小曼发出的征求信，反应不强，因为当时徐志摩的朋友们都把徐志摩的死怪到陆小曼的头上，认为是陆小曼害了他，所以她编全集，那些朋友不肯予以支持。当时仅征得致刘海粟十九通、致蒋慰堂（复璁）九通、致郭有守九通、致郭子雄八通。陆小曼很失望，但她不愿意再去求人，她对赵家璧说："即使应当交出信函的许多朋友都不来（注：指的是胡适和住在北方的徐志摩其他朋友），我自己收藏的部分为数也不少，凑成一卷没有问题，虽然其中有些信，我实在不愿公开发表。另外有一部分志摩从国外寄回来的英文信，如能译成中文，也可凑出二三十封。"这批英文信，据赵家璧回忆，后来小曼交给他保存，"文化大革命"期间，就不知下落了。十卷大致收集好后，当时议定由赵家璧所在的良友图书公司出版。

1935年10月，胡适到上海。赵家璧做东，在北四川路（解放前对武进路以北的那一段四川路，称北四川路）味雅酒楼宴请他，并请陆小曼作陪。席间，陆小曼就向胡适谈了她和赵家璧已把《徐志摩全集》初稿编就的情况，要求他把志摩给他的信以及给北方朋友的信由他收集后早日寄沪，也谈到留在别人手中的几本日记的事，最后还要求胡适为这套全集写一篇序。胡适听了以后，没有什么反应，似乎毫无兴趣。

宴席后的第四天，胡适跟陆小曼讲，他认为《志摩全集》放在"良友"出不合适，他建议改交商务印书馆。商务馆馆长王云五也表示同意，并愿立即预支版税两千元。这对经济困难的陆小曼来说，具有强大的诱惑力。陆小曼马上找到赵家璧对他作了解释，赵家璧也无可奈何，"良友"是小出版社，斗不过"商务"，他也拗

不过胡适,更兼陆小曼也已决定由"商务"出了,他不好再说什么。于是陆小曼跟商务印书馆签了合同,稿子随即寄了出去,正要校对的时候,"八一三"战争在上海开始了,而陆小曼又生病好几个月,等病好了再去问,得知商务馆预备迁走,一切都是纷乱状态,根本谈不到出版书了。他们只是口头答应,等安定了再出书。一年年过去了,从此与"商务"失去了联系。

陆小曼受到沉重打击,她写道:"我怀着一颗沉重的心回到家里,前途一片渺茫,志摩的全集初度投入了厄运,我的心情也从此浸入了忧愁中。除了与病魔为伴,就是整天在烟云中过着暗灰色的生活。"(《遗文编就答君心——记〈志摩全集〉编排经过》,引自《陆小曼文存》,柴草编,山西出版集团·三晋出版社2009年12月版,第三十三页)

八年抗战结束后,陆小曼跑到回迁的上海商务印书馆去问稿子的下落,好不容易找到一个熟人,才知道他们当时匆匆忙忙撤退的时候是先到香港,再转重庆。在抗战时期,忙着出版抗战刊物,根本没有条件去出志摩的书。现在虽然迁回,但几经辗转,连馆内的人也不知道稿子究竟在哪儿。说可能在香港,也可能在重庆。这话给陆小曼很重的打击,当她走出商务馆的大门时,她连自己要走到什么地方去也不知道了。她想不到的是费尽心血收集的稿子竟然找不到了,她再没有办法去收集,她家里已经什么都没有了。

一晃与商务印书馆签约已是十年。这十年,陆小曼尝尽世态炎凉和孤独寂寞。1945年12月的一天,作家赵清阁去看陆小曼。赵清阁在重庆就已经听梁实秋介绍过陆小曼,战后在上海又听郑振铎谈起她的际遇,他们都对她很赞誉,所以赵清阁一直想着去看她。半个月前赵清阁曾写信给陆小曼,说要去看她。陆小曼也复了函,说非常盼望她去。赵清阁因为事情忙,拖了半个月总算抽出时间去了。赵清阁回忆道:

> 今天是一个最好的日子,虽寒冷,下午却出了太阳,冷,澄清了我忙乱的心情;太阳又引出我出去走走的兴趣,于是放下笔,决定访这位也许已经被人遗忘了的陆小曼女士。
>
> 福煦路上,特别萧条,车马稀少,人行道上唯有落叶狼藉,寂寞无声欲断魂,我不禁悄悄地说声:这正是诗人住的环境。

及抵陆宅，叩门良久，才出来一个北方口音的女仆，予以名片，说明我是专门来拜访陆女士的，她遂引导我进入一二层楼的客厅，客厅相当大，陈设古老，药香气氛颇浓，一张长方的画桌上，笔墨颜料零乱的散置着，案头铺了幅刚刚续就的山水，后来知道这便是小曼女士在上海日以继夜，年复一年的唯一消遣，案面嵌玻璃板，底下压了一张徐志摩先生的便装照片，他是躺在一块草地上，手里还拿着一支香烟，潇洒出尘，神情活现，我们可以想象出小曼女士虽然在作画的时候，也还需要志摩先生的遗影伴着她，安慰她。

四壁满是书画，照片左壁角悬了一帧小曼女士年轻时的放大像，和她斜度相对的左壁正中，悬了一张男子放大像，这一望而知是我们的诗人徐志摩先生了。人亡影在，看了令人肃然起敬，不胜悲悼之至！（《失去徐志摩的陆小曼》，载上海《申报》，1945年12月6日）

一会儿，陆小曼走进客厅。她穿了一件很黑的羊毛袍，可以看出她很瘦弱，她的面色很白，看起来好像在患贫血症，当时的陆小曼已经四十二岁了。

陆小曼微笑着说："我等了你那么久没来，还以为是我的信没寄到呢。"

"很抱歉，因为忙乱，拖到现在才来看您。"赵清阁心里有些歉意，问她，"近来身体好吗？"

陆小曼说："噢，不！差不多一年病到头，前几天还不能起床，要不然，我早去看你了！"她看到赵清阁在注意她避开阳光反射的地方，就解释说："我有许多年不迈出大门一步了，也可以说有许多年没有见太阳了。我宁愿被黑暗和阴冷包围，唉，小楼外面的一切已与我无关了。"

她又说："我在上海简直没有朋友，于是每天在绝对的寂寞中度过，上午睡觉，下午起来看看书，作作画，夜间便通宵伴着孤灯抽烟，喷雾，让烟雾迷漫整个心灵。"

这时，陆小曼想起《志摩全集》的事来，她对赵清阁说："我没有什么希望了，我所念念不忘的也只有这件事，这便是志摩死后我唯一的工作，可是这件事犹如石沉大海，书既不能问世，连消息也一点没有了。"说完，她长叹一声。

突然，她兴奋起来，对赵清阁说："我告诉你一个奇异的梦——我开始编辑《志摩全集》的时候，有一天晚上，我梦见了志摩，清清晰晰和他好像活着一样的洒脱，聪明的神气，我仿佛在书案上看他的稿子，他从我的背后走过来，拍拍我说：'我

小曼

真感激你,你这样辛苦地为我编全集,可是这不是一件简单的事,你不必太热心了,尤其不能抱过大的希望。'我听了他的话不明白,我问他:'为什么?'他笑了笑说:'人在世情在,人亡世情亡,全集的材料不全,你必须求朋友帮忙,这就会使你失望,我可以告诉你,日记一部分需要三年工夫,小说有一本永远没有办法;再加上其他种种原因,恐怕九年以后能成功,不信你等着瞧吧!'当时我真的不信,所以醒后我一点不以为然。我仍旧积极地工作,直到后来,甚而直到现在我才完全相信了,事实果然不错,志摩在世是智慧过人的,死后依然过'人'!"

说完,陆小曼狠狠地抽了几口烟,手因为虚弱、激动而发抖,她一字一句地说:"志摩死了十四年了,十四年的世界上再没有了他,也永远毁了我。"

赵清阁安慰她说:"《全集》一定要出,中国文坛是视它为珍宝的,志摩先生是不会被人遗忘的,他将长存在读者的记忆里!"赵清阁又劝道:"春天就要到了,一切都将开始新兴,希望你从此振作起来,老闷在屋子里对身体无益,应当尽可能多出去走走。"

赵清阁回去后,想到陆小曼的现状及她与徐志摩的种种往事,心里不禁唏嘘不已。她又忍不住给陆小曼去了一封信,希望她摆脱颓丧,重新扬起生活的风帆。

赵清阁的友情访问及亲切的书信让陆小曼心里很是温暖。不久,她回了一封信给赵清阁,里面坦露了她糟糕的病情以及希望与赵做好友的想法,并决心"好好做点事情",她说:

在病中接到你的信,又喜又慰,欲复不能,更添惆怅,只能躺在床上干着急。脑子里像流水般的转,久已麻木了的心神,又好似有了感觉似的。这是我几年来从未有过的现象。我自从那天初次同你见面后,就觉得你是一个很可亲近,可吐肺腑的朋友。你好像一枝白梅,吐出一阵清淡芬芳,使我久处在污浊空气中的脑子,得到无限的安慰,我感到欣幸,送你走出大门,回进屋子里,我静默了好久,我说不出是怎样的一种味儿,我本想就去看你,再度细谈,可是一二天之后我就病了,因为每冬我必发气喘咳嗽病,那几天正是冷得利害,所以旧病又来了。本来冬天是最对我不相宜的,去年一冬,我也没有出过大门,今年我希望开了春,我可以出去换换空气,到时候一定第一个就先去看你,虽然这几个月中你我只见过一次,可是我好似你我神交已久似的,古人相交

不在密，现在我才懂得其中之味，我真想再见你一次，你的大作更使我快慰，你写得太好了，我一直闷在心里的，所要说而不敢说的话，你已经都给我说了出来，我真感谢你十二分。十几年来我觉一切都是空虚，一切的事我都看得太清楚，所以反而觉到一切都是无所谓，因此我的心神一天天往下沉，快沉到没有影儿了，现在你给了我一种特别兴奋，使我死了的一切又有一点复活的希望了。近来我很想写东西，我睡在床上的时候，我脑子里想着许多可写的东西，只是手无力提笔，只好对着孤灯愁恨，不知那（哪）一天我可以再有康健，现在我已不想残灭自己了，从此我决定好好的养我的身心，预备今春好好地做点事情，你给了我不少勇气啊。（该信后来发表在1946年3月22日上海当地的报纸《飘》第十二版上，题名为《怨恨着另一种生活——还是麻木一点好》）

这一次赵清阁的访问，是陆小曼和赵清阁友情的开始，后来赵清阁成为陆小曼中晚年最要好的姐妹，她们俩的交往一直不断，如1952年11月，陆小曼过五十岁生日，赵清阁陪在她身边；1954年6月，赵清阁过四十岁生日时，陆小曼也陪她度过。而且在赵清阁的鼓励和劝导下，陆小曼慢慢地走出了小楼，经常到赵清阁处坐坐聊聊，还每年画几幅扇面送给她，并请赵清阁欣赏评论她的画作。通过赵清阁，陆小曼慢慢地也会了一些老朋友，身体和心情都有了一些改善。

1999年7月，笔者专程去上海拜访赵清阁女士，不巧她正患重感冒，发着烧，不能见客。只和她情同姐妹的保姆吴老太聊了几句。11月23日，也是初冬时分，我又去上海叩询赵清阁老人。当时赵清阁正在上海华东医院住院治病。这不禁使我想起五十四年前同样的初冬，赵清阁对陆小曼的那次访问；也不禁让我想起三十四年前，陆小曼也是在华东医院不幸病逝，而当时赵清阁正陪在她身边。时间滑得真快。那一次，赵清阁在病床上延见了我。吴老太在边上服侍她，她不停咳嗽。我看此情形，知道不便打扰，稍坐片刻，便起身告辞。赵清阁说："抱歉，抱歉。"我本想着等她的病好了，再去拜访她，询问一些陆小曼的故事。谁知四天后即11月27日，八十五岁的赵清阁就病重不治，撒手人寰。

1946年的一天，赵家璧去看望陆小曼，当时赵家璧已在主持晨光图书出版公司。陆小曼一见到他，就流下了眼泪。她后悔当初听了胡适的话，否则《全集》在抗战前就能与读者见面了。她近似忏悔地对赵家璧说："那年，胡适让我把《全集》交给商务印书馆，一方面是利用我急于要钱的心理来破坏我们的合作；他真正的目的还在于，不愿让新月派诗人的全集，由你这样一个青年来当编辑。特别是胡适对良友出版公司出的文艺书，左翼作家如鲁迅、茅盾等占主要地位，心中最不高兴，因此他千方百计逼我把这套书拿出来。我当时也预料到，进了'商务'这个大书局，不知何年何月才能出，现在事实不正是这样吗？今天后悔也来不及了！"赵家璧对陆小曼劝慰了几句，又问她是否还有其他的日记或遗稿之类，可和《爱眉小扎》等重新合编一册。陆小曼说："今年正好是志摩诞生五十周年，让我再去找些未发表的日记编一本新书吧！但是志摩最好的日记，还有几本，都不在我这里，而是在北平的两个人手里，我也没有办法去要。"

后来，陆小曼就找出了徐志摩写于1918年的《西湖记》，写于1926年至1927年的《眉轩琐语》，连同志摩亲笔题名的《一本没有颜色的书》，再加上原来已出的《爱眉小扎》和《小曼日记》，共五个部分，总题为《志摩日记》，于1947年3月由晨光图书出版公司出版，编入《晨光文学丛书》。小曼在序中再次表达了自己的心愿：

> 我决心要把志摩的书印出来，让更多的人记住他，认识他。这本日记的出版是我工作的开始……我预备慢慢地拿志摩的东西出齐了，然后再写一本我们两人的传记，只要我能够完成上述的志愿，那我一切都满足了。

陆小曼还对里面的内容作了简要的说明："这本日记的排列次序是以时间为先后的。《西湖记》最早，那时恐怕我还没有认识他；《爱眉小扎》是写我们两个人未结婚前的一段故事；《眉轩琐语》是他在我们婚后拉笔乱写的，也可以算是杂记；《一本没有颜色的书》是许多朋友写给他和我的许多诗文图书；我的一本原来放在《爱眉小扎》后面的日记，这次还是放在最后，作个附录。"

《一本没有颜色的书》，其实是徐志摩和陆小曼的爱情纪念册，是当时的一些重量级的中外友人为陆小曼徐志摩新婚所题的诗词和图画。如泰戈尔题诗：

路上耽搁樱花谢了
好景白白过去了
但你不要感到不快
（樱花）在这里出现
……

胡适的题诗为：

花瓣儿纷纷落了，
劳伊亲手收储，
寄与伊心爱的人，
当一篇没有字的情语。
……

闻一多的题诗是：

碧城十二曲栏杆，犀辟尘埃玉辟寒。
阆苑有书多附鹤，女床无树不栖鸾。
星沉海底当窗见，雨过河源隔座看。
若是晓珠明又定，一生常对小晶盘。

邵洵美画了茶壶茶杯，并题打油诗：

一个茶壶，一个茶杯；
一个志摩，一个小曼。

此外还有杨杏佛、陈西滢、顾颉刚、曾孟朴、俞平伯、吴经熊、张振宇、江小鹣、林风眠、陈小蝶、叶恭绰、任叔永、章士钊、杨振声、杨清磬等人的题诗。陆小曼录《红楼梦》诗一首，后署"庚午晚冷香人志"。徐志摩以"黄狗"为名自题一诗：

> 山围故国周遭在，
> 潮打空城寂寞回。
> 淮水东边旧时月，
> 夜深犹过女墙来。

其实，陆小曼还有一本纪念册（该纪念册上的所有内容收录在笔者所编的《众说纷纭陆小曼》一书中，该书于2006年1月由山西古籍出版社出版），是笔者采访陆小曼堂侄孙邱权时看到的。不过这本纪念册上陆小曼的身份还是王赓夫人，时间在1925年上半年。里面录有徐志摩的手写诗稿《一块晦色的路碑》，纪念册上的这首诗比一般出版本多了一段（第三段）："她的妩媚在时，像那边涧底的夕阳红；但她的命运，像是黑夜在墓墟间。"此外，还有胡适、王赓、杨杏佛、钱昌照、丰子恺、张歆海等人的题诗。胡适选的是波斯人莪默的一首译诗："要是天公换了卿和我，该把这糊涂世界一齐都打破，再团再炼再调和，好依着你我的安排，把世界重新造过！"当时作为丈夫的王赓题"苦尽甘来方知味"，简洁却意味深长。

虽然出版了《志摩日记》，但仍然没有《志摩全集》稿子的消息。陆小曼简直要发疯了。最后，她找到了当时商务印书馆的经理，志摩的老朋友朱经农，让他帮助查找志摩稿子的下落。朱经农不久回了一封信，说志摩的稿子并没有丢失，还在香港，他一定设法在短时间内去找回来。这个肯定的回答给了陆小曼一点希望。这已是抗战胜利后的第三年了。

但是，从此以后，却又没有了任何音信。一月一月地过去，陆小曼等得心里发慌。等来等去，书稿的消息倒是没有，却等到了解放的消息。当时上海一片混乱，百废待兴。在这种纷乱状态下，陆小曼又绝望了，她想，志摩的稿子是绝对不可能再存在了，她也无处去问，她只有向着苍天苦笑。

在1950年时，陆小曼又生了一场大病，在床上整整躺了一年多。她的脑海里始终惦念着这件事。她想到志摩为新诗耗尽心血，为了新文艺的繁荣，志摩费尽了心血，而今他的精灵蓄积的遗稿却不见影踪，怎不让人心焦？她想，从此以后，这世界上不会再有他的作品出现了。想到这些，更加重了她的病情，她消极到没法自解的地步。她自己说，她好像变成了一个傻瓜。

1954年的春天，陆小曼突然接到北京商务印书馆来的一封信，说志摩全集稿子找到了，因为不合时代，暂时不能出版，稿子可以退还。预付的版税，不再追还。不久，陆小曼收到了北京商务印书馆寄来的书稿清样和全部纸型。陆小曼看到在书稿的末尾由"商务"的编审写了个后记：

> 战前陆小曼女士曾与敝馆订约刊行《志摩全集》，遗稿由小曼女士负责搜罗；内容拟分诗集、文集、小说集、戏剧集、日记集、书信集六种。整理未就而"八·一三"之难作。敝馆编审部自沪迁湘，由港徙渝，抗战时期，几无宁处。原稿仅获保全，未遑编印。日记稿未交来，战后已由小曼女士另行出版……其他杂著之未经发表及书札之经亲友收藏者，当复不少，以种种关系，一时未能收集。全集编成既须有待，而已集之稿散佚堪虞；爰为重加整理，分为诗、文、小说、戏剧、书信五集，陆续出版；改颜曰《志摩遗集》……（赵家璧《回忆徐志摩和〈志摩全集〉》。载《新文学史料》1981年第四期）

后面签署的日期为"民国三十七年七月一日"。当是陆小曼请朱经农查找后，由编审重新整理发排的。由于当时正是解放战争中具有历史意义的"三大战役"发动前夕，所以该书没有印刷出版。

陆小曼看到稿子清样，欣喜若狂，她心里不断地念着：还是共产党好！还是共产党好！她回想在抗战胜利后的四年内，她奔来奔去，费了多少精力，也没有得到一个答复，而现在不费吹灰之力，就得到了全部的稿子同版型。她由衷地感到：只有共产党领导，事情才能办得这么认真。虽然暂时不能出版，但他的稿子终于找到了，她相信，只要稿子还在，慢慢地一定会有机会出版。她也相信，共产党不会埋没任何一种有代表性的文艺作品。她继续等待着，这次她不是消极地等，而是充满希望地去等。

上世纪五十年代中期，陆小曼把《志摩全集》的清样交给王亦令，要他帮着校读和整理。可王亦令对新诗不感兴趣，所以随后陆小曼又把清样要了回去，一直保存到临终时分。

◇《云游》书影

◇◇《爱眉小扎》书影（良友图书公司出版）

◇《志摩日记》书影

◇◇ 泰戈尔赠徐志摩印度文诗

◇ 陆小曼录《红楼梦》中诗句手迹

◇◇ 徐志摩《一块晦色的路碑》手迹

◇ 陆小曼赠赵清阁扇面

小受

◇ 赵清阁

◇◇ 香港商务印书馆 1983 年出版的《徐志摩全集》

二十二
难舍瑞午

尽管陆小曼对徐志摩的感情是深厚的,但她仍旧离不开翁瑞午。据翁思再和翁香光等人回忆(翁思再《我所知道的翁瑞午》,网络文摘,原出处不详。翁香光《尊重历史·尊重事实——剖析〈人间四月天〉中对翁瑞午部分的不实》,台湾《大雅》双月刊2000年6月),1931年11月徐志摩北上前曾与翁瑞午长谈,希望翁好好照顾陆小曼。没想到徐志摩真的飞机失事,一去不返。得到徐志摩失事的信息后,翁瑞午即赶赴山东难区接运遗体。而且从此以后,翁瑞午就一直照顾陆小曼,直至翁离世。刚开始时,因为翁瑞午在江南造船厂当会计处处长,有较丰厚的收入。后来,翁得了肺病,就离职休养。他一家和陆小曼的生活就非常拮据了(据翁香光回忆,因翁瑞午胞兄去世,翁瑞午还负担他兄长一家几口的生活,故此身体和经济都备受考验)。后期基本上靠他卖古董和他在香港的二女儿翁文光给寄的钱。

的确,陆小曼也有她的苦衷。她是一个刚刚丧夫的旧社会的弱女子,没有固定收入,没有子女赡养。况且她当时还拖着表妹吴锦一家三口的生活。吴锦的父亲吴安甫去世较早,吴曼华答应兄长照顾他的子女。吴曼华死后,就要求小曼照顾好舅舅家里人。后来吴锦嫁给庄慕云,但庄五年后也不幸病逝。吴锦和小曼同为寡妇,平时关系也较好,就住在了一起。吴锦无形中成为陆小曼的管家,两人虽是表姐妹,但同亲姐妹一样。那段时间的生活费用全是翁瑞午靠工资和卖画、卖古董搞来的。经济上不能独立,人格上也就不能独立,这是陆小曼意志力不强,

随遇而安的突出表现。

　　陆小曼为什么离不开翁瑞午？是单纯因为经济的原因吗？还是陆小曼的病时时需要翁瑞午的治疗，亦或是陆小曼真的对翁瑞午日久生情（一种家人的感情而非爱情）？我们作为后人不便揣测，而事实就是这样——徐志摩去逝后的陆小曼一直和翁瑞午保持着介于情人和家人之间的关系，让外人垂涎、嫉妒甚至唾弃，但他们却默默地彼此接受，随着时间的推移，他们的关系逐渐得到他们的家人和一些朋友的认可。

　　陆小曼在徐志摩死后，与翁瑞午同居是事实，这在一些回忆文章中多有涉及。陈巨来说：

> 志摩死后，小曼家中除瑞午外，常客只余及大雨夫妇及瘦铁与赵家璧、陈小蝶数人耳。当时每夕瑞午必至深夜始回家中，抗战后他为造船所处长，我为杨虎秘书，均有特别通行证者，只我们两人谈至夜十二时后亦不妨。一日，时过二点了，余催瑞午同走，他云：汽车略有损坏，一人在二楼烟榻上权睡一宵罢，自此遂常常如此，小曼自上三楼，任他独宿矣。及那月底，徐申如送来三百元附了一条云：知翁君已与你同居，下月停止了云云。后始知徐老以钱买通弄口看门者，将翁一举一动，都向之作汇报的。当时翁大怒，毫不客气，搬上三楼，但另设一榻而睡者，自此以后小曼生活，由其负担矣。（《陆小曼、徐志摩、翁瑞午》，载《万象》1999年第一卷第五期）

在上海中国画院保存着陆小曼刚进院时写的一份"自传"，里面有这样的词句：

> 我廿九岁时志摩飞机遇害，我就一直生病。到一九三八年卅五岁时与翁瑞午同居。翁瑞午在一九五五年犯了错误，生严重的肺病，一直到现在还是要吐血，医药费是很多的，还多了一个小孩子的开支。我又时常多病，所以我们的经济一直困难。翁瑞午虽有女儿给他一点钱，也不是经常的。我在一九五六年之前一直没有出去做过事情，在家看书，也不出门，自从进了文史馆。

这样一来，时间和事实都已很明确，陆小曼因此也受到外界的强烈指责。翁瑞午对她仍是一往情深，只要小曼开心，他什么都能替她办，苏雪林曾回忆道：

> 我和陆小曼也曾见到一面，那是在民国三十八年，我避地上海，女作家赵清阁介绍我和小曼相见。她那时住在翁瑞午家里。志摩逝世后，小曼穷无所归，依瑞午为活……翁瑞午站在她榻前，频频问茶问水，倒也像个痴情种子。（《记忆中的徐志摩和陆小曼》。引自《众说纷纭陆小曼》，柴草编，山西古籍出版社2006年1月版，第六十页）

的确是这样的。翁瑞午经常给陆小曼买静安寺老大房的蛋糕吃，还去买老大昌食品店的西式点心；他还把夫人陈明榴做的玫瑰酱也拿去给陆小曼吃。那么，为什么翁瑞午一直对陆小曼好？后来陆小曼不修边幅，牙齿脱落，不是早就容颜不在了吗？看来翁瑞午也不单纯是看中陆小曼的美貌，后来又有一份感情和责任在里面了。

翁瑞午也是个比较幽默的人，很会开玩笑。陆小曼和他在一起时，常常是他讲，而陆小曼则听之任之。有一次翁瑞午当着别人的面开玩笑说："你们晓得吗？小曼可以称为海陆空大元帅。因为：王赓是陆军，阿拉是海军少将，徐志摩是飞机上跌下来的，搭着一个'空'字。"说罢哈哈大笑。还有一次，翁瑞午讲徐志摩"好吃豆腐"的事，也是发噱得很。他说："这个志摩啊，吃起'豆腐'来简直是旁若无人，穷形极状。有过一次，俞珊（1908—1969，舞蹈演员。早年曾出演《莎乐美》、《卡门》等剧）到上海来演出，这个女人作风大胆，使得多多少少男人都拜倒石榴裙下，志摩也是其中之一。有一次，阿拉大家（说时望望陆小曼，似乎把她包括在内）都挤到了后台，围绕在俞珊的身边，俞珊正化着妆，忽然喊道：'啊哟，真要命，我要小便，我要小便。'奇怪么？阿是十三点？你要小便就去厕所好了么，何必对着大庭广众叫喊？嗨嗨！偏偏有个徐志摩，也不知是书呆子本性，还是诗兴大发作，还是装憨吃'豆腐'，居然急急忙忙到处找，结果还居然找到了一只痰盂，一本正经双手捧着痰盂，口中喊着：'痰盂来哉！痰盂来哉！'一路小跑到俞珊面前。你看，他是不是个大宝贝。"陆小曼本就是一个宽厚的人，更兼徐志摩死后，她的心灵已经麻木，而且她对翁瑞午的那一套已经见怪不怪，也就让他去说，不加置辩。

至于陆小曼和翁瑞午之间的关系进展及程度，在陆小曼自己有这样一个总结性的说法：

> 我与翁最初绝无苟且瓜葛，后来志摩坠机死，我伤心之极，身体大坏。尽管确有许多追求者，也有许多人劝我改嫁，我都不愿，就因我始终深爱志摩。但是由于旧病更甚，翁医治更频，他又作为老友劝慰，在我家长住不归，年长日久，遂委身矣。但我向他约法三章："不许他抛弃发妻，我们不正式结婚。"我对翁其实并无爱情，只有感情。（王亦令《忆陆小曼》。载台湾《大成》第八十四期）

尽管陆小曼说她对翁瑞午"只有感情，没有爱情"，但她对待感情，也是认真而坚强的，决不三心二意。徐志摩离世后，有不少人惊艳于她的美貌和才气，追求过陆小曼，但她从未动过心。胡适不赞成她和翁瑞午的这种关系，要她与翁断交。陆小曼也委婉地拒绝了他的要求。

陆小曼也同样离不开阿芙蓉。徐志摩死后，她为了麻醉自己，更难以摆脱鸦片的习好。为此，她还坐过一夜班房。那次国民党禁毒抄家，发现陆小曼家有烟具，就把她关了一夜。国民党名为禁烟，实为敲诈。第二天，翁瑞午打通了关节，把她保了出来。据说，后来陆小曼索性去政府登记领照，成为合法的吸食者，不用怕举报。

陆小曼自1927年左右因病吸食鸦片，一直到解放后才戒掉，先后有二十多年时间。吸食鸦片虽然在短时间内减轻了她的病痛，但长期的吸食更多地损坏了她的健康和容颜。在20世纪40年代，上海的一些报纸上多次报道陆小曼因吸食鸦片美貌尽失，过度衰老的样子。1946年第十期的《秋海棠》杂志上发表了一篇署名"茧丁"的文章《陆小曼判若两人》，副题为《昔日交际名花，今变老枪壳子》，文中说："去年夏初，有友去翁（瑞午）处购石章，因得见小曼，则牙焦颧耸，十足一沪谚所谓之'老枪壳子'，要非识者，谁信此人是二十年前之交际花耶！"又有文章《干瘪了的陆小曼》（《一四七画报》1947年第12卷第9期）说当时画家唐云想去见见久仰的美人陆小曼，周炼霞说，你就想象一下吧，见了会失望的。

唐云坚持要去，但陆小曼的"干瘪"还是让他很意外。可欣喜的是在此前后，因为控烟严格，加上友人的劝说，陆小曼痛下决心，开始尝试戒烟。几经努力，终于在上世纪五十年代初戒除了这一长期困扰她的嗜好，从而获得新生。

陆小曼的这种生活方式自然遭受非议，她是那样柔艳，又是那样任性，想干什么就干什么，因此她也一定是悲剧的主角。

按理说，陆小曼和翁瑞午同居，对翁夫人陈明榴（1899—1952，其父为青浦县知府。她与翁瑞午指腹为婚，1918年结婚）的伤害最大，但我们还未看到陈明榴对陆不满或大吵大闹的场景。这或许跟陈是一个旧式的妇女有关。她虽然也是中学毕业，但还是很传统，坚守着"三从四德"，她依靠丈夫，听从丈夫。翁香光在1984年5月5日写有一份未刊稿，内中写到她母亲："先是爱群女校，后在务本女中毕业，知书达理，贤德温顺，孝翁姑，敬丈夫，教导子女有方，宽宏大量，勤俭持家，艰苦朴素，翁姑及子女穿着全依其一人手中一针一线而成，惜乎嫁入翁氏门中，受婆母欺压，夫权严重，这种封建势力，未有一日之享乐，实在是可怜，可悲。陈夫人育有一子四女，子贵。"（引自丁言昭《父亲翁瑞午和才女陆小曼——访翁香光女士》，载《上海滩》2006年第八期）陈明榴知道情感上不能与翁瑞午对等，而在生活上一家人都必须依赖翁的收入，她只有勤俭持家，艰苦朴素，为这个多口之家操劳一生。她在性格上贤德温顺，宽宏大量，或许还有那么一点软弱。1927年《福尔摩斯》小报上登载《伍大姐按摩得腻友》，陈明榴也看到了，她的第一反应不是怒气指向翁瑞午，而是摇头叹息道："这小报的记者也太无聊了，没事找事，惟恐天下不乱。等二少爷回来，我要他与陆小曼以后少来往，免得人家乱说。"翁瑞午在家排行第二，所以陈明榴称他为"二少爷"。

陈明榴还曾把自己的四女儿翁重光送到陆小曼处去住，说："我们家有那么多孩子，可陆小曼一个也没有，多可怜。"可翁重光后来住不惯，就回到自己家里。由这件事也可见到陈明榴的善良和度量。

陆小曼处于道德的劣势，却又无可奈何，因此她只能尽可能地去弥补。她跟翁瑞午约定，不跟他结婚，不许他抛弃发妻。她叫陈明榴为"二嫂嫂"。而陆小曼对翁家几个子女也很好，有好衣服和她们共享，也经常会带她们出去玩儿。所以陆小曼和翁的五个孩子（翁瑞午和陈明榴育有一子四女，分别是儿子翁诚光，女儿翁香光、翁文光、翁国光、翁重光）关系也不错。陆小曼自己没有子女，将翁

瑞午的大女儿翁香光叫"大囡"。翁香光1942年2月与张元吉结婚时,陆小曼送给她丝绸衣裤及一些浴具等。翁香光很同情陆小曼,她说:"陆小曼除了是王赓原配夫人之外,离婚后与徐志摩再婚,徐之家人都歧视她,族中婚丧喜事,均无权参加。徐志摩逝世后,她跟着翁瑞午同居,翁之家族中有事,陆也无份参加。这种状况下,陆小曼在精神上是十分痛苦的。"(翁香光《尊重历史·尊重事实——剖析〈人间四月天〉中对翁瑞午部分的不实》,台湾《大雅》,2000年6月号,第六十二页)在陆小曼生病时,翁香光经常去看望她;陆小曼去世时,旁边除了一直照料她的表妹吴锦,就是翁香光了。翁香光就像她的女儿一样为她装假牙,穿新衣。在翁瑞午去世后做"五七"的时候,翁家也邀请陆小曼参加。翁香光工作后,也经常给陆小曼生活费,把她当自己母亲一样看待。三年自然灾害时期,翁香光的单位养猪,过年的时候,翁香光只分到四块猪肉,但她不忘记拿一块去给陆小曼吃。

虽然如此,陆小曼总是不光彩地干扰了别人家的生活。据翁香光回忆,她也有一次不可遏制的怒气发作,那是在她母亲陈明榴去世的时候。

1952年8月16日,陈明榴去世。翁香光看着刚刚断气的可怜的母亲,悲痛欲绝。她又想到父亲长期以来把大部分精力都花在了陆小曼身上,却对自己的妻子少加关心,就气不打一处来。他对匆匆赶来的父亲大加指责:"你为什么不早点与母亲离婚,如果早离婚,她还可以找个好人,过几年舒心日子。"她也跑到陆小曼的住处,对着陆小曼说:"你为什么抓住我父亲不放?为什么?为什么?你说,你说呀!"

陆小曼看着满是悲痛的翁香光,心里非常惭愧,却只能沉默以对。

上世纪五十年代中期,翁瑞午发现评弹兴旺,持着自己有昆曲基础,加上原讲一口苏州话,就较容易地学会了这一行。当时老朋友篆刻家陈巨来和一位王女士交往甚好,这位王女士有个女儿叫关小宝,年仅二十八岁,长得不错,但不喜欢读书。陈巨来把关小宝介绍给翁瑞午学评弹,这样翁可以有一笔收入,关小宝也可以学一点东西。关小宝乖巧可人,深得陆小曼和翁瑞午的喜爱。他们一起收她为干女儿。

但出乎意料的是,不久关小宝便有了身孕。王女士一问,原来是翁瑞午闯的祸。王女士大怒,要把翁告上法庭。可是关小宝站到了翁瑞午这一边,处处为翁维护。

她对母亲说："我跟翁瑞午的事，是我主动，我佩服他，我爱他，我愿意跟他好，怀孕是我的责任。"

按理说，当时翁瑞午发妻已故，他和陆小曼从未结婚，所以在法律上翁有自由恋爱的权利。但是，由于当时的法律制度并不完善，翁瑞午也受到了"不公正"的待遇。

据陆小曼说，在办案过程中有如下对话：

翁瑞午：我是单身汉，我同关小宝属于自由恋爱。

关小宝：我爱翁瑞午，他穷、他老、我不在乎，我愿意嫁给他。婚姻法上难道规定过老少不得婚配吗？

审判员：婚姻法上没有限制老少不得婚配，但禁止重婚。因此，你跟翁瑞午通奸，即使自愿，也是犯法的。

关小宝：翁瑞午的太太早已死亡，他跟陆小曼从来没有结过婚，刚才他们俩都已这样说了。

审判员：不错，他们都是这样说，而且确也查不到他们有婚姻记录。但是，我问你，你是怎样称呼陆小曼的？

关小宝：我喊她"寄娘"。

审判员：你喊翁瑞午什么？

关小宝：我喊他"寄爹"。

审判员：行了，爹跟娘是什么？当然就是夫妻。因此证明，翁瑞午和陆小曼就是事实夫妻。既然是事实夫妻，就同样受到法律的保护，因此你跟翁瑞午的通奸就是非法的。念你年纪小，本院对你不予追究，但翁瑞午则必须予收法办。

就这样，翁瑞午被入狱两年。在此期间，关小宝生下了她与翁的孩子。生下孩子后，关小宝就把孩子托给陆小曼，自己跑掉了。陆小曼自己没有子女，对这个孩子很喜欢并加以照顾。由于当时陆小曼已成为上海文史馆馆员和上海中国画院专业画师，有一定的收入，因此在生活上尚可维持。这个孩子后来很长一段时间一直跟着陆小曼生活。陆小曼对于翁的做法，并不在意。这也在一方面证明了

陆对翁确实缺少爱情。

陆小曼一直觉得问心无愧,她说:"我的所作所为,志摩都看到了,志摩会了解我,不会怪罪我。"她还说:"情爱真不真,不在脸上、嘴上,而在心中。"她又说:"冥冥间,睡梦里,仿佛我看见、听见了志摩的认可。"

陆小曼与翁瑞午一起"生活"了二十多年,有了一些感情,但也有烦恼。因为翁瑞午没有抛弃发妻,就得两头照顾。外面的说法也时不时地传到陆小曼的耳朵里,虽然她对这些流言采取无所谓的态度,但有时也要影响到她的情绪。最要命的是她没有自己的生活,她一直想摆脱这样的生活,想画些画,但不是身体不允许,就是没心思。她也觉得她和翁瑞午这样不伦不类的生活方式,是不健康的一种生活方式,但她一个弱女子,确实感到无力反抗,无力改变。她只是这样一天天地拖着一个病体磨日子。

不久,赵家璧和赵清阁来找她谈话,谈话的主要目的又是想劝陆小曼摆脱翁瑞午,独立生活。

赵家璧开门见山地对陆小曼说:"小曼,你如果和翁绝交,那就可以澄清外面的流言。"

陆小曼不以为然,马上反驳他说:"志摩死了我守寡,寡妇就不能交朋友吗?志摩生前他就住在同楼里,如今他会搬出去吗?况且十几年来他很关心、照顾我,我怎么可以如今对他不仁不义?外间的流言,我久已充耳不闻了,反正我们只是友谊关系,别人怎么看,随它去,我问心无愧。"

赵家璧直率地指出小曼不应该维护翁瑞午,他说:"那位'好友'是一个道德败坏的人,熟识的朋友背后唾骂他,也责备你,你为他付出的够多了,不能再被他拖到污泥里愈陷愈深。"

陆小曼说:"你们要我离开他,那我没有生活来源,你们要我怎样生活呢?"

赵家璧说:"你应该下个决心,紧缩开支,把家里吃闲饭的亲戚遣散,以减轻负担。同时要打起精神来作画、写文章,生活是完全可以自立的,并没有你想象的那样难。"

赵清阁随即说:"当然,我们这些朋友也会尽力来帮助你的,和你一起来克服难关,好吗?"

陆小曼听了他们一席话，似乎有所震动，她思索了一会儿，想到近年来的生活种种，终于下定决心对他们说："我接受你们的意思，但要他立刻搬出去，恐怕不行，我要好好地和他谈谈，我想他会理解的。你们放心，我一定振作起来，用我的笔自力更生！谢谢你们的关心、鞭策！"

赵家璧、赵清阁对陆小曼的这次谈话效果很好，不久小曼恢复了她的丹青生涯。她的画受到了不少人的欢迎。此后不久，她又逐渐参加了一些社会活动，和朋友们也重新有了交往。1954年，赵清阁和画家傅抱石、戏剧家赵太侔、舞蹈家俞珊去看过她。说起俞珊，还有个故事，说是俞珊当时为了演《卡门》，常向志摩请教。陆小曼"吃醋"了，说俞珊"肉感"，并说她有一种诱人的力量。志摩说："你要我不接近俞珊很容易，你也管着点俞珊呀！"小曼说："俞珊是只茶杯，茶杯没法儿拒绝人家不斟茶的；而你是牙刷，牙刷就只许一个人用，你听见过有和人共用牙刷的吗？"

虽然如此，但陆小曼心里却并不太在意，因为她知道徐志摩即使受俞珊的诱惑，也是短暂的。这在徐志摩写给陆小曼的信里可以得到验证："星（期）四下午又见杨金甫，听了不少关于俞珊的话。好一位小姐，差些一个大学都被她闹散了。梁实秋也有不少丑态，想起来还算咱们露脸，至少不曾闹什么笑话。夫人，你的大度是最可佩服的。"（1931年6月14日，志摩致小曼信。见《志摩的信》，虞坤林编，学林出版社2004年7月版，第一百一十四页）

1930年，俞珊和赵太侔热恋并结婚。后来志摩和俞珊虽偶有接触，但都只是点点头而已了。

陆小曼此时对俞珊更没有一丝的芥蒂，她和俞珊谈到了死去的志摩，她感慨地说："要是志摩还在，该多好啊！"俞珊知道陆小曼熟稔京剧，还和她研讨《霸王别姬》中的剑艺、唱腔，两人谈得十分投机。

翁瑞午晚年也得了肺病，多次住过医院，后来扩展为肺癌。不过，他对陆小曼还是一直很关心。临死前，他把赵家璧和赵清阁约到家里，对他们抱拳说："今后拜托两位多多关照小曼，我在九泉之下也会感激不尽的。"

陆小曼对病重的翁瑞午也尽到照顾的责任，翁香光回忆说：

> 我爸爸病重时，陆小曼也照顾的，晚上我叫她去睡，我们陪夜，她不肯，

小曼

> 她说:我还是不要去睡。我后来说:你人吃不消的,你再倒下去,两个人都倒下来,都是我们责任。我们做子女的吃不消。你还是上去睡觉吧。(翁香光于2006年12月接受相关媒体采访时说的话。转引自《千魅陆小曼》,马聘著,黄山书社2009年6月版,第五十六页)

1961年1月9日,翁瑞午离世。据说,陆小曼在翁瑞午去世时刚刚吃了安眠药,人也跌跌撞撞的,为翁瑞午送终。至此,陆小曼和翁瑞午在一起"生活"将近三十年。翁是陆小曼依靠时间最长的一个男人,虽然两人没有名分。陆小曼在翁瑞午去世时,虽感悲伤,但没有流眼泪,更没有徐志摩失事去世时的那种撕心裂肺的感觉。

据陆小曼的侄子庄篪回忆(《我所知道的表姨妈陆小曼》,《海宁史志》2013年第四期),1961年寒假,他去上海,和他的母亲吴锦、翁瑞午的小女儿翁琴光三人,应陆小曼之托,烧了菜,带了香烛,一同到延安中路对面的静安寺公墓去祭拜翁瑞午。说明陆对翁还是有家人一样的感情的。

翁瑞午的去世对陆小曼生活上的冲击也远没有徐志摩去世时那样大。这时候的陆小曼在陈毅和相关部门的关心下,已经找到了自食其力的路。翁瑞午死后,她反而能一心一意作画。她的作品放在"朵云轩"寄售,很受欢迎。1962年,著名剧作家阳翰笙到上海,在赵清阁处看到陆小曼的画,很是喜欢,就托人到"朵云轩"去买,但没有买到。

◇ 抽烟时的陆小曼

◇ 翁瑞午、陆小曼合影

◇ 陆小曼母亲去世时刊印的《讣告》

◇◇ 叶恭绰为陆母去世题词

◇ 翁瑞午和他的五个子女

◇◇ 20 世纪 20 年代的翁瑞午

◇ 陆小曼、翁瑞午与友人在杭州黄龙洞前

◇ 翁瑞午演《南阳关》

◇◇ 1941年,翁瑞午为陆小曼画作题款"江山万里"

二十三
领导关怀

　　陆小曼对政治不感兴趣，她早年对军阀、政客尤其厌恶；在国民党统治时期，她对国民党的腐败统治更是反感。抗战期间，陆小曼没有离开过上海，也没有与"敌伪"来往。"敌伪"的刊物上，也没有发表过她的文章，她坚持了一个正直、爱国的中国人立场。

　　1932年，徐志摩去世后不久，张慰慈有一次来拜访陆小曼，在闲聊了几句对徐志摩的死表示悲伤后，对她说："你一个人过生活也很困难，像你这样身份的女士，其实可以出去走走，为社会做点工作，那么，在生活上也可以有所改善，你有兴趣吗？"

　　陆小曼问他："你想让我去做什么呢？"

　　张慰慈说："当然是为政府做点事了。"

　　陆小曼当场拒绝了他的提议，说："志摩过世后，我只想一个人清静些，不想再出去了，何况为政府做事，我是更担当不起了。"

　　过了几天，张慰慈又打电话来，说："宋子安想请你去吃饭，你肯赏光吗？"陆小曼知道，宋子安是宋子文、宋美龄的弟弟，如果和宋子安搞好关系，荣华富贵可想而知。但是，陆小曼又一次毫不犹豫地拒绝了。

　　新中国成立后，对于陆小曼来说，也像获得了重生。她看到了中国的希望，她认为只有在中国共产党的领导下，中国才能有光明的前途。那时，她已年近半百，

但是她抖擞精神，决心离开病榻，走出卧室，为国家为人民做一些力所能及的事。

陆小曼也得到了党和政府领导人的关怀。说来也巧，上世纪五十年代，在上海美协举办的一次画展中，有陆小曼的一幅作品参加展出。有一次，陈毅去参观，看到画上具名"陆小曼"，就问身边的人："这画很好嘛！她的丈夫是不是徐志摩？徐志摩是我的老师。"（陈毅早年曾在北京听过徐志摩的课，故有此说）得到肯定的回答后，陈毅诧异沉寂多年的陆小曼居然还在，并且画得如此出色的画，又问知陆小曼就住在上海，生活无着。陈毅就说："徐志摩是个有名的诗人，陆小曼也是个才女，这样的文化人应该予以照顾。"于是不久陆小曼被安排为上海文史馆馆员，这虽然是个虚职，但每月至少有几十块钱可拿，使她有了最低生活保障，也给了她鼓舞和信心。

《上海文史馆馆员录》上是这样写的：

一七一——五六零二七，陆小曼（1903—1965），别名小眉，女，江苏常州人，一九五六年四月入馆，擅长国画、专业绘画和翻译。

据陆宗麟回忆，有一天，陆小曼去参加一次上海市委在市委大礼堂召开的会议。当她到达时，大会已经开始。她打算找个会场后排的座位，但工作人员见她来到后，马上招呼她去会场前面就座，并领她在一位一看就知是高级首长的身边坐下。那位首长亲切地问她：近来身体可好？是否在画画？并说将来画得多了，可以开个画展，还叮嘱她当心身体，不要过分劳累等。陆小曼心里感到热乎乎的，但不便问这位首长的尊姓大名。大会休息时，她有事出去，正巧钱瘦铁看到她，第一句话便问什么时候认识陈市长的，市长和她谈些什么。到这个时候，她才恍然大悟，原来坐在她身边和她亲切谈话的，是陈毅市长。怪不得她觉得这位首长有些面熟，因为她平时在报刊上看到过陈毅市长的照片。在钱问她之前，她怎么会想得到这是陈毅市长呢？她怎么能想到日理万机的一市之长，会关心到她这样一个人呢？她在以后每谈及此事，总感到温暖和幸福。

据刘海粟《我所认识的徐志摩和陆小曼》一文中说，陆小曼还曾得到过毛泽东主席的关怀。他写道："六十年代初，毛泽东到上海视察工作，问起陆小曼，听说她患病无力求医，就对上海有关部门说'陆小曼也是文化界老人了嘛，二十年

代是颇有名的,要适当安置',于是上海就把她安排当了文史馆馆员。"这种说法与前一种有异,但因出自刘海粟之笔,聊存一说。(持毛泽东关心过陆小曼这一说法的还有贾馨园和许宏泉。贾馨园在《陆小曼琐闻》一文中说:"最近听上海昆界老曲家谈起小曼,说毛泽东有次到上海文史馆,在翻阅名册时,看见小曼名字,说了句'她也在文史馆'。后来再次到文史馆,又提了一次。从此小曼就在名义上晋升,照顾更优渥些。"该文原载台湾《大雅》1999年创刊号。许宏泉在《陆小曼与"陆小曼"》一文中说:"据说,毛泽东还打探过陆小曼,说她在画院的工资太低,于是陆又被安排为市府参事室参事,可见陆小曼美艳之影响了。"该文原载《深圳商报》2005年4月12日。以上两文均转引自《众说纷纭陆小曼》第二百三十页和第二百一十九页,柴草编,山西古籍出版社2006年1月版)

1955年,农工民主党上海市委为了更好地贯彻中国共产党的统战政策,对一些从旧社会过来的具有相当知识水平的人士进行统战宣传,陆小曼是其中的一员。第二年,她就加入了农工民主党,成为徐汇区文艺支部委员。同年,她还被上海画院吸收为专业画师。1960年,她当上了上海市人民政府参事室参事,参事室是市政府的工作机构和咨询机构,规格较高,具有统战性质。有了这些社会职务,尽管大多是虚的,但也给了陆小曼很大的自信和较体面的地位,还给了她可以充分发挥的平台,特别是当上画院的画师,虽然也不用坐班,但每年要交几幅画,这样就逼得她去努力画一些。我们目前所看到的陆小曼画中,有很大部分就是在这个时期内创作的。

作为参事室参事,陆小曼同样很认真地去完成组织交给的任务。大约是1961年的秋天,上海市委干部要出访,想带些礼物出国,就委托参事室请人画几幅国画。市参事室干部特地来找陆小曼,要她帮忙。陆小曼满口答应。后来,陆小曼就把她的一件貂皮大衣卖了,然后叫她表妹吴锦去市场买了几斤大闸蟹,约请唐云、刘旦宅、张正宇三位画家聚餐画画。三位画家欣然应允。当时唐云画的是残荷、小鱼;刘旦宅画的是波斯猫;张正宇画的是猎犬。陆小曼亲自陪三位画家品尝了大闸蟹。陆小曼就这样以卖掉一件貂皮大衣的代价既完成组织给她的任务,又没有亏待朋友。

陆小曼在解放后心情转好,有决心重新开始新生活的想法,这从别人给她的一封信中也可以看出来。1954年8月,当时曾鼓励陆小曼发表《爱眉小扎》的

张振宇从北京给陆小曼写来一封信,信中说:"你是一个体力孱弱的人,病魔缠身的人,今天你能决心戒去嗜好,又愿自力更生,这是你的一大转变!何况你说'不死,就要好好地活下去'。你应该活下去,活得更有意义,就是'工作'两个字。"陆小曼给张振宇的信,现在无法看到了,但从此信可见,陆小曼要自力更生了,这的确是新社会带给她的深刻变化。1963年,张振宇从北京来沪,还看望了陆小曼。

1957年的一天,张歆海的夫人韩湘眉由美国来华探亲,顺便来看望陆小曼。但她打了几个电话都没找到陆小曼。陆小曼知道此事后,向上海美协主席赖少其说,她不想去见这样一位远居国外数十年没见的老朋友(她总觉得到外国去定居是不爱国的表现,所以不愿相见)。赖少其鼓励她去见见。于是,陆小曼去上海锦江饭店看望韩湘眉。当两人见面后,韩湘眉简直不敢相信自己的眼睛了,她说:"你快胖得我认不出来了,"还说:"你的精神这么好,我真是想不到啊!"

韩湘眉告诉陆小曼说,在国外的朋友都很记挂她,但都以为她什么工作都不能做,而且生活无着,日子很难过,所以希望她这次回国能来看看她,并委托她代大家给她一点帮助。陆小曼听了很受感动,她想不到国外还有那么多老朋友记着她。她对韩湘眉说:"确实,解放前,我过得很苦,但是解放改变了我的一切。在党的关怀下,像我这样消极悲观的人,也开始了新的生命。"她谢绝了韩湘眉带来的朋友们资助她的钱:"我现在过得很好,有工作,有收入,我已被聘为上海文史馆馆员,我想请你代我感谢国外朋友们的好意,他们的心意我心领了。"

1960年前后,王映霞在善钟路上闲逛,已经是夕阳西下的时候了,马路上乱哄哄的。喧哗的噪声中,她突然听见一个尖锐的声音在叫她:"映霞!"王映霞呆了一会儿,一下没反应过来,仔细一看,原来是小曼。两位现代著名文学家(诗人)的妻子,久别重逢,分外亲热。善钟路与小曼所住的四明村不远,小曼就邀请王映霞去她家坐坐。

在王映霞的印象中,陆小曼比以前胖了些,但"徐娘半老,风韵犹存",还是一个美人的轮廓。小曼几十年没碰到老友了,非常高兴。她告诉了王映霞这二十多年来的经历,她说:"过去的一切好像做了一场噩梦,甜酸苦辣,样样味道都尝遍了。如今我已经戒掉了鸦片,不过母亲谢世了,翁瑞午另有新欢了,我又没生儿育女,孤苦伶仃,形单影只,出门一个人,进门一个人,真是海一般深的凄

凉和孤独,像你这样有儿有女有丈夫,多么幸福!如果志摩活到现在,该有多美啊!"隔了一会儿,她又告诉王:"幸而生活还安定,陈毅市长聘我为上海文史馆馆员,后调为市人民政府参事,上海中国画院又聘我为画师。我只好把绘画作为我的终身伴侣了。"

为了表达对新中国的美好希望,也为了感谢国家领导对她的关心,陆小曼用她那工整的小楷充满敬意地笔录了毛泽东的七律《长征》。

◇ 陆小曼（右）与友人合影

◇◇ 陆小曼与上海参事室同事合影

◇ 上海中国书画院院长程十发题款的陆小曼画作

二十四
潜心文学绘画

"我一定做一个你一向希望我所能成的一种人,我决心做人,我决心做一点认真的事业!"这是陆小曼在《哭摩》一文中对徐志摩亡灵的表白。通过陆小曼自强不息的努力:抗病、戒鸦片、不去无谓的社交……她做到了,她真的成了徐志摩希望的那种女性——看书、编书、画画、写文章。她除了不遗余力地编辑出版徐志摩的作品外,还拿起笔写了一些散文、小说、故事等,翻译了一些外国文学作品,还成了专业画师。她与志摩在世的时候相比,好像是截然不同的两个人了。

陆小曼的文章大多写在徐志摩去世后,文章内容也大多围绕思念志摩而写。从1931年的《哭摩》始,小曼对志摩的怀念历经几十年而没有丝毫减弱。她的无止境的怀念也通过她的一篇篇文章表达出来。如1939年的9月和10月,《南风》杂志连续发表了两篇陆小曼的短文《随着日子往前走》和《中秋夜感》。这两篇短文的基调是一贯的——思念志摩。《随着日子往前走》一文中,陆小曼借应杂志写东西这件事,叙述了自己相当虚弱的身体,叙述了自己痛苦的心灵。文中虽然没有一字提及徐志摩,但整篇文章其实写的就是对徐志摩深沉的怀念:一病不起是为了志摩,病稍好些想动动笔又怕想起志摩。最后想想还是什么都不想,因为思潮对她来说是一种折磨。《中秋夜感》一如既往地延续陆小曼怀念徐志摩这样一种几十年不变的情感,不过这篇文章怀念得更加让人感动,如文中的第一句就写:"并

不是我一提笔就离不了志摩，就是手里的笔也不等我想就先抢着往下溜了；"又写："我只觉得留着的不过是有形无实的一个躯壳而已。活着不过是多享受一天物质上的应得，多看一点新奇古怪的戏闻；"又写："所以我老以为他还是在一个没有人迹的地方等着呢！也许会有他再出来的一天的；"又写："不过一样事情我可以断定，志摩虽然说离了躯壳，他的灵魂是永远不会消灭的。我知道他一定时常在我们身旁打转，看着我们还是在这儿做梦似的混，暗笑我们的痴呆呢！不然在这样明亮的中秋月下，他不知道又要给我们多少好的诗料呢！"……这时离志摩离世已近十年，可陆小曼在心灵上似乎和志摩更贴近了。

1940年8月，陆小曼在良友第一百五十七期上发表《泰戈尔在我家》一文，回忆泰戈尔到徐志摩陆小曼家的情形，并借此回忆志摩。文章配图二幅，一是徐悲鸿画泰戈尔头像，二是泰戈尔自画像，在自画像右侧配有写给陆小曼的诗歌（诗云：山峰盼望他能变成一只小鸟，放下他那沉默的重担。）

1945年7月，陆小曼又在钱公侠夫人姚蕙芬女士所编的"《语林》附刊小册甲"中发表了短文《灰色的生活》。文章不长，录如下：

> 三晚未曾睡着，今晨开眼就觉得昏头昏脑的一点精神也没有。近年来常常失眠，睡不着时常会弄得神经发生变态，难怪我母亲当年因失眠而得神经病，因此送命；今天我自身也尝着这种味道，真是痛苦之极，没有尝过的人是绝对不会了解的。
>
> 以前我最爱写日记，我觉得一个人每天有不同的动作，两样的思想，能每天记下来等几年后再拿出来看看，自己会忘记是自己写的，好像看别人写的小说一般。所以当年我同志摩总是一人记一本。可是自从他过世后，我就从来没有记一天，因为我感觉到无所可记，心灵麻木，生活刻板，每天除了睡，吃饭，吃烟，再加上生病之外，简直别无一事。十几年来如一日，我是如同枯木一般，老是一天一天的消沉，连自己都不知道哪天才能复活起来。一直到今年交过春，我也好像随了春的暖意，身体日见健康起来了。已经快半年没有生过病了，这是十年来第一次的好现象。因此我也好比久困的蛟蛇，身心慢慢的活动起来了，预备等手痛一好就立刻多画一点画，多写一点东西。这几天常常想拿笔写，想借笔来一泄十几年来的忧闷，可是一想起医生叫我

不许写的话,我就立刻没有勇气了。今天我是觉得手已经不大痛了,所以试一试,哪知写了没有几个字,手又有点痛起来了。还有想写的东西只好让它在心里再安睡几天,等我完全好了再请出来吧。我只希望从今天起我可以丢却以前死灰色的生活而走进光明活泼的环境,再多留下一点不死的东西。(注:该文刊1945年7月15日创办的《语林》附刊小册甲,由钱公侠的夫人姚蕙芬编辑,语林社出版)

该文延续了陆小曼生活中的消沉和失望情绪,不过,在文中,她也希望自己能振作起来——"多画一点画,多写一点东西"。

陆小曼也写过一个短篇小说,这篇小说是好姐妹赵清阁逼出来的。1946年,赵清阁应赵家璧之约,为他的晨光出版公司编一本《现代中国女作家小说专集》。赵清阁邀请了当时的著名女作家如苏雪林、冯沅君、袁昌英,以及冰心、沉樱、谢冰莹、陆晶清等人撰稿,还特别邀请了陆小曼。

赵清阁那时跟陆小曼认识已有两年,知她颇有才华,文笔清新,便想趁编此书的机会约陆小曼写一篇小说,其中的一个目的也是为了让陆小曼奋起。知道赵清阁的想法后,赵家璧也积极支持。他把陆小曼请到虹口,先在赵清阁家中叙谈,后又到自己家中吃饭。他们劝陆小曼改变生活方式,振作起来重新拿起笔。陆小曼被她们感动了,兴奋地说:"谢谢你们的鞭策,我一定戒绝不良嗜好,我要住进医院,然后为你们写一篇小说,否则我对不起你们,也对不起志摩。"说罢两腮绯红,黯然饮泣,她心灵深处始终忘不了徐志摩。

陆小曼果然不食言。她顶住了别人的干扰,于1947年暮春住进了医院,决心与几十年来伤害自己身体的鸦片作斗争。在她的坚持和医院的精心治疗下,健康稍有好转。随后又去南京她的堂侄女陆宗麟家休养。但是,由于她刚开始戒鸦片,身体上还不适应,所以不久又产生了疾病的困扰。(据丁言昭《悲情陆小曼》上海人民出版社2008年3月版中说:"1948年,翁瑞午送陆小曼去戒烟所。她在医院里住了六周;第二年5月,陆小曼的肺和胃出了毛病,只吐不吃三个月,在床上睡了十三个月才好。1951年身体稍好些后,又开始抽烟,这年冬天再去戒烟。")从当年夏天陆小曼给赵清阁的一封信中我们可以看到陆小曼的艰苦状:

清阁：

　　今夏酷热甚于往年，常人都汗出如浆，我反关窗闭户，僵卧床上，气喘身热，汗如雨下，日夜无停时，真是苦不堪言。本拟南京归来即将余稿写完奉上，不想忽发喘病，每日只能坐卧，无力握笔，不知再等两星期可否？我不敢道歉，我愿受责。

　　如此奇热，你定不能忍受。我劝你不如去平一游，避过三伏再回来。不然你要更显消瘦了，即此问好。

小曼

　　尽管如此艰辛，但四十三岁的陆小曼还是坚持着完成了近两万字的小说《皇家饭店》，后由晨光出版公司编入《无题集——现代中国女作家小说专集》于1947年10月由晨光出版公司出版（当时书名取自书中第一篇冰心的《无题》。入选《无题集》的女作家共十二位，除陆小曼和冰心外，还有袁昌英、冯沅君、苏雪林、谢冰莹、陆晶清、沉樱、凤子、罗洪、王莹和赵清阁。1989年10月，湖南文艺出版社重新出版该书时，赵清阁把书名改成《皇家饭店》，显示出赵清阁对陆小曼的重视）。小说描写了一个名叫婉贞的少妇，因为孩子二宝患病发高烧，婉贞违心到"皇家饭店"去做事的故事。她的丈夫张立生是她大学时的同学，结婚后生一女儿，婉贞怀二宝时，中日开战，立生没有跟机关到内地去，因生活问题到伪机关做了一个小职员，维持一家人的生活，经济上非常困难。二宝经常生病，最近又得了肺炎，发高烧。婉贞知道无钱再给二宝去买药，便到"皇家饭店"去报考女职员。结果，由于她会英语，有大学学历，考上了，第二天就要上班。经理分配给她的工作是卖化妆品之类的事。这种站柜台的工作，使她看到了许多她从来没有看到过的不像话的淫荡女人和一些令人讨厌的妇人。她心中十分不安，觉得自己和这里的环境不适应，本准备做一天就不做了。可是看到二宝病成这样没钱医治，她想找经理预支一些薪水，因此第二天又去上班了。第二晚，她看到了更加无耻的妇人，还有受骗的正在上学的小女孩来伴舞，婉贞实在看不下去，便不顾一切地昂首走出了"皇家饭店"，决心不再去这种地方做事。

　　在作品的前面，有一段作者陆小曼的介绍："名眉，江苏人。卒业北平法国圣心学堂。中西文学均有优厚根基，尤以多年研究中国绘画造诣颇深。早年对戏剧甚感兴趣，曾与徐志摩先生合作剧本《卞昆冈》（新月）。亦写散文、小说，如《爱眉小扎》（良友）等，文字流利、绮丽，才情潇洒、卓然，唯身体多病，近十年来未尝执笔，仅于绘画孜孜不辍，成就至巨。近为本集撰成短篇小说《皇家饭店》……"

赵清阁对这篇小说的评价是这样的："描写细腻，技巧新颖，读之令人恍入其境，且富有戏剧意味，尽管小说写得仓促，稍嫌潦草，而主题却有一定的现实意义；"她还说这部小说"写了旧社会一群出卖灵肉的女人，也写了不甘沉沦的觉醒者。她（指陆小曼）揭露了上海旧社会的黑暗、罪恶，她同情被侮辱和被损害的女人。虽然她没有指点出路，但已反映了她对现实的不满，她憧憬平等和自由"。苏雪林也评价道："《皇家饭店》我读了也觉得很不错，觉得这个人是有相当文才，她的文字，清新自然，别具一格。"《皇家饭店》也是目前所见陆小曼唯一的一部小说。

陆小曼后来和对她的表外甥庄篪兄弟（即表妹吴锦的双胞胎儿子）闲聊时说到当时的情况："《皇家饭店》这篇小说是逼出来的，是急就章。我的好姐妹赵清阁要编一部《现代中国女作家小说专集》，前来约稿，我推说写不来，要我翻译还马马虎虎。可是赵清阁一定要我写，说出版社关照了，缺了陆小曼的作品不行。没有办法，敷衍了一篇，拿到后，竟还受到好评。

庄篪兄弟就这部小说问陆小曼："你为什么能写得那么生动？"

陆答："饭店去的次数多了，自然印象就深了，写的时候就会得心应手。"

庄篪兄弟又问："小说中那两位小姐有你的影子吗？另外一位是谁？"

陆答："有我一半的影子，另一位是我编造出来的。"

庄篪兄弟再问："为什么不多写点小说？"

陆答："我力不从心，三天两头生病，一病就什么都不感兴趣了。"

解放后，为了感谢党和政府对她的关怀，陆小曼不仅戒了烟，写了长篇小说，从1956年开始，她还与王亦令合作翻译了不少外国文学作品。陆小曼当时虽已进了上海文史馆和上海中国画院，每月有津贴，但因医药费用很大，加上她素来花钱大手大脚，所以经常捉襟见肘，亟待另辟财源。而唯一的可能就是译书，陆小曼自幼就熟谙英、法两国文字，对外国文学也非常喜欢，早年曾译意大利戏剧《海市蜃楼》，还曾译过英国作家嘉耐德的短文《萤火虫》。凭陆小曼的名气，出版社是愿意签约合同并预支部分稿费的。因此她就找来当时与她有来往，并在此方面

有所长的王亦令,与他商量,由陆小曼向出版社认选题,由她和王亦令共同翻译。这样,他们就以合作的名义翻译了《泰戈尔短篇小说集》,艾米丽·勃朗台的自传体小说《艾格妮丝·格雷》等。他们还合作编写了通俗故事《河伯娶妇》(又名《西门豹治邺》),可惜只有《河伯娶妇》于1957年由上海文化出版社出版,其他翻译作品交稿以后,来不及发排,"反右"开始了,最终未能出版,这些稿子也随之流失,这是非常可惜的事情。

1957年4月,北京人民文学出版社请卞之琳编《志摩诗选》,去信通知住在上海延安路一一五七弄三十五号的陆小曼,要她提供诗人照片和手迹。信中说:

陆小曼同志:

我社正在编选徐志摩先生的诗选,预计在今年六月间发稿;将来出书时,拟在书前附上他的肖像及手迹等。您是否仍保存有这方面的材料?如有,希能借我们一用,用毕当即归还。

希望得到你的协助,并望复知。

此致

敬礼

信后署的日期为:1957年4月3日。陆小曼接信后,喜出望外,当即提供了所需物件,并给卞之琳写了一封信,还写了一篇序言,但由于紧接着就发生了"反右"扩大化,《志摩诗选》最终未能及时出版,陆小曼为《志摩诗选》所写的序言也压到了箱底。

数年前,北京的一位藏家收到陆小曼致卞之琳的信件以及陆小曼为《志摩诗集》写的序言。现将致卞之琳信展示如下:

之琳同志:

虽然我们好像没有见过面,可是我早就知道您了。听见从文说你在为志摩编诗集,我是真高兴。

本来序可以早就写好的,一则因为这几月来为了斗争右派,开会实在忙,我的精力又有限,所以特别感到做不出事来。二来是本来写好了,后来你们来信又叫我写一点志摩的简历，只好又改写一次，一直到今天才寄上，真是抱愧得很。久不写东西，脑子生了锈，手也硬了，写得太坏，只好费您的心，为我改删了，好不好？

他的遗稿实在少，尤其是诗稿，因为当时他写出就送去发表，家里从来也不留底的。我寻出了一点零碎东西，你看能用不能用再来信吧！墨笔写的家信倒是有许多，可惜都是长的多，为了这事我真是为难了许久，要是不合式您只管来信问我好了。照片也是不多，寄上的请你看那一张合适就用那一张好了。

散文我已经选的不少了，但不知需要多少字，请你告诉我声好不好？你们还需要我做些甚么，随时写信来好了。匆匆即问

近好

陆小曼
顿首
三十日

因为当时没有出版，陆小曼写的序言后来演变成《遗文编就答君心——记徐志摩全集编排过程》一文，经赵家璧推荐，刊在 1981 年《新文学史料》第四期上。但在发表的时候相应的删去了"相约写序"的内容，还删去了介绍志摩生平的内容，刊登篇幅大约是原文的三分之二左右。

1957 年，陆小曼又写了《泰戈尔在我家作客——兼忆志摩》一文，这篇文章主要讲了徐志摩死后自己麻木的心情、写此文的缘由以及解放后泰戈尔的孙子写信来联系却又错过的事；又回忆了当时泰戈尔访美遭到抵制的悲哀，徐志摩去印度拜望泰戈尔的情形以及徐志摩在世前一年的痛苦心情。这些材料对徐志摩生活和思想的研究是极其珍贵的史料。其手稿由她堂侄女陆宗麟保存，后经赵家璧推荐，发表在 1981 年的《文汇》月刊第十一期上。

2001 年，笔者去上海陆宗麟家，看到陆小曼的一篇文章，似乎是为志摩诗集写序的手稿，当时就把它收入笔者编的《陆小曼诗文》（百花文艺出版社，2002 年 1 月版）一书中。展示如下：

眉轩香影   陆小曼

　　写诗真不是一件简单的事情，又要环境的□合，本身的思想同艺术水平，并不是随时随地的就能产生出来的。志摩写诗最多的时候，是在他初次留学回来，那时我同他还不相识，最初他是因为旧式婚姻的不满意，而环境又不允许他寻他理想的恋爱，在这个时期他是满腹的牢骚，百感杂生，每天彷徨在空虚中，所以在百无聊赖、无以自慰的情况下，他就拿一切的理想同愁怨都寄托在诗里面，因此写了不少好的诗。后来居然寻到了理想的对象，而又不能实现，在绝度失望下又产生了多种不同风格的诗，难怪古人说"穷而后工"，我想这个"穷"不一定是指着生活的贫穷，精神上的不快乐也就是脑子里的用"穷"——这个"穷"会使得你思想不快乐，这种内心的苦闷，不能见人就诉说，只好拿笔来发泄自己心眼儿里所想说的话，这时就会有想不到的好句子写出来的。在我们没有结婚的时候，他也写了不少散文同诗歌，这（那）几年中他的精神也受到了不少的波折。到（倒）是在我们婚后他比较写得少。在新婚的半年中我是住在他的家乡，这时候可以算得是达到我们的理想生活，可是说来可笑，反而连一句也写不出来了！这是为什么呢？可见得太理想、太快乐的环境，对工作上也是不大合适的。我们那时从早到晚影形相随，一刻也难离开，不是携手漫游在东西俩（两）山上，就是陪着他的父母欢笑膝下，谈谈家常。有时在晚饭后回到房里，本来是肯定要他在书桌、灯下写东西，我在边上看看书陪着他的，可是写不到俩（两）三句，就又打破这静悄悄的环境，开始说笑了，也不知道哪里来的那许多说不尽、讲不完的话。就是这样一天天的飞过去，不到三个月就出了变化，他的家庭中，产生了意想不到的纠纷，同时江浙又起战争，不到俩（两）个月我们就只好离开家乡逃到举目无亲的上海来，从此我们的命运又浸入了颠波，不如意事一再的加到我们身上，环境造成他不能安心的写东西，所以这个时候是一直没有什么特（突）出的东西写出来。一直到他死的那年，比较好些，我们正预备再回到北京，创造一个理想的家庭时，他正（整）个儿的送到半空中去，永远云游在虚无漂渺中了。

　　今天诗集能够出版，真使我百感俱生，不知写了那（哪）一样好，随笔乱涂，想着什么，就写什么，总算从今以后，三十六年前脍炙人口的新诗人所放的一朵异花又可以永远的开下去了。

小文

该文之前未曾发表过，但我们并不清楚这篇"序"和前面北京藏家收集到的《志摩诗集》"序"的关系。但这篇"序"谈到了写诗的环境及徐志摩写诗的几个阶段，还说到他们到故乡海宁硖石的情景，同样值得我们珍视。

在诗歌方面，陆小曼也有不错的成绩。通过从小在家的熏陶以及在学校的勤奋学习，陆小曼打下了扎实的古体诗的基础。王映霞曾说她"才华横溢，绝顶聪明，能背出唐代诗人李白、杜甫、白居易的许多古诗"。我们从她的一些题画诗中也可看到，她对诗与画的理解也是十分的贴切和透彻。后来她与一些文艺界名人（包括一些诗人）来往，尤其是受到丈夫徐志摩的影响，对诗歌耳濡目染，作诗技巧渐趋成熟。徐志摩失事后，陆小曼一心向上，请汪星伯教她作诗，诗艺又有推进。可惜的是，陆小曼留存在世的诗歌不多，就目前所见，除了1926年3月7日《小曼日记》中的两首无题诗以及吊唁徐志摩挽联一幅、1933年清明赴硖石扫志摩墓一首外，目前所见还有几首现代诗。数量虽不多，但从中可见其功底的扎实，如发表于1939年10月《南风》杂志第一卷第六期上，堪称她的代表作：

> 一声声的狂吼从东北里
> 带来了一阵残酷的秋风，
> 狮虎似的扫荡得
> 枝头上半枯残枝
> 飘落在蔓草上乱打转儿，
> 浪花似的卷着往前直跑
> 你看——它们好像已经有了标！
> 它们穿过了鲜红的枫林：
> 看枫叶躲在枝头飘摇，
> 好像夸耀它们的消遥？
> 可是不，你看我偏不眼热！
> 那暂时栖身，片刻的停留；
> 但等西北风到，它们

不是跟我一样的遭殃，
同样的飘荡？不，不，
我还是去寻我的方向。

　　该诗上半首表述了陆小曼自己因徐志摩的死而受到强烈打击，心不知道吹向何方；下半首陆小曼写到她看到了前进的方向。从整首诗来看，它一如既往地延续了陆小曼迷乱的心情和痛苦的表情。但是，在这首诗里，有了一点新的东西，那就是陆小曼看到了光明所在。她似乎有了摆脱数年来苦闷心情的决心。"我还是去寻我的方向"，"那一流绿沉沉的清溪，在那边等着它们去洗涤，满身沾染着的污泥"等等词句显示陆小曼想重新振作起来，从病痛中解脱出来，真正的做些事，比如画画、编书。尤其是最后一句"再送到那浪涛的大海里，永远享受那光明的清辉"充分显露出陆小曼对新生活的向往。后来，尤其是新中国成立后，陆小曼果然重新振作起来，为社会做了一些有意义的事，对自己、对志摩都是一个很好的交代。

　　我们还可以看到，陆小曼的这首诗明显带有徐志摩诗歌的风格。我们知道，陆小曼有较深的古体诗修养，而她的散文和现代诗无疑深受徐志摩的影响，诗中的那种语气、造句和意象都像极了徐志摩。

　　陆小曼不是个勤奋的人，所以留下来的文字不多，而且大多与徐志摩有关。虽然涉及的文学形态较多，如散文、小说、诗歌、戏剧、故事、译作等，但数量不多，而且较重要的也是和别人合作的（如《卞昆冈》是以徐志摩为主，译作大多与王亦令合作），所以有学者认为她的文学成就完全不能和林徽因、凌叔华等人相比。事实也的确如此，陆小曼在文学界的影响力较弱。但陆小曼还是有她的特点，她在文字上有徐志摩"浓丽哀怨"的遗风，也有她自己的"清新淡雅"；更重要的是，她的文章中有很多涉及徐志摩的内容，这就增加了文章的历史性和资料性，为后人研究徐志摩的生存状态和文学成就提供了最贴近的素材。

陆小曼主要文学作品一览

作品名	体裁	创作年月	备注
自述的几句话	散文	1927年8月	发表在《上海妇女慰劳会剧艺特刊》上
请看小兰芬的三天好戏	散文	1928年4月	发表在1928年4月3日第三百三十八期的《上海画报》上
马艳云	散文	1928年11月	发表在1928年11月27日第四百一十六期的《上海画报》上
哭摩	散文	1931年12月	徐志摩过世后一个多月所作
《云游·序》	散文	1931年12月	《云游》于1932年7月由新月书店出版,署名陆小曼编
《爱眉小扎》序（一）	散文	1934年3月	发表于1934年第三十八期《论语》,是为发表徐志摩《爱眉小扎》中的一部分作品而作
《爱眉小扎》序（二）	散文	1936年	为1936年良友图书公司出版《爱眉小扎》单行本作的序
随着日子往前走	散文	1939年9月	该文发表于《南风》第一卷第五期
中秋夜感	散文	1939年10月	该文发表于《南风》第一卷第六期
泰戈尔在我家	散文	1940年8月	该文发表于《良友》画报第一百五十七期
灰色的生活	散文	1945年7月	该文刊于1945年7月15日创办的《语林》附刊小册甲
我的照片	散文	1946年4月21日	发表于上海《春海》周报第二期
《志摩日记·序》	散文	1947年2月	为1947年3月晨光版《志摩日记》作的序
牡丹与绿叶	散文	1947年6月	发表于1947年6月21日上海《申报》副刊《春秋》刘海粟画展特刊

作品名	体裁	创作年月	备注
泰戈尔在我家作客——兼忆志摩	散文	1957年	生前未发表。后发表于1981年《文汇》月刊第十一期
遗文编就答君心——《志摩全集》编排经过	散文	1957年2月	生前未发表。后发表于1981年《新文学史料》第四期
《徐志摩诗选·序》	散文	1957年	生前未发表，是为卞之琳编的《徐志摩诗选》作的序
关于王赓	散文	1962年9月	发表于《文史资料选辑》第三十辑（中国政协文史委编）
无题诗两首	诗歌	1926年	选自1926年3月7日的《小曼日记》稿本
悼志摩挽联	诗歌	1932年	该诗是1932年在上海举办的徐志摩追悼会上，陆小曼作为亡妻送的挽联
癸西清明回硖扫墓有感	诗歌	1933年	该诗是1933年清明陆小曼到硖石为徐志摩扫墓后所写
秋叶	诗歌	1939年10月	发表于《南风》第一卷第六期
皇家饭店	小说	1947年10月	该文收于赵清阁主编的《无题集——现代中国女作家小说专集》一书中
卞昆冈	戏剧	1926—1928年	该书于1928年7月由新月书店出单行本，1931年搬上舞台
海市蜃楼	译作	1927—1928年	当时曾报道："不日由新月书店发行"，但一直未发现
萤火虫	译作	1928年	发表于1928年4月21日上海《中央日报》文艺思想特刊
河伯娶妇	故事	1956年	该书单行本于1957年1月由上海文化出版社出版

作品名	体裁	创作年月	备注
小曼日记（出版本）	日记	1925年3—7月	收于1936年出版的《爱眉小扎》中
小曼日记（稿本）	日记	1925年3月—1926年3月	收于《陆小曼文存》，柴草编，山西出版集团·三晋出版社2009年12月版
泰戈尔短篇小说集	译作	1956年左右	与王亦令合作，未出版
艾格妮丝·格雷	译作	1956年左右	与王亦令合作，未出版

陆小曼之所以被称为才女，除了她在文学上的成绩外，最重要的恐怕就是她的绘画了。她在画上能取得一定成就并最终成为专业画家，除了陈毅市长的推荐外，她自身也是毫不含糊地达到了专业的水平。陆小曼的绘画基础是她母亲吴曼华给她打的，加上她有这方面的天赋，所以在求学时就小有名气了。在圣心学堂读书时，她还学了西洋画，主攻静物写生和风景临摹。后来，陆小曼拜画家刘海粟为师，使她的画艺（国画）有了大幅度的提高。

那是在1925年八九月间，陆小曼二十二岁，与徐志摩正偷偷地恋爱着。有一次徐志摩、刘海粟、胡适等去陆小曼家玩儿，刘海粟看到陆小曼的画作，感到很惊讶，他对陆小曼说：

"你的才气，可以在画中看到，有韵味，感觉很好，有艺术家的气质，但笔力还不够老练，要坚持画下去，一定能成为一个好画家。"

小曼一边点头，一边说："我就是没有一个好的老师，自己瞎玩儿呢。"

这时胡适就说："海粟，你应该收这位同乡女弟子，她是很有艺术天赋的。"

"如果刘先生肯收，我就叩头了！"陆小曼见机行事，盈盈下拜。徐志摩在一旁欣慰地笑了。

刘海粟和陆小曼有一层亲戚关系。刘海粟的姑婆刘氏，即是陆小曼的祖母，也就是陆荣昌的妻子。刘海粟的姑母又嫁给陆小曼的大伯父陆子芳，小曼应叫她伯母。连亲带友的，刘海粟就收了这个女弟子。刘海粟还是徐志摩和陆小曼结婚的功臣。在徐、陆婚后，他作为徐、陆的朋友也很关心他们的生活。他在国外时，知道徐、陆两人在硖石生活困难，就托在上海的夫人买了东西给他们寄去。他更为陆小曼讲过许多公道话，所以陆小曼对他很是感激。1947年6月，刘海粟在上

海举办个人画展,当时《申报》组织好几位知名人士写了文章加以宣传,其中有该报社社长潘公展的《艺术与社会人生》、顾树森的《海粟及其作品》、梁宗岱的《给海粟的信》、叶恭绰的《读海粟奉题一律》和赵清阁的《观海粟先生画展》,还有陆小曼的一篇《牡丹与绿叶》。陆小曼的文章不足千字,但行文流畅,对海粟老师的画不乏溢美之词,对他的为人也大加赞赏,而且还对他太太的作品也恭维有加:

……还有他做起事来不怕困难,不惧外来的打击,他要做就非做成不可,具有伟大的创造性。为艺术他不惜任何牺牲,像美专能有今日的成就,他不知道费了多少精神与金钱;有时还要忍受外界的非议,可是他一切都能不顾,不问,始终坚决的用他那一贯的作风来做到底,所以才有今天的成功。

最近他对国画进步得更惊人,这次他的画展一定有许多意想不到的好画。同时还有他太太的作品!这是最难得的事情。她虽然是久居在南洋,受过高深的西学,可是她对中国的国学是一直爱好的;尤其写字,她每天早晨一定要写几篇字后,才做别的事情,所以她的字写得很有功夫,柔丽而古朴,又有男子气魄,真是不可多得的精品。有时海粟画了得意的好画再加上太太一篇长题,真是牡丹与绿叶更显得精彩。我是不敢多讲,不过听得他夫妇有此盛事,所以胡乱的涂几句来预祝他们,并告海上爱好艺术的同志们,不要错过了机会!

刘海粟在"反右"之后,戴上了右派帽子,但小曼仍旧与刘交往频繁。刘海粟每写有诗篇总寄给陆小曼交流。小曼也时常回信予刘。有一次刘海粟寄给小曼信中有这样的诗句:"一尊金盆掷上天"。陆小曼的表侄子庄赓看了感到句子很美,就对陆小曼说:"刘海粟不仅画画得好,想不到他的诗句写得也很美!"陆小曼答道:"是啊,画家要有诗人的情怀,他的画才会有意境;同样诗人有画家的眼光,他的诗才会写得形象、艳丽!可惜志摩他不会画,但他比一般人要懂画。所以一些画家都愿意与他交朋友。志摩所以能成为很多文艺界人的朋友,主要是他懂艺术,艺术之间是相互通的。"庄赓说:"我见过刘海粟的画,有西洋画也有国画。但我不喜欢他的国画,画得邋邋遢遢,不像您的清秀雅致艳丽。"陆小曼笑着说:"别瞎说,刘是我的国画老师!画家各有自己的画法。我是女性,画国画应当追求清

秀、雅致、艳丽。而刘海粟是男性，要有气魄。大笔一挥，潇潇洒洒，才是刘海粟的气派。刘海粟他是想创出一条路子，用西洋画手法来画国画，使西方人也能看懂国画。色彩特别鲜艳、亮丽是西画的特点，我们国画是该向西方学习的。这些，你不懂，不要瞎说。"后来，陆小曼特地打电话给她在上海相识的朋友张悲侠，要张回东北沈阳后，找到刘海粟的小女儿，好好照顾她。后来，张居然听了陆小曼的相托，一直照顾到刘海粟小女儿大学毕业。

陆小曼的表侄子庄簏还回忆道：记得还有一次，这天正好是农历七月初七，七巧节（是陆小曼与徐志摩订婚的日子），上午我母亲（指陆小曼表妹吴锦）买了菜回来，顺便在菜场带些鲜肉巧果回来，便对表姨妈说："曼姐，今天菜场有鲜肉巧果卖，我随便带了些回来，您阿要尝尝？"表姨妈说："好的，我只要一两只尝尝，新鲜伐？""新鲜的，现做现烘现卖！""好的，给小胖吃两只，其余的，您们吃。噢，真的，你买二十只，再买些肥皂、草纸、牙膏毛巾之类的生活用品，给刘海粟送去。他现在经济很难！"我妈回答："好的，我去去就来。"我忙说："妈，我也陪您一起去！"于是我陪母亲在菜场买了鲜肉巧果和一些生活用品，七转八弯走到了刘海粟家。在什么路我忘了，只记得里面很大，里面住着好多人家，楼梯很宽。敲敲那间门，没人开门。邻居说夫妇俩刚刚出去，并说，他们夫妇俩，每天上午总要出去一趟，要有点时间才能回来，您们是否先到我家坐坐歇歇？我妈答道："我们不等了，这包东西请您转给刘海粟，就说是小曼叫阿锦送来的。""好的，好的，我一定转告！"于是我与母亲就回福熙坊了。据我母亲说，刘海粟打成右派后，被赶到一间小房子里面居住，他把卧床当成画板，天亮后，床铺一卷，铺好画纸就画起来，只当无啥事！后来，陆小曼病故后，在公开场合，只要提到陆小曼，刘海粟总是对她赞不绝口。（以上回忆见庄簏《我所知道的表姨妈陆小曼》，《海宁史志》2013年第四期）

与徐志摩结婚以后，由于种种原因，陆小曼作画并不勤。1930年，徐志摩为了把她引向他所期望的那条路——画画、写文章，就让陆小曼拜画家贺天健为师。为了防止陆小曼偷懒，贺天健和陆小曼约法三章：一、老师上门，杂事丢开；二、专心学画，学要所成；三、每月五十大洋，中途不得辍学。在这样的约束下，陆小曼潜心学画，画艺得到了长足的进步。但第二年由于徐志摩的去世，陆小曼伤

心欲绝,就停了一段时间。后来重又向贺天健请教画艺,贺天健要陆小曼做到"三看":一是要细看真山真水,二是要细看古今名画,三是要细看自己的作品,所以陆小曼的画作中有很重的贺天健风格。徐志摩去世后,经凌叔华介绍,陆小曼又向陈半丁学画花鸟,但因为病痛和思念,学学停停。

  1931年,陆小曼画成一幅山水画长卷。这幅山水画长卷不仅成为陆小曼早年的代表作,而且里面还深藏着徐志摩和陆小曼的爱国热情。1931年"九一八"事变前夕,日本人正步步窥伺入侵我国东北三省。国难当头,徐志摩和陆小曼看到时局,忧心如焚。陆小曼想到只有通过画山水寄托自己对祖国河山的热爱,希望祖国河山不受到日本侵略者的践踏。于是她卷起袖子,破例画起长卷来了。徐志摩认为,这幅爱妻所作的长卷是他的骄傲,是爱妻跨出专业画师的第一步;他也认为,画作是一种形式,更重要的是用画中祖国的美丽山水来激发大家抗日的信心和决心。只可惜物存人亡。陆小曼把此画视为至宝,在抗日战争的八年里,陆小曼含辛茹苦居于"孤岛"之上,此画既不展出,也不变卖。她一直想着与"长卷"厮守,也是与徐志摩厮守,她要与"长卷"一起期待祖国早日解放。

  陆小曼还参与了一些社会活动及画展。1929年,她参与中国女子书画会的筹备工作;1934年,她加入中国女子书画会(中国女子书画会成立于1934年4月29日。由冯文凤、李秋君、陈小翠、顾青瑶等发起。在上海市海宁路890号会所召开第一次大会,大会选举冯文凤为临时主席,冯文凤、杨雪玖、李秋君、唐冠玉、虞澹涵、张时敏、杨雪瑶、吴青霞、包琼枝、朱砚英为执行委员,顾默飞、顾青瑶为文书,鲍韫为会议委员,陆小曼、丁筠碧为宣传委员,陈小翠为编辑。1948年结束活动),成为该会最初的会员。1941年,陆小曼在大新公司(今上海第一百货商店)楼上开个人画展,展出作品有一百多幅。1949年7月,陆小曼有两幅画入选新中国第一次全国画展;1955年3月,又有两幅画作入选第二次全国画展;1956年,陆小曼入上海中国画院,成为该院首批专业画师;1959年,她还被全国美协评为"三八红旗手",在美协画报上刊有她的照片和画作。

  陆小曼的作品主要是山水画。她说:"我爱大自然,但我无法旅游(因病),因此我愿陶醉在丹青的河山风景中。"虽然陆小曼出去旅游较少,但北京是她的旧居地,西山、万寿山、北海等都是她很熟的风景地,她也和徐志摩去领略过江南尤其是杭州的美丽山水,加上她在艺术方面较好的天赋和良好的领悟力,使她的画作充满美感。她最爱沈周、倪云林的山水。她擅长设色山水，画风近似清代王鉴一路，格调幽雅淡远，纯任天然，润泽秀丽，晚年则入苍茫之境。

业内人士认为，陆小曼的画作跟同时代的吴青霞、陈小翠比，毫不逊色。她常与程十发、吴湖帆、应野平、钱瘦铁、孙雪泥等知名画家切磋画艺，他们也常在陆小曼的画作上题字或评价，而且评价非常高。当时陆小曼集自己的画做成一本《唐宋人诗意》的画册，孙雪泥的评价是："腕底烟云笔底山，胸中丘壑意清闲，道升画里无斤骨，天际真人想象间。"钱瘦铁的评语是："烟瑕供养。甲戌嘉平之月读小曼此册，神韵满纸，文人慧业，信有然也。"贺天健的评价是："小曼天资超逸，此册实为其最精之作，读竟欣然。"陈蝶野的评语较为简练："媛介比肩"，陈蝶野并为陆小曼画册题名《小曼女士画唐宋人诗意》。赵清阁作为她的好友，评价她的作品为："清逸雅致，诗意盎然，自然洒脱，韵味无穷，洋溢着书卷气，是文人画的风格。"当代著名书法家、华东政法大学的洪丕谟教授也收藏陆小曼的画作，是陆小曼送给他父亲洪洁求的一幅山水扇面。洪丕谟先生说："欣赏这充满诗意、发人遐想的画境，韵而秀、细而柔的笔触，淡而雅、丽而谐的着色，不难想见小曼其人的清远情怀和对美的塑造能力。"

可惜的是，陆小曼创作一直不够自觉，所以留传下来的作品不是很多。正如她的老师刘海粟和贺天健所言："她天分很高，但不够勤奋。"虽然如此，据估计，目前世上留存的陆小曼画作也有百幅左右。这些画作分别收藏在上海中国画院、上海博物馆、浙江博物馆、海宁博物馆及一些私人收藏者手中。有《武夷疗养院》《太似山溪石居图》、《寒林策杖图》、《黄山烟云》等等。陆小曼的画作在上世纪九十年代还不算热门，偶尔在市场上亮相，关注度和价格都不高。但到二十一世纪初，陆小曼的书画作品开始频频亮相于各大拍卖会。她的作品成交价一般在四五千至五六万间。2001年，她的《临黄鹤山樵山水》在上海敬华拍卖会上以两万两千元成交；2002年，《柳岸渔归》扇面以四千四百元成交；楷书《八言对联》被北京华辰拍到一万三千二百元；《万花留向故园开》被拍到两万四千二百元；《闲亭醉酒图》立轴被上海东方国际拍到五万两千八百元。

到了2004年，在上海朵云轩举办的书画拍卖会上，陆小曼的画作《人物》以无底价起拍，结果受到各路买家的青睐和追捧，最后以九万零二百元的历史最高价拍走。2005年11月，陆小曼的1955年作的《秋山图录南田诗》拍至

九万六千八百元；同年拍出的 1943 年创作的《晚渚轻烟》升至九万九千元；2005 年 12 月，西泠拍卖行拍卖的陆小曼画作《溪山高隐图》成交价更是突破了十万元，再创陆小曼作品的新高。近几年来，陆小曼的书画作品在拍卖市场颇为走俏，价格也一路走高。2010 年以后，陆小曼的画作频频以二三十万元的价格成交，成为收藏界的新宠。

陆小曼书画作品（部分）一览

画名	创作年份及形式	备注
东山骑归	不详，山水条幅	陈从周、赵家璧题
山水画长卷	1931 年，山水长卷	原画无标题，邓以蛰、胡适、贺天健等题
寒林策杖图	丙子年秋，山水条幅	程十发题
桃花流水在人世……	辛丑春日，山水扇面	署陆小曼
太似山溪石居图	甲戌年，山水册页	陈蝶野题，署陆小曼
意在倪黄之间	甲戌初冬，山水册页	陈蝶野题，署小曼
武夷疗养院	1960 年，山水条幅	署陆小曼
吴山尽处越山涯……	不详，山水扇面	署陆小曼画
梅花山水图	辛丑夏日，山水横批	原画无标题，署陆小曼
曼庐写花，叔崖补成	不详，山水册页	
黄山烟云	1958 年，山水条幅	署小曼画
无题	壬寅夏日，山水扇面	署陆小曼画于曼庐
曾见浙江黄山本背拟其意	不详，山水条幅	署小曼
垂杨依岸水……	不详，山水册页	
泉声咽危石……	不详，山水册页	署小曼
雪满山中高士卧……	不详，山水册页	
捉得松为柄……	不详，山水册页	署蛮姑小曼
野渡人舟自横	不详，山水册页	

画名	创作年份及形式	备注
桃花流水杳然去……	不详，山水册页	
山静似太古……	不详，山水册页	
柴门仍不正……	不详，山水册页	署蛮姑
玉山高与阆风齐……	1956年，山水条幅	署陆小曼
寒山雨意	1960年冬日，山水条幅	署陆小曼
山空寂静人声绝……	1965年，山水扇面	署陆小曼画
天都挺立白云间……	辛丑夏日，书法扇面	署小曼为阿熏写
春光照耀在富春江上	1955年	
上山下乡热情高	1958年	
红军不怕远征难……	不详，书法册页	署曼

　　陆小曼除了文学创作和专业绘画外，她还间或看一些闲书来打发时间。她看书有一个习惯：宁愿看小人书，也不看简体字的书。她喜欢看英文原版小说，她还研究过英国的古典文学；她最喜欢看中国古典小说或外国翻译小说，她百看不厌的是《红楼梦》和还珠楼主的剑侠小说，她非常欣赏林黛玉，因此她给自己取的别名是"冷香人"，她的画室也叫"冷香馆"（陆小曼画室的另一个名称叫"曼庐"）。1930年的夏天，有一段陆小曼与徐志摩争着看书的插曲，很有意思。说明陆小曼也很喜欢看书，是个小说迷。

　　那个夏天，徐志摩因病在家中休息，向胡适借了一本木版的《醒世姻缘传》来看。这一看，他连病都忘了。终日看、通宵看，而且是大热天的在床上。陆小曼看他生了病还不要命地看书，就生气了，说："这大热天挨在床上逼着火，你命要不要，你再不放手我点火把它烧了，看你看得成！"

　　此时，徐志摩正看到书中的主角在发怒，忽听得自己的太太也发怒了，不禁大笑起来。

　　徐志摩这一乐，惹得陆小曼更火了，她一把夺下志摩手中的书，扔在床上。

　　徐志摩看她来真的了，连忙求她说："太太，我们讲理好不好，我翻一节给你看，如果你看了不打哈，那我认输，听凭你拿走或是撕或是烧！"说完，不等陆小曼说话，

就随手翻了一回给她看。

　　陆小曼看到丈夫这等模样，倒也起了兴趣，就坐下来听志摩念。

　　徐志摩开始念了，开始陆小曼还撅着嘴，还在生气。等徐志摩再念下去时，她的眼禁不住也跟着字句上下看，再念下去，她的嘴巴也情不自禁地张开了，哈哈也来了……忽然，陆小曼又收住了笑，徐志摩吓了一跳，以为她还是生气，谁想到她一伸手说："你把第一册书拿给我看。"

　　就这样，一连几天，他们夫妇俩看得眼都肿了，肚子笑痛了。看完后，两人还交流了心得，说有的地方写书人未免损德过了一点。而且两人逢人便夸此书的奇妙，有时大清早或是半夜里想起书里的妙文，两人也会撑不住的大笑。

　　我们在这里看到了"夫妻双双把书看"的非常和谐的一幕，在这个时候，夫妇俩肯定是心灵交会的，可惜这样的时光不常在，否则他们是令人何等羡慕的一对。

　　从最近披露的资料来看（张元卿《陆小曼与还珠楼主》，载《新文学史料》2015年第四期），陆小曼因为看还珠楼主的小说入迷但又买不齐全，曾于1940年写信给还珠楼主李寿民，对他的小说推崇备至并拟向还珠买书——"自从见到您的《青城十九侠》等等，我才觉得眼前放出一种异样光彩，我敢说我平生还没有见着像您这样一只神笔呢！""我忍不住给您去信，请您告诉我，如果我寄钱给您，您能给我将您所有的著作都给我寄来么？"过后不久，陆小曼又给还珠写了第二封信（上两封信均发表在1940年10月11日的《新北京报》上），从信中可知，还珠回信并拟把他的著作赠陆小曼，使陆小曼万分感激。从这里我们也可以看出陆小曼非常喜欢还珠楼主的小说。

　　据陆小曼的侄子庄篪回忆（《我所知道的表姨妈陆小曼》，《海宁史志》2013年第四期），有一次陆小曼和表妹吴锦、朋友乐亶闲聊时说："还珠楼主的小说中有一百多个人，你们知道他怎么能写得丝毫不乱呢？他是做了模型的，写一个做一个，写完了就再做一个不同的，然后再编这个人的故事，做到不雷同不重复。"还说："还珠楼主从小在四川峨眉山区长大，熟悉那里的山川地形，所以写起来得心应手。"当时庄篪先生不知道他表姨妈陆小曼为什么对还珠楼主写作这么了解？现在我们看来，怕是通过两人通信了解到的。

　　庄篪先生还说，还珠楼主赠给陆小曼的这一套武侠小说，由他的母亲吴锦带回常州。后来借给了她母亲的好友潘某。"文革"时潘某被抄家，落实政策后也未返还。这套书就这样不见了,非常可惜。

  刘海粟对陆小曼的文学和绘画有一个比较全面的评价,可以作为本章节的一个总结:"她的古文基础很好,写旧诗的绝句,清新俏丽,颇有明、清诗的特色;写文章,蕴藉婉约,很美,又无雕凿之气。她的工笔花卉和淡墨山水,颇见宋人院本的传统。而她写的新体小说,则诙谐直率。她爱读书,英、法原文版的小说,她读得很多。"(《我所认识的徐志摩和陆小曼》。载《人物》1989年第五期)

◇《皇家饭店》前所附的作者陆小曼像

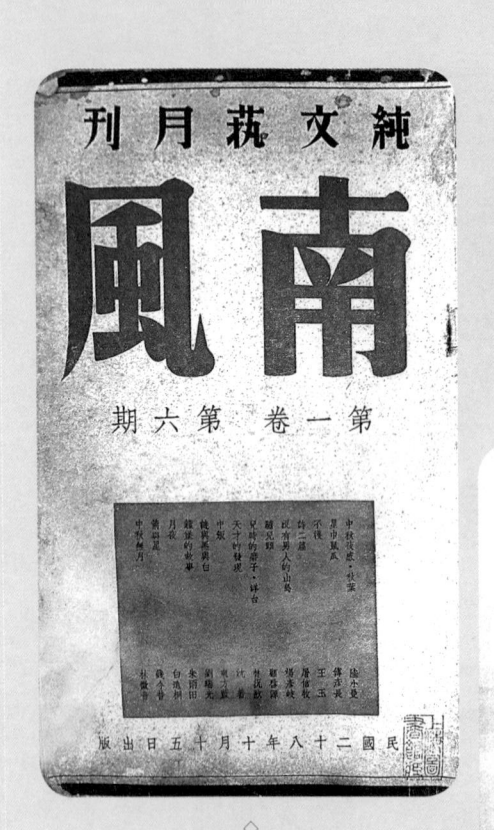

◇ 1939年，陆小曼在《南风》杂志上发表《中秋夜感》及《秋叶》怀念徐志摩

◇◇《南风》杂志刊载的陆小曼诗作《秋叶》

列国志故事

河伯娶妇

上海文化出版社

清阁：

今夏腊热甚於往年常人都汗出如浆我及闹胃肉凡僵卧床中气喘身热汗如雨下日夜无停时真是苦不堪言本拟南京归来即将馀稿写完奉上不想恳发喘病每日只能坐卧无力握笔不知再等俩星期可否，我不敢道歉我愿受责

如此奇热你定不能思受我劝你不如去乎一连避过三伏再回来不然你要更显消瘦下即此

问好
　　　　　小曼人白

◇《河伯娶妇》书影

◇◇陆小曼致赵清阁书信手迹

◇ 陆小曼送给庄簏兄弟的扇面

◇◇ 陈巨来、钱瘦铁为陆小曼治的印章

◇ 1956年陆小曼画作

小曼天资超逸此册实为其最精之作读竟欣甚 甲戌冬贺天健题於岳云之室

◇ 贺天键题为陆小曼画《唐宋人诗意》图题词

人民文学出版社

陆小曼同志：

我社正在编选徐志摩先生的诗选，预计在今年六月间发稿；将来出书时，拟在书前附上他的肖像及手迹等。您是否仍保存有这方面的材料？如有，希能借我们一用，用毕当即奉还。

希望得到您的协助，并望复知。

此致

敬礼

一九五七年四月三日

上海延安

◇《志摩诗选》出版时人民文学出版社发给陆小曼的信函

◇ 1969年,刘心皇所编的《陆小曼选集》书影

二十五
善待朋友

　　陆小曼在晚年除了从事文学创作和专业绘画外，基本上是过着一种远远谈不上富足但却悠闲的生活。由于年龄的关系及她孤寂的心境，她已不再讲究穿着，基本都是中性化了。她常穿的是男士对襟蓝褂子，完全素脸，直短发，下身常穿一条深蓝色西服裤，脚上是家中自缝的黑布鞋。

　　由于她宅心忠厚、待朋友热情、讲究义气，所以她的朋友总是很多。如画家贺天健，书画家钱瘦铁，艺术家江小鹣，出版家赵家璧，作家赵清阁，篆刻家陈巨来，建筑学家陈从周以及乐亶、王亦令等。有人评价她说："男人中有梅兰芳，女人中有陆小曼，都是人缘极好，只要见过其面的人，无不被其真诚相待所感动。"徐志摩的堂侄徐炎也说："陆小曼总是把朋友们的困难放在首位，先人后已地帮助别人，毫不吝啬，即使在自己条件已相当困难时也是如此。"（《走近志摩》。载《山西文学》2002年第十一期）因为没有子女，晚年的她一直与表妹吴锦住在一起，和她的堂侄女陆宗麟来往甚密。

　　江小鹣（1894—1939），江苏吴县人，是清末名士江标之子。早年留学法国，嗜戏剧，是天马剧艺会的创办人。他是上海滩出了名的画家、雕塑家，也从事图案设计。在上世纪二十年代便已是徐志摩夫妇的好朋友。徐志摩的《翡冷翠的一夜》就是他作的封面图案设计，用的是翡冷翠的维基坞大桥即景，被徐志摩评价为"独具匠心的设计"。陆小曼和徐志摩合作的戏剧作品《卞昆冈》也是由江小鹣设计封面。

在 1928 年的"福尔摩斯小报案"中，江小鹣也是主角之一。这说明当时他和徐志摩、陆小曼走得已经很近了。时至本世纪初，在吴锦家中还保存着一幅由陆小曼、翁瑞午、江小鹣三人合作的《岁寒三友》，由江小鹣画梅，翁瑞午画竹，陆小曼画苍松并署"庚午新秋题于冷香馆"。按推算，庚午年当为 1930 年。上世纪五十年代，有一次江小鹣的母亲做五十大寿，陆小曼去助兴，唱了一段戏，这也是陆小曼在徐志摩死后出去极少的应酬之一，表明陆小曼晚年和江小鹣仍然保持着很好的友谊。

梅兰芳（1894—1961），中国京剧表演艺术大师。陆小曼与梅兰芳在戏剧表演上一位是业余客串，一位是专业选手。但两人互相仰慕，成为朋友。大约是 1952 年，梅兰芳应邀率领京剧团赴日本访问演出，小曼得知这个消息后，立即写了封信给梅兰芳，请他代为买些日本宣纸。当时，小曼进了上海画院，不时要画。但中国好的宣纸很难买到。小曼认为，中国宣纸吸水性较差，画了之后，要等好长时间才能乾，很费时间。她画国画喜欢一气呵成，而日本宣纸乾得快，适合使用。梅兰芳从日本访问演出回来后，没几天就请他的秘书将两百张日本宣纸送到小曼府上。秘书说："梅老板说了：两百张宣纸请收下，款就不必付了。算是仁兄送小曼贤妹一份薄礼。望贤妹保重身体，多多作画。"小曼收下宣纸后，激动地说："回去给梅老板回话，小曼一定遵听兄言，保重身体，好好作画。小妹铭记这份情义。"陆小曼从此就使用请梅兰芳从日本带回的宣纸作画，直至她逝世。邵洵美（1906—1968），诗人、出版家、散文家。浙江余姚人，出生在上海。其诗集有《天堂与五月》《花一般的罪恶》等。1925 年赴英国剑桥大学留学，和徐志摩为前后校友。1927 年 1 月与盛宣怀孙女盛佩玉结婚，徐志摩陆小曼夫妇前往参加婚礼。在徐、陆爱情纪念册《一本没有颜色的书》里，作为好友的邵洵美曾画画并题诗"一个茶壶、一个茶杯、一个志摩、一个小曼"，祝福他俩相依相偎，也显示了他与志摩小曼的亲密关系。徐志摩失事后，邵洵美夫妇多次去四明村看望陆小曼。邵洵美自己也异常悲痛，他请陈梦家收集徐志摩的诗作，编成《云游》一书，请陆小曼为该书作序，并于 1932 年 7 月交新月书店出版，成为最早出版的徐志摩遗作之一。1965 年陆小曼去世后，邵洵美写了悼亡诗："有酒亦有菜，今日早关门；夜半虚前席，新鬼多故人。"陆小曼大殓的这天，邵洵美因病卧床未能亲自前去，命长子邵祖丞出席了追悼会。

贺天健（1891—1977），书画家。号纫香居士，江苏无锡人，寓居上海，为中国画会创办人之一，主编《国画月刊》，历任南京美术专科学校、上海美术专科学校教授。建国后任中国美术家协会上海分会副主席、上海中国画院副院长。1930年，陆小曼拜贺天健为师作画。徐志摩去世后，中断一段时间，后复又从其学画。陈巨来在《陆小曼·徐志摩·翁瑞午》一文中说："小曼每月致送五十元作学费者，达二年之久。"在陆小曼亲戚保存的画中，有很多是贺天健的。

赵家璧（1908—1997），编辑家、出版家，上海松江人。1925年考入圣约翰大学附中，1928年考入光华大学英文系，1932年毕业，后受聘于良友图书印刷公司。建国后曾任上海人民美术出版社、上海文艺出版社副总编辑，中国出版工作者协会副主席。赵家璧是徐志摩非常喜欢的一个学生，经常鼓励他多读书，多跑书店。赵家璧对徐志摩也相当尊重，徐的课他总是很仔细地听，一节课也不舍得落下。在徐志摩死后，他出版了徐志摩的首部遗作《秋》；后又和陆小曼一起收集整理徐志摩的作品，完成《徐志摩全集》十卷。1936年，陆小曼在他的帮助下出版了《爱眉小扎》。1947年，又在他的帮助下，陆小曼编辑出版了《志摩日记》。后来，他又和赵清阁一起去做陆小曼的思想工作，要她振作，戒掉鸦片，使陆小曼慢慢地踏上事业之路。陆小曼在抗战期间，也曾帮助赵家璧照料他的家人。

赵清阁（1914—1999），作家，河南信阳人。1932年毕业于开封艺术中学，1933年考入上海美术专科学校，学习西洋画，后任上海女子书店总编辑，兼《女子月刊》编委。抗战期间主编《弹花》文艺月刊。抗战后到上海任《神州日报》副刊主编。1947年到上海戏剧专科学校任教，解放后加入中华全国文学工作者协会，是上海社会科学院文学研究所研究员。著有多部戏剧、电影、小说和散文集。陆小曼与赵清阁是一对知心姐妹。赵清阁非常能理解陆小曼作为一个未亡人的难处、一个做女人的难处。1947年，正是赵清阁和赵家璧的努力，陆小曼才逐渐戒掉了不良嗜好，完成了两万字的小说，并恢复了丹青生涯。在赵清阁的眼中，陆小曼是一个才女："誉小曼为才女是实事求是的，确切的；君不见她能歌善舞，能戏曲；能诗文，能书画；还能外语；虽都不专（中年以后即专事绘画，卓有成效），算得是多才多艺了。"

赵清阁确可算得是陆小曼的闺中知己，她在晚年还念念不忘陆小曼，不仅发表了《绒线背心的温馨——忆好友陆小曼》（原载《文汇报》1993年11月2日）、《陆小曼幽怨难泯》（原载《新文学史料》1999年第二期）等回忆、怀念陆小曼的文章，还在多种场合为陆小曼鸣不平。如1996年，学者姜德明在《济南日报》上发表了一篇题为《陆小曼》的文章，赵清阁见到后，不顾自己年老多病的身子，马上给姜德明写了一封信，里面说：

> 德明同志：
> 看到《济南日报》上你写的《陆小曼》的文章，很有感触，对研究徐志摩、陆小曼提供了重要资料……大文引起我又想执笔写点废话，首先给你写这封信，是为小曼牢骚，也是由衷之言。几十年来人们只赞赏她的美，没有人或者极少人谈过她的业绩，这是不公允的。谢谢你的大文里给了她实事求是的客观评价，死者地下有知，也会感激的……

从文中我们可以感受到赵清阁对陆小曼的深厚情谊以及希望世人公正评价陆小曼的急切心理。这封信写于1998年7月22日，写于酷热的上海。第二年的11月，赵清阁就生病去世了。可以说，她在生命的最后几年中还是念念不忘陆小曼的。

钱瘦铁（1897—1967），书画家、篆刻家。名崖，字叔崖，号数青峰馆主，江苏无锡人。为中国画会创办人之一。建国后任上海中国画院画师。著有《钱瘦铁画集》、《瘦铁印存》两卷。钱瘦铁也是陆小曼晚年交往较多的，亦师亦友。钱瘦铁后来被打成右派，陆小曼每当发了薪水，就叫她表妹吴锦买些鸡鸭之类的荤菜烧好送到钱瘦铁家去，让他补补身子。钱瘦铁经常发牢骚，陆小曼总是劝说他看开些，"帽子"迟早会摘掉的。陆小曼晚年除了拜贺天健为师外，受钱瘦铁画风的影响也很深。在存世的陆小曼的画中，有数幅钱瘦铁和陆小曼合作的画。

陈巨来（1905—1984），篆刻家。号塙斋，浙江平湖人。一生治印不下三万方。建国后任上海中国画院画师，出版《安持精舍印存》、《安持精舍印冣》。陆小曼和陈巨来的交情也是较深的。徐志摩在世时，陈巨来就经常去四明村玩儿。在陈的印象中，徐志摩毫无大文豪的架子。志摩死后，陈巨来迁到富民路，和陆小曼家很近，还是经常去聊天。陈巨来回忆中说："志摩未死前，家中常客，为胡适之、孙大雨、郭绍虞、刘海粟、丁西林、老舍、邵洵美、钱瘦铁等；志摩死后，小曼家中除瑞午外，常客只余及大雨夫妇及瘦铁与赵家璧、陈小蝶数人耳。"(《陆小曼·徐

志摩·翁瑞午》。载《万象》1999年第一卷第五期）

陈从周（1918—2000），古建筑学家、园林艺术家，在散文与绘画上也有不俗的成绩，浙江绍兴人。杭州之江大学毕业，同济大学建筑系教授。著有《园林丛谈》、《说园》、《苏州园林》等，有《书带集》、《春苔集》、《帘青集》等散文集，还出版了《陈从周画集》。陈从周是徐志摩的表妹夫，他对徐志摩很是敬重。徐志摩飞机失事的时候，他还只有十三岁。但是在他小的时候，诗人就给他留下了深刻的印象。当他在中学教科书上读到徐志摩的《想飞》后，就非常喜欢。后来，他与徐志摩的表妹蒋定结了婚，更增强了他为徐志摩做点什么的决心。经过努力，他于1949年8月编就并自费出版了《徐志摩年谱》，这部小书成为后来海内外研究徐志摩的一份可贵的材料。在陆小曼的晚年，陈从周和她经常走动，是陆小曼的夫家唯一和她走动的人。他也是陆小曼十分信得过的人。因此在陆小曼弥留之际，她把梁启超为徐志摩写的一副长联（1924年秋，梁启超为纪念徐志摩陪泰戈尔泛游西湖及在法源寺海棠花下通宵作诗一事，集宋词以八尺宣纸写一大楹联，书作北魏体，联云："临流可奈清癯，第四桥边，呼棹过环碧；此意平生飞动，海棠影下，吹笛到天明。"）她自己的那幅山水画长卷以及一些她与志摩的手稿、志摩坠机时未毁的纪念品，胡适、杨铨的长题等交给陈从周。陈从周后来把《徐志摩全集》样本和小曼的一些手稿送给了北京图书馆，梁联及陆小曼长卷给了浙江省博物馆。陈从周还在陆小曼山水画长卷的卷末写了一点说明：

此小曼早岁之作品。志摩于一九三一年夏带至北京征题，旋复携沪以示小曼。是岁冬志摩去京坠机，箧中仍携此卷自随，历劫之物，良足念也。

陈从周

正是由于陈从周的妥善处理，这些珍贵的物件才得以保存至今。

玄采薇（1912—　），画家，陈从周的学生。她和陆小曼相识于1956年，当年中国美术家协会主办的第二届全国国画展在北京展出，有不少上海画家的作品，如朱屺瞻、孙雪泥、吴湖帆等，还有陆小曼的《江边绿荫图》和《清溪待渡》及玄采薇的《合作好》等。在上海的预展时，玄采薇和陆小曼在王传涛的介绍下认识。陆小曼将自己的地址告诉玄采薇，是"延安中路一一五七弄三十五号"，还跟她说"我们这条弄堂叫福煦坊,有空来玩"。后来,玄采薇经常去看陆小曼,两人成了很好的朋友。如今玄老已是百岁出头。

乐幻智乐亶父子,气功师。陆小曼在戒了鸦片后,百病丛生,尤其是肺气肿,一咳即不能止。每次都咳得汗湿衣襟。当时有一种药叫"可待因",是止咳的药,效果好,陆小曼简直把它当做灵丹妙药了,一咳就吃。但这种药比较贵,而且医生一般不肯多配,每次总要去说人情、讲好话才弄到一些。后来经人介绍,她认识了一位叫乐幻智的气功师,求他进行治疗。乐幻智当时住在茂名南路一五九弄里,离陆小曼居住的延安路也不远。乐幻智是上海震旦大学的老师,功夫很好,无论她咳得如何厉害,只要乐老师置手于其后背肺部,顿时止咳,片刻之后,鲜龙活跳,而且屡试不爽。陆小曼说:"我的老师乐幻智用手掌罩着我,并不碰到我的头发,我只感到一阵阵的发热,热气好像往胫部下通去。没有几分钟,我全身就舒畅了,不喘也不咳了。乐老师是用他的真气输给我,给我治疗的,而且乐老师不收分文。他是个好医生!"陆小曼对乐幻智是佩服得五体投地。然而乐幻智一再告诫陆小曼说:"不能光靠我给你治,你应该自强,我教你几个姿势,你坚持练习,就不会再犯了。"

陆小曼生性慵懒,答应学了,过不了几天就不练了,宁愿犯了病再上乐老师家求治,反正一治就好,而乐幻智对陆小曼也是有求必应。乐幻智于1960年去世,陆小曼非常悲伤,她对人说:几十年的经历已使她心如木石,早就没有了泪水,甚至翁瑞午死时她也未痛哭流涕,可是当她听到乐老师的噩耗时,却止不住热泪盈眶。她不仅佩服乐老师的功夫,尤其对他的处世为人,更是赞不绝口。

出于对乐老师的感激,陆小曼对乐老师的儿子乐亶分外照顾,常常帮他解决一些家庭问题。乐亶具有一身高超的功夫,但太专心于学拳、学书画、学儒家经典,于闺房之事有所疏怠,其妻对之甚为不满,时生龃龉。陆小曼对他耐心加以劝导,使他俩趋于和解。就在她后来病重之际,她还经常关心他们,让他们共同为家庭的和睦作出努力。乐亶也知恩图报,陆家有什么事,总是叫乐亶帮忙,乐亶随叫随到。陆小曼在六十岁过后,多次住医院,总是由乐亶把小曼连被子一抱,送上急救车,去华东医院的。

王亦令,又名王敬之。他是陆小曼跟着乐幻智学习气功和太极拳时认识的朋友,

因为他在上海译文出版社当翻译,所以后来还和陆小曼一起翻译外国名著。王亦令夫妻俩也是受到陆小曼照顾较多的一对。陆小曼由于自己受到夫妻分离之苦,因此老是劝别人珍惜现有的夫妻生活。据王亦令回忆,他与妻子朱琴当时经常要吵架,他的妻子往往告状到陆小曼处,陆小曼每次都能把他们的矛盾化解,总使双方都有台阶好下,恢复和好。陆小曼过世后,琴哀思不已,还和吴锦一起去陆小曼的骨灰存放处凭吊。

陆小曼很懒,对王亦令也很信任,所以写些汇报材料或者给出版社写信联系都是王亦令的事,如当时农工民主党要吸收陆小曼入党,要写向党交心的材料,陆小曼也是要王代劳。每次写完后,陆小曼稍稍过目一下,就上交上去或发出去了。更令人啼笑皆非的是,有时连陆小曼的私人信件也要王代笔。

陆小曼虽然对王亦令他们很好,但她也有原则。陈巨来是王亦令的篆刻老师,在反右运动中,王亦令在一次谈话时揭发了陈巨来以及陆小曼。陈巨来十分不满。陆小曼得知此事后,也对王亦令严词相责,对他说:"不管什么原因,批老师总是不对的。你批了我,我的的确确不在意,正由于我对你批我不在意,所以我现在才这样站在客观的立场上对你直言相劝,我是老实不客气的要责备你的。你把祖宗三代、父母尊长全骂到了,我很不赞成。要是我做你,我肯把自己随便怎样骂法都行,要我骂尊长,杀了我也不行。"

张方晦、展望之是向陆小曼学习绘画的学生。上世纪八十年代,张方晦、展望之两人出版《飞去的诗人》一书,由黄河文艺出版社出版,里面有不少回忆陆小曼的文字。2000年,两人将修改后的作品交汉语大词典出版社出版,并重新写了前言,深情回忆陆小曼:"我们多么愿意回到那些日子里去。那时我们才二十出头。在曼师的卧室内,火炉上铝壶里的水沸着,室内弥漫着水汽和温暖,一只老猫懒洋洋地打着呵欠伸拳舒腿。暮色愈来愈浓了,曼师轻声说着志摩的往事,宛如一溪清涧。一次又一次,我们不再是师从她学习绘画的学生了,我们成了聆听她的追怀往事的对象……"2005年4月,张方晦在美国新泽西州罗格斯大学举办《徐志摩、陆小曼与文学创作》的讲座。讲座中他说当时陆小曼家的门除了冬天从不上锁,有文学爱好者或是徐志摩的爱慕者想来拜访,陆小曼总是很欢迎;他说陆小曼是个很真实的人,不会隐藏自己的观点,也不计较别人对自己的看法;还说陆小曼待他们和蔼可亲，那几年的年夜饭也都在陆家吃。陆小曼还曾经为他们学生时代的文集题名《岁寒集》等等。

陆小曼对亲戚也很关心，在晚年她一直照顾表妹吴锦一家三口的生活。吴锦的儿子庄簴一直和笔者有联系，他经常跟我讲陆小曼的事。他有一篇文章《我所知道的表姨妈陆小曼——为纪念陆小曼诞辰一百一十周年而作》，先发表在《海宁史志》2013年第四期上，后在《百花洲》2014年第一期上发表。徐志摩去世后，她和堂侄女陆宗麟一直居住在一起，直到1947年6月陆宗麟结婚。后来她写有一篇《忆姑母陆小曼》，文中显出她和陆小曼的深厚感情。2002年，笔者去上海采访陆宗麟的儿子邱权，在言谈间他对陆小曼也充满感情。据陆小曼的另一位堂侄女陆宗桓回忆：抗战胜利后，她的父亲陆耀武（陆小曼堂兄）从内地回到上海，陆小曼热情地邀请他们去她家里居住。1946年，陆耀武被派往台湾工作，陆小曼真诚地要把陆宗桓接到她身边让她照看，但陆耀武考虑到陆小曼的家庭条件及她和翁瑞午抽鸦片的不良习惯，就委婉谢绝了，送去了陆宗桓的外婆家。陆耀武去台湾后，陆小曼对陆宗桓仍非常关心，经常要她去吃饭，还辅导她做功课。在陆宗桓的眼里，陆小曼美丽、善良、热心、直爽。

陆小曼对待家里的佣人是很宽容的，尽管家里经济拮据，佣人的月费只拖欠，不赖帐。举一个例子就知道小曼对佣人是十分好说话的。据陆小曼侄子庄簴回忆：那时，他也住在上海延安中路一一五七弄三十五号陆小曼处。有一次，佣人毛桃妹整理、打扫房间的旧东西，把放在亭子间的折好的一叠咖啡色的粗格图形纸用水洗了一下，想不到成了纸浆糊。后来，小曼知道了，她说："啊呀，可惜，这是泰戈尔送给志摩的包书纸，虽值不了几个钱，但很有纪念意义！"毛桃妹说："啊呀，我闯祸了！怎么办？我赔都无法赔啊！"小曼笑着说："您一定把它当成了被单？倒还真像！算了，不知者，无罪。怪我，没有给你们讲清楚。以后凡是洗什么东西，都要搭我讲一声！"毛桃妹立即说："晓得，晓得！"在最困难的时候，陆小曼也尽量管好佣人的生活，不轻易辞退她们。

◇ 徐志摩与梅兰芳等合影

◇◇ 陆小曼与江小鹣合演《汾河湾》

◇ 四十五岁的陆小曼与堂侄女陆宗麟等合影

◇ 陆小曼扇面

◇ 人民文学出版社预支陆小曼《泰戈尔短篇小说集》的稿酬单

◇◇ 赵清阁致姜德明书信手迹

二十六
合葬遗愿成憾事

　　1964年春，陆小曼开始用正楷笔录毛泽东著作《矛盾论》全书。她的书法相当清秀，有其乡贤恽南田之味。她笔录毛泽东著作《矛盾论》是准备作为中华人民共和国成立十五周年的节日献礼。可是从那年夏天起，她的身体一天比一天差，这件事最终未能完成，成了她的终身遗憾。

　　1964年秋，陆小曼应画院之请，替成都的杜甫草堂画四张子美诗意的山水条幅，以作"杜甫生平展览"之用。这时，她的身体已经十分虚弱了，但她坚持着画完了。

　　到了10月，陆小曼住进了医院，主要是肺气肿和哮喘。在中秋节那天，赵清阁买了几只月饼给她，她的鼻孔内插着氧气管，憔悴不堪。她气喘吁吁地对赵清阁说："难为你想到我，今年我还能吃上月饼，恐怕明年就……"过一会儿，她又低声说："我的日子不会多了！我是一个无牵无挂、家徒四壁的孤老，是解放救了我，否则我早死了，我感激共产党。"

　　过了几天，赵家璧也来看陆小曼。陆小曼对他说："如果不解放，我肯定活不到今天；如果志摩生前知道，我们的共产党是这样的好，他也会和我一样相信的，可惜他死得太早了。如果不死，我相信他不会跟着走胡适的道路，他可能会走闻一多的道路。"她又说："唉，志摩要是不坐那架小飞机就好了。"

　　赵家璧感慨地说："是啊，他要是不坐那架飞机就好了，不过，"他又说："至于他会走什么路,还是茅盾说得对,'我们不便乱猜',但他留下的文学作品,将永远成为新中国文学宝库的一个重要组成部分。"

陆小曼嘱咐赵家璧说:"有机会的话,请你帮着出版那套《志摩全集》。"

赵家璧安慰她说:"你放心好了,志摩的书将来肯定会出,而且会越出越多。一定会出版一种以上的全集本的。"

听完赵家璧的话,陆小曼宽慰地笑了。

从当年12月华东医院推拿医师朱春霆的一份医疗记录中,我们可以看到陆小曼严重的病情:

陆小曼,女,62岁,保健号7149。

诊为:腹筒胀满,昼甚而夜轻,转矢乏能。面浮、神疲。舌色暗,脉大而散。拟轻推缓摩法,温肾阳而益气。

证属:虚胀。

取穴:中脘、气海、足三里。

疗程:暂订3次,间日一次。1、3、5,时间为20分钟。(转引自丁言昭《悲情陆小曼》,上海人民出版社2008年3月版,第二百六十三页)

果不出小曼所料,入冬她的病沉重了。勉强挨到1965年的暮春,她终日咳嗽不止,人益发消瘦了。

有一天,赵清阁又去看她,应野平也在座。她上气不接下气地说:

"我不会好了,人家说六十三岁是一个关口……最近我常常梦见志摩,我们快……快重逢了!"

应野平安慰她说:"别迷信!你太爱胡思乱想了。"

她又说:"我还看到了王赓,他和志摩在那个世界里似乎还没有和解。唉,让他们去闹吧!反正我也要去了。"陆小曼说话时伸手要扯掉氧气管,被赵清阁连忙止住,说:

"你这是干什么?别乱想了,好好养病才是正理。"

她凄楚地叹了口气。

过了一会儿,赵清阁询问道:"有什么事要我替你做吗?"

她断断续续地说:"我……我希望在死后能和志摩合葬,你……能不能办到?"

赵清阁为了安慰小曼,不假思索地说:"我尽力想办法,你现在养病要紧。"

陆小曼微笑着连连道谢,赵清阁的承诺使她受到了极大的鼓舞。

陆小曼住院时,隔壁病房正好住着朋友兼老师刘海粟。两人在病房里碰到,真是感慨万千。他们聊起了已经遥远的往事,聊起了在地下已经三十余年的志摩,聊起了期间的那些朋友。

在临终前几天,陆小曼嘱咐堂侄女陆宗麟把梁启超为徐志摩写的一副长联以及她自己的那幅山水画长卷交给徐志摩的表妹夫陈从周先生;《徐志摩全集》纸样则给了徐志摩的堂弟媳(即徐志摩堂弟徐崇庆的夫人)保管。

1999年,笔者去上海访问徐志摩堂弟徐崇庆的儿子徐炎,他对我们说:

> 1965年,陆小曼在华东医院过世后,陈从周和我一起去陆小曼家里,当时陆小曼是住在延安西路和华山路交界处的静安公园南面的一处房子里,房子是在延安路上,具体门牌号不记得了。当时我们去时看到家徒四壁,东西不知给谁拿走了。只有一个箱子,是陆小曼临死时托陆宗麟交给陈从周保存的。看了一下,里面是《徐志摩全集》的纸样,一共十包。因为上海只有我一家是徐志摩的直系亲人,陈从周就把纸样交给我妈保存。1968年,《全集》纸样被红卫兵抄家时抄走了。1981年找回来一看还是十包。仔细翻阅,原来其中一包是政治学习材料。据说,陆小曼在担任上海文史馆馆员后,曾组织过政治学习,因此有此资料。后来听说当时红卫兵抄去《全集》后,打开一看,凑巧看到这一包政治学习资料,他们就不敢动了,原样封起来。在上面写:"此是学习材料,要保管好。"如此另外九包真正的纸样才得以历数十年而保存下来。但这件事陈从周先生有些怪罪我们,认为是我们丢了一包。其实陆小曼当时过世时给我们的十包中,其中的一包本来就是政治学习材料。1981年拿回《全集》纸样后,我母亲就把它交给了商务印书馆上海分馆,当时商务馆为了感谢我母亲保管这套纸样,还给了我母亲一笔保管费。

1983年,经历了种种波折的《徐志摩全集》终于由商务印书馆香港分馆出版。(该书的出版说明里说:"1982年的春天,正当本馆纪念建馆八十五周年之际,北京总馆来电话,说在上海找到了《志摩全集》的原纸型。这的确是一个意外的大喜讯。在这同时,我们得到北京图书馆的协助,借出《志摩全集》的清样稿。于是开始了《志摩全集》的出版整理工作。")

1965年4月3日,一代才女、旷世美人陆小曼在上海华东医院过世,享年六十二岁(虚岁六十三)。在她去世的时候,伴在身边的有陆小曼的表妹吴锦、她的贴身丫头桂珍和翁瑞午的大女儿翁香光等。

稍后几天,由上海市人民政府参事室出面为陆小曼办丧事。上海农工民主党、上海市文史馆、上海中国画院等与陆小曼有关的单位都派人参加追悼会。陆小曼的朋友赵清阁、玄采薇、孙雪泥、陈巨来、赵家璧等也都到场。陆小曼的亲属中有她的表妹吴锦及堂侄陆宗麒、堂侄女陆宗麟等。

在陆小曼灵堂上,只有一副挽联,跟徐志摩死时几十副挽联并列的壮观情形不可同日而语。因为陆小曼过世的时候,已是"文化大革命"的前夕,山雨欲来风满楼,惊弓之鸟的文人尤其敏感,觉出气氛不对,不知未来会有什么新花头,谁也不想落下额外的文字冤孽,多添麻烦。灵堂上唯一的一副挽联是由王亦令撰,乐亶写的:

> 推心唯赤诚,人世常留遗惠在;
> 出笔多高致,一生半累烟云中!

起初,她的骨灰一直未安葬,暂寄在某处。当时只有陆小曼的表妹吴锦约人一起去骨灰盒寄存处凭吊过。不久就"文化大革命"了,被林彪、"四人帮"操纵的造反派和红卫兵能把一切都颠倒过来,活人被"踹上一脚,永世不得翻身",而死人枯骨倒反而一个个从泥土里获得了"翻身"。在这种情况下,当然更没人会把陆小曼的骨灰入土了,何况她又无子嗣。

至于陆小曼想葬到硖石徐志摩墓旁去的遗愿,因种种原因未能如愿。赵清阁在回忆陆小曼的文章中提到此事还耿耿于怀:

> 一九六五年的四月二日(应为四月三日),陆小曼默默地带着幽怨长眠了。她没有留下什么遗嘱,她最后一个心愿就是希望与志摩合葬。而这一心愿我

也未能办到。我和她生前的老友张奚若、刘海粟商量,张奚若还向志摩的故乡浙江硖石文化局提出申请,据说徐志摩的家属——他与前妻张幼仪生的儿子——不同意。换言之,亦即中国半封建的社会意识不允许!(《陆小曼幽怨难泯》。载《新文学史料》1999年第二期)

"文化大革命"期间,位于海宁东山万石窝的徐志摩墓被毁,墓石墓碑均被人搬走。1981年,海宁东山中学教师许逸云在硖石某处寻访到张宗祥题写碑名的徐志摩墓碑。

1983年,海宁市政府决定在海宁西山白水泉边重建徐志摩墓,墓地的设计人是我国古建筑学家、徐志摩的表妹夫陈从周。陈从周是陆小曼遗嘱的受托人之一。当时,他也曾斡旋想把陆小曼和徐志摩葬在一起,但也没有成功。据早期的徐志摩研究者顾永棣(他也参与了徐志摩墓重建的事)说:"当时我问了陈从周,他答是张幼仪的儿子不答应,他也感到十分无奈。"

1988年春,由陆小曼的堂侄——台湾的陆宗枬出资,和陆小曼的另一个堂侄陆宗麒,以及堂侄女陆宗麟一起,在苏州东山华侨公墓建造了纪念墓,墓碑上书"先姑母陆小曼纪念墓",墓上还有一张陆小曼年轻时的相片,脸上露着灿烂的笑容,旁边青松环绕。同时建的还有陆小曼父亲陆建三、母亲吴曼华的纪念墓。后来,陆宗麟和她的先生也葬在这里。东山,位于苏州市西南,在太湖的一个半岛上。三面临水,风光秀丽。这环境十分投合喜作山水画的陆小曼,而且和徐志摩起初葬的地方同名,这或许也是天意吧。至此,这位坎坷一生、众说纷纭的不幸女子最后总算画上了一个差强人意的句号,她在泉下也可以瞑目了。

◇ 晚年陆小曼

◇ 位于海宁西山的徐志摩墓

◇◇ 位于苏州东山华侨公墓的陆小曼墓

◇ 陆小曼册页

◇◇ 1956 年陆小曼画作《黄山松阁图》

◇ 1960年陆小曼画作《寒山雨意》

小更

陆小曼年表简编

1903年11月7日（农历九月十九）生于上海南市孔家弄，籍贯常州。父亲陆子福（陆定），母亲吴曼华。

1906至1908年，在上海上幼稚园。

1909年，随母亲赴北京和父亲一起生活。

1910年，就读于北京女子师范大学附属小学。

1912至1917年，就读于北京女子中学。

1918年，入北京圣心学堂读书。

1920年，通英文和法文，被北洋政府外交总长顾维钧聘用担任外交翻译(兼职)，参加外交部的一些接待活动。

1921年，开始名闻北京社交界。

1922年10月，离开圣心学堂，与王赓结婚。

1924年下半年，结识志摩。

1924年末至1925年初，出演《春香闹学》，与徐志摩交往并迅速恋爱。

1925年3月11日至7月17日，写下著名的《小曼日记》，共三十六篇。借以思念出国的徐志摩。

1925年8月，与徐志摩、林宗孟共游官湖。

1925年8月至9月，拜刘海粟为师学画。

1925年9月，小曼与志摩短暂相会于上海，相约去杭州，因陆母不允而未成。

1925年9月10日左右，刘海粟在上海著名的素菜馆"功德林"设宴，请陆小曼王赓夫妇、徐志摩、张歆海、唐瑛等人吃饭，委婉劝说王赓与小曼分手。

1925年底，与王赓离婚。

1926年2月6日至3月7日，写下日记二十二篇，借以思念回故乡海宁与父亲商量婚姻大事的志摩。其中最后一天的日记中，有目前所见最早的两首陆小曼现代诗。

1926年8月14日(农历七月初七)，在北海公园与徐志摩订婚;10月3日(农历八月廿七)，与徐志摩结婚。

1926年10月，与徐志摩南下上海。

1926年11月，到徐志摩故乡海宁硖石小住。

1926年12月，因江浙战争起，与徐志摩到上海定居，并与翁瑞午相识。

1927年3月，与徐志摩回硖石扫墓，并与徐志摩、翁瑞午游西湖。

1927年，出演多部戏剧，如《思凡》《拾画叫画》《汾河湾》《贩马记》《玉堂春》《奇双会》等。

1927年8月，以陆小曼、唐瑛等为号召（形象大使），徐志摩、江小鹣等在上海成立云裳公司，张幼仪任总经理。

1927年12月，因出演《玉堂春》而受《福尔摩斯》小报污蔑困扰。

1927年至1928年，发表《自述的几句话》等多篇以戏剧为主题的文章。

1927年至1928年，翻译意大利戏剧《海市蜃楼》。

1928年4月21日，译文《萤火虫》发表在上海《中央日报》文艺思想特刊上。

1928年4月至5月，与徐志摩合作的五幕剧《卞昆冈》在《新月》杂志上连载。7月，《卞昆冈》单行本发行。

1928年初夏，与徐志摩、叶恭绰共游西湖。

1929年，参与中国女子书画会的成立筹备工作。

1929年3月、6月，两次在家与徐志摩一起接待印度诗人泰戈尔。

1929年6月，与翁瑞午、何竞武夫妇等人共游"西湖博览会"。

1930年初，陆小曼父亲陆定去世。

1930年秋，徐志摩到北京大学任教，陆小曼与徐志摩开始两地分居。

1931年春，创作山水画长卷，此画后由徐志摩带到北京，请胡适等人加题。徐志摩飞机失事时，此画也在机上，因放在铁匣中而幸存。

1931年5月，到海宁硖石参加婆婆"五七"吊唁。

1931年11月19日，徐志摩坐飞机在山东失事。

1931年12月，因徐志摩飞机失事，悲痛之余，写下《哭摩》一文以表哀思。

1931年12月，为徐志摩散文集《云游》作序。该书于1932年7月由上海新月书店出版。

1931年底，从贺天健和陈半丁学画，从汪星伯学诗。

1931年底，在上海徐志摩公祭时，送上挽联："多少前尘成噩梦，五载哀欢，匆匆永诀，天道复奚论，欲死未能因母老；万千别恨向谁言，一身愁病，渺渺离魂，人间应不久，遗文编就答君心。"

1933年，整理徐志摩的《眉轩琐语》，并在当年的《时代画报》第三卷第六期上发表。

1933年清明，独自一人到海宁硖石给徐志摩扫墓，归后写下一诗："肠断人琴感未消,此心久已寄云峤;年来更识荒寒味,写到湖山总寂寥。"

1934年,为登载在《论语》第三十八期上的《爱眉小札》(部分)作序。

1934年4月,加入中国女子书画会。

1934年8月,陆小曼母亲吴曼华去世。

1935年10月,与赵家璧一起编好《徐志摩全集》(共十卷),并交商务印书馆(后因故未能出版)。

1936年,提供资料促成良友图书公司出版《爱眉小札》单行本,并为该书作序。

1938年,开始与翁瑞午同居。

1939年9月,发表《随着日子往前走》,刊于《南风》第一卷第五期。

1939年10月,发表《中秋夜感》,刊于《南风》第一卷第六期。

1939年10月,发表现代诗《秋叶》,刊于《南风》第一卷第六期。

1940年8月,发表《泰戈尔在我家》,刊于《良友》画报第一百五十七期。

1941年,在上海大新公司(今上海第一百货商店)开个人画展。

1942年4月,前夫王赓病逝于埃及开罗。

1943年2月,为桂林良友复兴图书印刷公司出版《爱眉小札》重排本作序。

1945年7月,发表《灰色的生活》,刊于《语林》附刊小册甲。

1946年4月21日,发表《我的照片》,刊于上海《春海》周报(第二期)。

1947年3月,编辑、整理的《志摩日记》由上海晨光出版公司出版,并为该书作序。

1947年6月,发表《牡丹与绿叶》,刊于6月21日《申报》副刊《春秋》刘海粟画作专刊。

1947年,写作短篇小说《皇家饭店》,收入赵清阁主编的《无题集——现代中国女作家小说专集》中,当年10月由晨光出版公司出版。

1949年7月,参加新中国第一次全国画展,入选两幅画作。

1954年春,北京商务印书馆返还《徐志摩全集》书稿清样。

1955年3月,参加第二次全国画展,入选两幅画作。

1956年,入上海中国画院当专业画师,并参加上海美术家协会。

1956年4月,受到上海市长陈毅的关怀,被安排为上海文史馆馆员。

1956年,加入农工民主党,担任农工民主党上海徐汇区支部委员。

1956年,与王亦令合作翻译《泰戈尔短篇小说集》、艾米丽·勃朗台的自传体小说《艾格妮丝·格雷》等,因故未能出版。

1957年1月,与王亦令合作改编的通俗故事《河伯娶妇》(又名《西门豹治邺》)由上海文化出版社出版。

1957年,撰写《遗文编就答君心——记徐志摩全集编排过程》和《泰戈尔在我家作客——兼忆志摩》两篇手稿,由她的堂侄女陆宗麟保存。后经赵家璧推荐,分别发表在1981年《新文学史料》第四期和1981年的《文汇》月刊第十一期上。

1957年4月,为《徐志摩诗选》作序(未发表)。

1959年,被全国美协评为"三八红旗手"。

1960年,任上海市人民政府参事室参事。

1961年1月,翁瑞午去世。

1962年9月,撰写文章《关于王赓》在《文史资料选辑》第三十辑上发表,文章批驳了沈醉说"她是舞女并与王赓遗失地图一事有关"的说法。

1964年春,正楷笔录毛泽东著作《矛盾论》全书,因病未能完成。

1964年秋,为成都杜甫草堂画四幅条屏。

1965年4月,过世前夕,把未能出版的《徐志摩全集》的一份样本、一箱纸版,梁启超为徐志摩写的一副长联,她自己的那幅山水画长卷以及一些她与志摩的手稿、志摩坠机时未毁的纪念品,胡适、杨铨的长题等交给陈从周保存。

1965年4月3日,在上海华东医院病逝,享年六十二岁。

小尽

陆小曼佚文

2009年12月，由我整理编辑的《陆小曼文存》由山西出版集团·三晋出版社出版。之后，又陆续有陆小曼的佚文被发现，虽然都是一些短文，但也可窥见当时上海的一些旧事和陆小曼本人的心境。

自述的几句话

唱戏是我最喜欢的一件事情，早几年学过几折昆曲，京戏我更爱看，却未曾正式学过。前年在北京，新月社一群朋友为闹新年逼着我扮演一出《闹学》，那当然是玩儿，也未曾请人排身段，可是看的人和我自己都还感到一些趣味，由此我居然得到了会串戏的一个名气了，其实是可笑得很，不值一谈。这次上海妇女慰劳会几个人说起唱戏要我也凑和一天，一来是她们的盛意难却，二是慰劳北伐当得效劳，我就斗胆答应下来了。可是天下事情不临到自己亲身做是不会知道实际困难的；也是我从前看得唱戏太容易了，无非是唱做，那有甚么难？我现在才知道这种外行的狂妄是完全没有根据的。因为我一经正式练习，不是随便不负责任的哼哼儿，就觉得这事情不简单，愈练愈觉着难，到现在我连跑龙套的都不敢轻视了。

演戏决不是易事：一个字咬得不准，一个腔使得不圆，一只袖洒得不透，一步路走得不稳，就容易妨碍全剧的表现，演者自己的自信心，观众的信心，便同时受了不易弥补的打击，真难！简直我看读什么英文法文还比唱戏容易些呢！我心里十分的担忧，真不知道到那天我要怎样的出丑呢。

我选定《思凡》和《汾河湾》两个戏，也有意思的。在我所拍过的几出昆戏中要算《思凡》的词句最美，他真能将一个被逼着出家人的心理形容得淋漓尽致，一气呵成，情文相生，愈看愈觉得这真是是（按：后一个"是"疑为衍字）一篇颠扑不破的美文。他的一字一句都含有颜色，有意味，有关连，决不是无谓的堆砌，决不是浮空的词藻，真太美了，却也因此表演起来更不容易，我看来只有徐老太太做的完美到无可再进的境界，我只能拜倒！她才是真工夫，才当得起表演艺术，像我这初学，简直不知道做出甚么样子来呢。好在我的皮厚，管他三七二十一，来一下试试。

旧戏里好的真多。戏的原则是要有趣味，有波折，经济也是一个重要条件。

现代许多新戏的失败原因是一来蓄意求曲折而反浅薄，成心写实而反不自然，词费更不必说，有人说白话不好，这我不知道。我承认我是一个旧脑筋，这次洪深先生本来想要我做《第二梦》，我不敢答应。因为我对于新戏更不敢随便的尝试，要你非全身精神都用上不可，我近来身体常病，所以我不敢多担任事情了。

《汾河湾》确是个好戏，静中有闹，俗不伤雅。离别是一种情感，盼望又是一种情感；爱子也是一种情感，恋夫又是一种情感；叙会是一种情感，悲伤又是一种情感。这些种种不同的情感，在《汾河湾》这出戏里，很自然的相互起伏，来龙去脉，处处认得分明，正如天上阴晴变化，云聚云散，日暗日丽，自有一种妙趣。但戏是好戏也得有本事人来做才能显出好戏，像我这样一个未入流的初学，也许连好戏多要叫我做成坏戏，又加天热，我又是个常病的人，真不知道身上穿了厚衣头上戴了许多东西受不受得住呢。没有法子，大着胆，老着脸皮，预备来出丑吧，只好请看戏的诸君包含点儿吧。

注：该文发表在1927年8月出版的《上海妇女慰劳会剧艺特刊》上，上海大东书局印制。

请看小兰芬的三天好戏

多谢梅先生的"鞠躬尽瘁",和别的先生们的好意,我的小朋友小兰芬已然在上海颇颇有些声名。单就戏码说,她的地位已然进步了不少。此次承上海舞台主人同意特排她三晚拿手好戏,爱听小兰芬戏的可以好好的过一次瘾了。星期一是《玉堂春》,这戏她在北京唱得极讨好,到上海来还是初演。星期二《南天门》(和郭少华配的),星期三《六月雪法场》,都是正路的好戏。

兰芬的好处,第一是规矩,不愧是从北京来的。论她的本领,喉音使腔以及念白做派,实在在坤角中已是狠难能的了。只可怜她因为不认识人,又不会自动出来招呼,竟然在上海舞台埋没了一个多月。这回若不是梅生先生的急公好义,也许到今天上海人还是没有注意到小兰芬这个人的。因此我颇有点感想,顺便说说。

女子职业是当代一个大问题,唱戏应分是一种极正当的职业。女子中不少有剧艺天才的人,但无如社会的成见非得把唱戏的地位看得极低微,倒像一个人唱了戏,不论男女,品格就不会高尚似的。从前呢,原有许多不知自爱的戏子(多半是男的),那是咎由自取不必说他,但我们却不能让这个成见生了根,从此看轻这门职业。今年上海各大舞台居然能做到男女合演,已然是一种进步。同时女子唱戏的本领,也实在是一天强似一天了。我们有许多朋友本来再也不要看女戏的,现在都不嫌了。非但不嫌,他们渐渐觉得戏里的女角儿,非得女人扮演,才能不失自然之致。我敢预言在五十年以后,我们再也看不见梅兰芳、程艳秋一等人,旦角天然是应得女性担任,这是没有疑义的。

注:该文发表在1928年4月3日的《上海画报》(第三百三十八期)上。

马艳云

挽近女子之以艺事称者，日有所闻，社会人士亦往往予以奖掖。贫家女子之有才慧者，得以琼然自秀，光采一时，致可乐也。

海上自去年以来，名坤伶接踵而至，如容丽娟、新艳秋、雪艳琴皆能独树一帜，与男优竞一日之长。北方名秀之蜚声于南中而未到者，则有马艳云、艳秋姊妹。予迎之久，亦爱之深，切盼其早日北来，更为此间歌舞界大放光辉。梅生先生辑名女优号，嘱为述马氏姊妹生年梗概，因为志略如左。

艳云、艳秋皆非科班出身，以家寒素，迨十四五始习艺。先从金少梅配戏，初露面，即秀挺不凡。因复踵名师请益，更出演与琴雪芳同班，京中顾曲界稍稍赏识此髫龄之姊妹。逾年由哈尔滨归，艺益精进。艳云更奉瑶卿为师。瑶卿之纳女弟子以艳云为始韧。艳秋学谭，至力甚勤，亦豁然开朗，与孟小冬齐名。马氏姊妹近年来往来平津间，声誉日隆。艳云扮相之美，在坤伶中无出其右者。尤以天资聪颖，虽习艺期间不长，而造就之精深，非寻常所可比况。能戏至多，尤以瑶卿亲授《儿女英雄传》、《樊江关》诸剧，得心应手，刚健妩媚，有是多也。

注：该文发表在1928年11月27日的《上海画报》（第四百一十六期）上。

灰色的生活

三晚未曾睡着,今晨开眼就觉得昏头昏脑的一点精神也没有。近年来常常失眠,睡不着时常会弄得神经发生变态,难怪我母亲当年因失眠而得神经病,因此送命;今天我自身也尝着这种味道,真是痛苦之极,没有尝过的人是绝对不会了解的。

以前我最爱写日记,我觉得一个人每天有不同的动作,两样的思想,能每天记下来等几年后再拿出来看看,自己会忘记是自己写的,好像看别人写的小说一般。所以当年我同志摩总是一人记一本。可是自从他过世后,我就从来没有记一天,因为我感觉到无所可记,心灵麻木,生活刻板,每天除了睡,吃饭,吃烟,再加上生病之外,简直别无一事。十几年来如一日,我是如同枯木一般,老是一天一天的消沉,连自己都不知道哪天才能复活起来。一直到今年交过春,我也好像随了春的暖意,身体日见健康起来了。已经快半年没有生过病了,这是十年来第一次的好现象。因此我也好比久困的蛟蛇,身心慢慢的活动起来了,预备等手痛一好就立刻多画一点画,多写一点东西。这几天常常想拿笔写,想借笔来一泄十几年来的忧闷,可是一想起医生叫我不许写的话,我就立刻没有勇气了。今天我是觉得手已经不大痛了,所以试一试,哪知写了没有几个字,手又有点痛起来了。还有想写的东西只好让它在心里再安睡几天,等我完全好了再请出来吧。我只希望从今天起我可以丢却以前死灰色的生活而走进光明活泼的环境,再多留下一点不死的东西。

注:该文刊于 1945 年 7 月 15 日创办的《语林》附刊小册甲,由钱公侠的夫人姚蕙芬编辑,语林社出版。

我的照片

真奇怪！我前些日看见《飘》上有一张照片，悬十万元的赏，让大家猜是谁，结果居然有大半的人猜是我，这真使我惊奇，难道真的，我自己也不认识我自己了么？虽然说老少不能相比，可是看眼耳鼻的样子总不会改的吧！况且我自己对我自己的装饰，我总不会忘记的，我的头发从来没有这样梳过，尤其是对于侧面的照片，我是很少照的，所以我看来看去，想来想去，我可以决定她不是我！

秋翁写的一篇文字便使我奇讶！他是见过我的，认识我的，怎么也会说是我呢！还说有照片为证，这真叫我糊涂死了，有机会我一定想问他要来看；他的盛意我是非常感谢的，我这十几年来可算是像坐关似的一样静，我简直是不出大门一步，难得有要紧的事出去一次，一年也没有几次，一天到晚只是在家静养，只有老朋友来看我，我是没有回看人家的时候，多蒙许多人倒常常关念着我的生活，使我十分感慰，一个艺人的生活，在这个年头，能糊里糊涂的一天天往下过，就算不错，要怎样享受是办不到的，所以我也相当的安慰，我不苛求，我也不须（需）要别人金钱上的扶助，我只是量入而出，过着一种平等的日子，荣华富贵的日子，绝不是像我这种不幸的人应该有的，所以我很安静的忍受着现在的环境，人生本是梦，梦长与梦短而已，还不是一样的一天天过去，等待着一旦梦醒，好与坏还不是一样！

关于我的照片，我是没有一张不记得的，除非是别人在我不留心的时候偷着拍去的，其余的我都有数目的，在北京照的有很多好的，可是我到上海的时候已经快没有了，在上海我根本没有照过几次，所照的也都是大张的美术照片，所以在《飘》登的那一张，我可以很清楚地记得，那并不是我。

现在虽然已经老了，可是我想一个人老少的分别，只不过在胖瘦，或是皮肤生了皱纹，至于眉眼的大小等，大约不会改到完全不一样的成分，这是我的理想，不知对不对，我想今年我也许可以有转机，好像有了一点健康的机会了，等天气和暖一点的时候，我一定要去照一张现在的我看看，不知道照出来成何样子，因为我已经有二十年不拍照了，到那时候，我一定会让大家看看，让关怀着我的人看看，二十年后的我是一个什么样子，让看过二十年前我的照片的人，再看一看现在的我——对照一下，一个不同时代的女人，分别是怎样的？

不过在我看来，若是女人能有永远好的环境，自己好好的保养，她的青春是不大容易就消失的，精神上的安慰和环境的好坏，是能给人一个不同的收获的。

我近年来对于自己的修饰上是早已不关心的了，在家的时候简直连镜子都不大照，也懒得照，好看又怎样？不好看又有什么？我还感觉到美貌给女人永远带来坏运气，难得是幸福的，还是平平常常的也许还可以过一个平平常常的安逸日子，有了美貌常会不知不觉的统(同)你带来许多意外的麻烦的，不知我的感觉对不对？连我自己都不知道了，文立要我写稿子，我是久不动笔了，可巧为《飘》上的照片事有所感，所以随便乱涂了几句，也算了一件心事。

至于最近的照片，只有等我去拍了再刊登了。

注：该文发表在1946年4月21日的上海《春海》周报（第二期）上

后记

放下书稿，满眼疲惫。想想陆小曼也真是命运多舛，虽然出身名门，生性高傲，却因为父母之命与自己不爱的王赓结婚；为了真爱，奋不顾身与诗人徐志摩走到一起，却因种种原因，婚姻并不幸福；志摩失事后，由于自身的软弱与翁瑞午不明不白地生活，受尽世人冷眼；新中国成立后，生活总算有了保障，但心里始终挂念着志摩，加上常年疾病缠绕，郁郁而终。

陆小曼生长在新旧社会交替时期，受中国传统文化和西式文化两重引导，她和徐志摩的言行因领风气之先而惹人眼目，遭人议论。她的爱情、她的一生也是那个时代的缩影，灿烂而忧伤。她是幸运的，时代宠着她；她也是不幸的，时代折磨她。

我从十年前开始收集、整理陆小曼的资料，陆续有一些发现和成果。自以为还比较完整，有传记，有文集，有评论。但每次做好一本书后，总有一些遗憾，或者收得不全，或者写得不深。这次，人民文学出版社又给我一个机会，让我坐下来，重新审视有关陆小曼的最新资料和创作成果，重新琢磨陆小曼多变的一生。这是我要深深感激的。

本书不敢说多少出彩，但自觉比较扎实，在深度和广度上有了很多的拓展，如陆小曼日记稿本的阐释、陆小曼创作成果展示和评论、徐志摩陆小曼感情与矛盾的发生发展、从翁家的角度看陆小曼等等；也厘清了一些细节问题，如王赓与陆小曼的结婚年月、徐志摩与陆小曼的相恋时间、张歆海是否张幼仪哥哥、徐志摩的八宝箱风波等。还融入了许多新的史料和研究成果，如陆小曼佚文的发现、当时一些媒体对徐、陆的报道等。本书也更多地关注到与徐志摩陆小曼相关的人，如王赓、张幼仪、翁瑞午及徐、陆父母在徐、陆生活中扮演的角色；对不能确定的事件在注释中予以说明，以待将来释疑。

在这里，我要特别感谢陈学勇先生，是他向人民文学出版社推荐了我，推荐了陆小曼；我还要感谢陆小曼的堂侄孙邱权先生，他的大量图片为本书增色不少；感谢在常州的陆家后人，给我很多关注和支持；感谢詹蔚芬小姐，向我提供了许多港、台两地出版的有关徐志摩、陆小曼的文章及资料；感谢陈建军先生和张雪根先生，为我提供陆小曼佚文；感谢虞坤林先生，为我提供相关图片；感谢杭州瑞金中学八六届高三（一）的同学，在我写作期间陪伴我、鼓励我；感谢家人，为我提供精神上和时间上的支持；感谢本书的责任编辑王一珂先生，在这一年多时间里一直关心我、帮助我，并且把书做得非常精美。

由于资料不足以及笔力不够，加上时间仓促，本书难免又要留下一些遗憾。但我想，只要努力去做了，就会心安理得。但愿书出版后，读者能多给一些批评或者鼓励，让我知道不足和希望所在。

柴草

2012 年 7 月 7 日于浙江海宁